U0347214

赵玲 ◎ 著

卓越供应链计划

产销协同规划设计与实践

机械工业出版社

CHINA MACHINE PRESS

本书聚焦集成供应链计划体系和产销协同流程设计两大领域，介绍了供应链管理的理论基础、顶层设计、计划体系框架设计、产销协同流程设计、监控平台设计、组织架构设计以及相关实践案例。本书属于面向供应链管理专业人士的工具书，所聚焦的为供应链管理中较复杂的计划和产销协同领域，而非采购、生产、物流等执行类领域。本书采用结构化的专业写法，不仅框架体系强，而且实践案例多，也可作为咨询培训的参考书。

图书在版编目（CIP）数据

卓越供应链计划：产销协同规划设计与实践 / 赵玲著 . —北京：机械工业出版社，2023.12

ISBN 978-7-111-74725-3

I. ①卓… Ⅱ. ①赵… Ⅲ. ①供应链管理 – 研究 Ⅳ. ① F252.1

中国国家版本馆 CIP 数据核字（2024）第 001813 号

机械工业出版社（北京市百万庄大街 22 号 邮政编码 100037）
策划编辑：杨振英　　　　　责任编辑：杨振英
责任校对：张雨霏 李 婷　　责任印制：邹 敏
三河市宏达印刷有限公司印刷
2024 年 3 月第 1 版第 1 次印刷
170mm × 240mm · 22.25 印张 · 1 插页 · 326 千字
标准书号：ISBN 978-7-111-74725-3
定价：89.00 元

电话服务　　　　　　　　　网络服务
客服电话：010-88361066　　机 工 官 网：www.cmpbook.com
　　　　　010-88379833　　机 工 官 博：weibo.com/cmp1952
　　　　　010-68326294　　金 书 网：www.golden-book.com
封底无防伪标均为盗版　　机工教育服务网：www.cmpedu.com

作为一名坚守供应链计划领域18年的老兵，我真心希望有更多的供应链计划从业者读到此书，让这个具有强烈的"以企业兴衰为己任"使命感的职业群体，用系统、科学的技法行走得更从容；我真心希望有更多的高层管理者读到此书，这是迄今为止业内最系统阐述供应链计划对企业经营价值的"真经"。如果说改革开放四十多年来企业发展的双动力是品牌和销售，那在后疫情时代及国际政商环境不确定性常态化的当下，供应链管理作为压舱石的作用越来越凸显。这是一本值得大家反复读、反复悟的"真经"；这是一本经得起时间考验、假以时日必会成为供应链管理经典的"真经"。

——蒙牛集团低温事业部供应链总监赵东安

这是一本从全局视角揭示供应链管理精髓的著作，更是难得一见为供应链计划代言的佳作。作为一名长期从事供应链管理的人士，我曾经的困惑在书中找到了答案，作者全局而系统化的视角带我领略了一个更加全面、立体的供应链管理体系。作者从企业供应链长期面临的"三高"现象和花式解决方案难以奏效入手，透过现象看本质，引出供应链管理的底层逻辑——系统论。然后，通过系统论展开供应链管理的体系框架，纵向拉动企业战略落地，横向打通研产销策略协同。最后，作者通过实战案例分享供应链管理变革和数字化转型的实施经验。此书以方法论、实施路径、工具落地，为企业供应链策略设计和业务实操提供指引，让供应链管理"神"与"形"并具。

——贝泰妮集团计划部总监赵明丽

介绍供应链的书浩如烟海，但真正能把供应链管理讲透的书寥若晨星，此书便是其中之一。阅读过程，就像是一个"病人"在医院接受专家的问诊，作者不光告诉你问题出在哪儿，还清晰地给你讲解为什么，最重要的是给了你一套从最底层方法论，到方案选择，再到确保落地的一系列可执行建议。如果你想提升供应链管理的核心竞争力，紧跟数字化发展的浪潮，强烈建议你到此书中寻找答案。

——曙光信息产业股份有限公司计划与供应保障中心副总经理刘小亮

在与赵玲老师合作的过程中，我对其犀利的观点和完整的知识储备印象深刻，也正是因为这段经历，使我产生了对过往供应链从业经历的思考，并最终完成了《战略供应链：体系设计与运营管理》这本拙作。赵老师长期从事企业供应链计划咨询业务，对于企业不同的管理生态及其痛点有着深刻洞见，此书从普遍面临"高库存、高缺货、高成本"的核心痛点出发，通过层层推进，抽丝剥茧地把集成供应链计划的整体框架和管理实践做了深入的阐述和提炼，是《供应链的三道防线》的升级版。

——伊品生物科技股份有限公司原副总裁聂建新

在经历了企业自身供应链管理变革与转型的历练之后，再捧读此书时感受到了强烈的共鸣和认知的再次升维。此书对供应链计划管理的底层逻辑、组织架构、框架体系、顶层设计、编制方法、数学建模等均做了富有洞见和极具操作性的阐释，并辅以精彩的案例解读。作者的实战经验和专业智慧在此书中得到了高度凝练，相信此书一定会刷新你对供应链计划管理的理解和认知。

——上海电气风电集团股份有限公司运营计划部部长蒋舒妹

赵玲老师的《卓越供应链计划：产销协同规划设计与实践》理论与实践并重，既对很多基本概念例如 S&OP 的定义做了澄清，将产销协同的十大流派、七大宝典等内容娓娓道来，并逐一点评、一览众山、融会贯通，体现了赵玲老师的供应链理论功底，又提供了很多产销协同规划设计可参考的实践案例，难能可贵的是其中所有案例都是赵玲老师亲身参与的，并从中提炼了五大挑战和六大对策，非常适合在供应链计划领域工作的专业人士吸取经验教训并应用于实践。

——金风科技股份有限公司集团运营总监曹玉

在激烈的市场竞争中，企业既要保持增长，又要控制成本，还要降低库存，但现实中却不得不面对高缺货、高成本、高库存的挑战。作者深入阐述了"三高"问题的本质以及企业界和管理界应对"三高"问题的各种方法论，并提出了体系化的解决方案——集成供应链管理。作者还通过实战案例分享了集成供应链管理变革和数字化转型落地的路径、变革风险，结合调研数据和实际案例，娓娓道来，给人豁然开朗之感。如果你是供应链领域从业者，请务必阅读此书。相信此书可以帮助企业各级管理者提升供应链管理水平，有效改善"三高"问题。

——传音控股供应链计划管理部总监刘江水

赵玲老师在此书中总结了她多年在供应链计划和产销协同优化的咨询工作中所累积的丰富经验及心得，并以循序渐进的方式阐述和探讨"What""Why"及"How"。书中有不少真知灼见和具体实施建议。供应链计划管理在专业上的挑战，在于如何根据公司现况及未来策略设计整体的供应链决策逻辑；在公司层面的挑战，在于高层的重视与决心，以及通过组织和流程设计来促成真正的跨部门"协同"。以上诸点在此书中有相当全面的阐述及案例，非常值得读者深入探讨。

——康师傅原供应链长、星巴克＆亨氏供应链副总裁邵宜中

这是一本好书，作者具有非常丰富的供应链咨询和管理经验，否则很难构建这种围绕"卓越供应链计划"的案例、分析和诠释逻辑。供应链管理是包含产品设计、采购、生产和销售交付的全过程组织形态。既然是组织

形态，组织之间就存在着"利益博弈"。做好供应链管理，首先要承认这种"天生博弈性"，其次需要用预见性思维来权衡"博弈"方向。所以供应链运营人不仅要具有认知宽度，还要善于利用技术和数据，此书在算法建模领域也做了深入探讨和案例分享。

——风石科技创始人、SCOR 和运筹学专家何仁杰

赵玲老师的新书聚焦供应链计划与产销协同，契合当前制造业的发展趋势，即供应链管理在企业中发挥越来越重要的作用。赵老师深耕供应链计划管理领域多年，形成了一套完整且精深的计划认知论、方法论和实践论。一本好的企业供应链管理图书，就应该像此书一样有体系、有方法、有实践。相信此书对高校研究以及企业应用都有很好的借鉴作用。

——华为终端制造计划与调度部原部长、
《供应铁军：华为供应链的变革、模式和方法》作者袁建东

在 APS（高级计划与排程）领域，供应链计划（AP）和生产排程（AS）是两个长期被模糊，甚至被混淆的概念，前者是全局优化，后者则是局部优化。在高增长时代，可以追求更多、更快，但是在双变挑战（外部波动叠加内部复杂）时代，则更需要构建平衡总收益和总成本下的全局性决策体系，而此书正是从体系和实践两个维度对构建全局性产销计划决策体系的方法论和路径进行了专业而深度的阐述和解读。

——国家制造强国建设战略咨询委员会
智能制造专家委员会委员黄培

供应链的概念在社会上已经相当普及了，上至国家的政策文件，下至百姓的微信朋友圈，都很容易看到有关供应链的内容。学术界介绍供应链的出版物如今也已经多如牛毛，但是对于供应链的认知并不完备，也不聚焦，所以很难评价供应链理论的应用效果。事实上，供应链就其本质而言仍然是在讲经济学的核心概念——分工，在原有的分工理论中突出了两个要素：一是分中求合，通过协同可以优化分工的整体效益；二是分工有成本，需要稳定合作关系来降低交易成本，以满足分工理论对时代发展的要求。

在实践中，供应链思想会应用在宏观与微观两个层面。宏观上讨论供应链，主要是指不同企业甚至不同国家之间的分工协作关系，关注的是分工协作的安全性、稳定性，也称之为建立战略合作伙伴关系；微观上研究的供应链主要是指在具体作业流程中如何协同上下游环节，实现降本增效，通常也称之为供应链管理。宏观的供应链是一个相当开放的领域，涉及经济、政治、外交、法律等诸多学科，目前还不是一个很成熟的课题，博弈论是一个基本的方法论；但是微观层面的供应链管理，则相对成熟得多，实践上也有很多成功的案例，其中最重要的方法论是运筹学。所以推进供应链的发展，既包括宏观层面要加强理论研究，更好地指导社会分工兼顾效率与稳定的关系，也包括微观层面要更好地推广供应链管理在作业流程中更加科学地实现降本增效。应该指出，各企业具有健全的供应链管理体系是构建宏观层面战略合作伙伴关系的基础。

赵玲女士的这本《卓越供应链计划：产销协同规划设计与实践》正是定

位在微观层面的供应链管理，帮助企业在产销协同以及相关的采购与物流等环节实现整体优化。赵玲女士长期从事企业咨询服务，积累了大量实践经验，又善于学习、乐于思考，理论功底深厚，因此此书最大的特点就是理论联系实际，理论的完备性和方法的可操作性兼备，并且已经经过了实践的检验，服务过多家企业的咨询和培训，客户反映效果显著。

当前企业都意识到急需应用供应链管理理论指导自身的转型升级，但是相当多的企业只是希望有一本操作手册，让自己按部就班、按图索骥就可以一劳永逸地解决问题。其实这样的操作手册是不存在的，因为即使按照华为公司或苹果公司的操作手册来管理也不会成功，更何况它们的手册内容也在不断更新、演化。要借鉴的是那些榜样的精神、原理和方法，而这些正是要靠专家提炼总结的。

我需要提醒的是此书有两个显著的特色：一是特别强调统一计划的领导和协同作用，这会涉及企业组织架构的变革；二是特别强调运筹优化算法在供应链管理中的地位和作用，这也会涉及组织架构的变革。一般来说涉及组织架构变革的要素都是战略性要素，带来的变化将是深刻的、全局性的，读者要有充分的思想准备。

我愿意推荐此书的另一个重要原因是它具有鲜明的方法论思维风格，不仅体现在此书的第一篇强调了基础性的供应链管理理念和共识，还在每一章的内容中系统地介绍了问题的由来、理论背景和基本技术方法，然后是实操案例的说明。我很认同这样的叙述方式，我一直认为注重方法论是提高认知效率的捷径。我曾经在物流界的各种会议上推介方法论思维，感触颇深。初期听众不感兴趣，只关心案例和具体操作建议，后来感兴趣的人多起来，并且他们彼此形成交流带动更多的人关注方法论思维，这些大多是业界比较成功的企业家，他们的现身说法会比我说更有效。方法论思维越来越被社会重视，令人高兴。现在看起来，所谓的方法论思维主要有三点：一是坚持问题导向的思考与分析；二是注重构建整体框架，关心过程重于关心结果、结论；三是不断演进、优化已有认知，与时俱进。

　　我相信此书适于那些急需改造自身供应链管理的企业，尤其是那些希望提高自己认知水平和理论修养的企业家，你们不会失望的。

戴定一

中国物流与采购联合会专家委员会主任

国务院政府特殊津贴专家

十多年前，有位企业高管找到我，想要做一个"供应链关系管理"的咨询项目。在此之前，我只听说过客户关系管理、供应商关系管理，从来没有听说过"供应链关系管理"这个名词。他究竟想解决什么问题？在和这家企业的董事长开了多次会后，我才逐渐摸清楚他的真实需求。

这家企业在国内有着庞大的制造体系，在国内和海外存在着多个品牌的连锁零售、批发业务，零售和批发业务之间还存在贸易关系，同时，工厂利用自有品牌没有用足的剩余产能为国外品牌开展 OEM/ODM 代工服务。董事长在管理上的痛点是：多个工厂和多个销售组织之间，在质量、价格、交期等方面存在很多摩擦，导致互相不配合，争议不断。所以董事长将这些问题称为"供应链关系管理"。

我发现这些摩擦产生的根由，既有各个业务单元之间的利益分配问题，也有信息技术手段不具备、业务流程没拉通、产能管理落后等基础性管理问题，甚至有高管团队中家族成员与职业经理人之间协作意识不强、中外跨文化交流难等软性问题。

我和团队帮董事长设计了一整套产供销运营管理体系，帮助企业建立了新产品开发及市场导入、产销协作计划、制造成本及内部交易定价、集成采购管理等一系列业务流程，梳理了产品主数据和品类结构数据，制定了一系列供应链计划和执行的分析报表，使得整个产销链条实现了信息透明。以此为基础，我们还帮助该企业推动了数年的业务转型，包括实施了供应链和财务管理的 ERP 系统、新产品研发和产品数据管理的 PLM 系统，还协助企业实现了产品的模块化设计和制造，对生产线进行了柔性制造改造（那时候还没有"智能制造"这类时髦词），释放产能，增加供应链柔性，从而将过去海外订单按单生产、国内按库存生产的模式，转型为按预测生产部件，按订单组装成品，小批量、多品种快速交付的模式。

在转型的过程中，我遇到的最大挑战并非各种业务规则、流程梳理，或者信息系统的技术问题，企业的操作执行层在这些方面都非常配合，很舍得投入，最大的挑战反而是企业管理层的观念转化以及内部利益机制的重塑。当我捧读赵玲女士的书稿，我突然感觉"供应链关系管理"竟然是对供应链管理的形象总结，我们所做的一切就是在梳理和优化企业各业务模块之间此消彼长、复杂动态的连接关系，以获得企业全局的最大利益。这个连接关系也不仅仅是事与事之间的逻辑关系，更包括了人与人之间的利益关系，而这本书则是对如何管理和优化这两种连接关系的深度阐释和解读。赵玲女士从实践中提炼出来的供应链管理的经验、教训，在我那段经历中，全都遇到过。

赵玲女士具有非常丰富的实践经验，她的著作既有观点鲜明的宏观体系阐述，直言不讳地指出了供应链效率提升的要害，文字甚是有趣，也有来自赵玲女士实践的微观实务要诀和优化模型，相信各位读者定能开卷有益。

陈果

波士顿咨询 Platinion 董事总经理

我们为计划代言

在本书书名的征集过程中，有人建议带上"数字化"这种热词，但反对者说这个词已经满大街都是了。有人提出叫"×××供应链管理实战手册"，反对者认为"供应链"这个词也已经不知所云了，采购、物流、生产都是供应链，太宽泛反而误导读者。正在众口难调之际，一位朋友在看过书稿后，感慨地认为本书书名必须带上"计划"二字，必须为广大默默无闻却负重前行的计划同行正名。这一倡议突然让为书名发愁的笔者由衷产生了一种神圣的使命感。作为一名专注于供应链计划管理领域数十年的老兵，这不正是笔者的责任和荣誉吗？

本书最重要的读者群是供应链计划管理者、企业管理层和咨询从业者。当下是供应链计划管理者最好的时代，因为这是我们目前经历过的最有挑战性的时代。沧海横流，方显计划本色。所以，当时代让你登上舞台时，你躲也躲不掉，本书也正好顺水推舟。为何要包括企业管理层？因为大部分企业管理者对计划的认知是非常偏颇的，认为它就是计算安全库存和排产，其实它的价值远远超越你的想象，也只有当企业管理者真正认识到供应链计划管理的重要性时，供应链计划管理者才能真正发挥他们的价值。同时，对于企业管理者而言，阅读本书将是一次从生产型思维到供应链思维的换脑之旅，真正理解局部优化与全局优化的区别，帮助经营者在保持破局创新的本色时兼顾管理上的平衡和科学性。笔者也希望借助本书与广大的供应链管理咨询同行做一次深度的碰撞和交流。

本书另一类重要的服务对象就是成千上万的中国制造企业。中国是制造业大国，几十年的高速增长让我们成为制造强国，但是中美贸易摩擦让我们意识到无论从科技角度还是管理角度我们都有待改善，增长所带来的业务复杂度、经济环境变化所带来的波动性、新冠疫情与国际冲突的突发性，都让我们感受到前所未有的压力。我们不仅需要补上科技课，还要补上管理课。我们需要从单一增长思维切换到增长与效率并行的双线思维。现在需要我们静下心去反思现有的管理逻辑，保持耐心去探索未来新的管理模式。幸运的是，我们不必去做小白鼠，很多外企早就经历过这样的轮回，甚至它们一直生存于这样的环境，我们有榜样可以学习和借鉴。

最先进的供应链管理体系将来自拥有最复杂制造业体系的中国。供应链管理理论是从西方发展起来的，并且随着外资进入中国而逐步生根开花。西方相对于东方更加重视体系、概念、逻辑的构建，出了很多哲学家、逻辑学家，而东方更加重视实践、实学、格物致知、知行合一。这样就存在一个西方的框架体系与中国的本土实践进行融合的过程。众所周知，今天的中国已经是世界的工厂和仓库了，制造业的多样性、复杂性在世界范围内数一数二，同时中国又有着独特的管理文化。因此，西式的管理体系在中国的土壤上一定会长出新的管理实践。中国经济增速开始从高速增长转向中高速增长，恰恰给供应链管理创造了新的发展机遇，供应链管理理念也得到越来越多企业的重视和应用。所以，笔者希望能够结合多年的实践，并借助西方优秀的管理体系来提炼出适合中国企业的供应链管理方法论。

数学算法与业务逻辑的深度融合助力企业实现智能化和场景化决策的梦想。本书并不是来坐而论道的，而是要起而行之，不仅要起而行之，更要行之有"数"，行之有"利"。本书不是指导大家如何通过生产、采购和物流业务的优化来实现直接降本，而是告诉大家如何通过协同而非直接物理降本来优化整体运营效率。在信息越来越对称的互联网时代，协同的优化空间远大于物理降本的优化空间，并且没有直接降本所伴随的副作用，是一种真正多赢的改善路径。本书还将给大家分享一种全新的数字化产销协同管理技术，这种基于运筹优化技术的产销规划建模方法的应用，将彻底改变依赖经验、表格、PPT以及会议等传统方法的低效且低质的决策模式，使全局统筹优化从概念走向实践，使数字化从可视化走向智能化，帮助企业真正实现管理领域中最有价值的多场景智能化的决策目标。

本书同样不可免俗地从问题出发，但遵循严谨的体系化叙事逻辑。最后，笔者想强调的是，由于供应链管理是一个复杂问题，需要用系统化、全局化的思维方式去理解。同时，本书不是为了刷新大家的认知，而是希望为企业供应链管理实践中遇到的问题提供解决思路与方法，成为一本真正触及业务实践的指导手册。所以，本书试图从更加体系化的视角和大家进行探讨，而非采用故事化、碎片化的叙事方式。本书的写作假设是读者已经具备了基础的供应链管理实践经验和理念框架，比如在制造业供应链相关管理岗位累计有 3 年以上工作经验，并接受过基础专业培训，建议初涉供应链管理的读者配合网络查询进行阅读。但对于有一定管理经验的专业人士，本书可能会带来另一个挑战：本书的部分观点比较偏尖锐、直接，这部分读者阅读本书时可能会感受到一些碰撞和冲击。这也是笔者所希望看到的，只有经过深度碰撞、产生共鸣才能激发更多的思考，带来更多的启发。

与十三位行业专家和供应链计划管理者联合代言。供应链计划是供应链管理的灵魂，但是在不遗余力宣扬供应链管理重要性的同时，供应链计划管理却依然得不到尊重，是知而不为还是无知无为？本书就是要让供应链管理回归本来面目，尽管面临"主流价值观"的巨大压力，但是笔者并不孤独。笔者首先要感谢本书推荐序作者之一的戴定一先生，戴先生是享受国务院政府特殊津贴的专家，在中国物流、采购以及供应链管理领域拥有极高的威望，为中国物流管理的标准化以及信息化做出了卓越的贡献。戴先生尽管更多着眼于国家宏观领域，但也愿意为本书代言。推荐序作者之二是来自咨询界的陈果先生。陈果先生在企业管理领域有着巨大的影响力和号召力，也是管理界底层逻辑的代言人。其次笔者要感谢何仁杰先生，一位业务与技术的融合性专家，他致力于推广的 TFC 供应链橙汁游戏为供应链管理理念在中国的普及做出了巨大的贡献。笔者还要感谢邵宜中先生和聂建新先生，他们二位都曾担任多家知名跨国集团的销售和供应链管理负责人，对供应链管理有着深刻的洞察，他们的理念"要站在销售和公司的视角去理解供应链管理"使笔者深受启发。笔者还要特别感谢黄培博士，黄博士是 e-works 数

字化企业网总编 /CEO、东盟工程与技术科学院（AAET）外籍院士、国家制造强国建设战略咨询委员会智能制造专家委员会委员、国际智能制造联盟副秘书长。黄博士在智能制造领域拥有 30 多年的研究与服务经验。最后笔者要感谢真正来自一线的供应链管理实践者——六位来自不同行业的供应链计划管理者（排名不分先后，华为终端制造的袁建东先生、蒙牛集团的赵东安先生、金风科技的曹玉女士、贝泰妮集团的赵明丽女士、传音控股的刘江水先生、中科曙光的刘小亮先生、上海电气风电集团的蒋舒姝女士），他们都有着十年以上的供应链计划管理的实战经验，经历了企业不同阶段的变革和转型，他们也是本书的首批读者，他们以自己的感悟为中国供应链计划从业者代言。本书从书稿撰写到推荐人邀请均贯穿着"务实求真，专业至上"的原则。

相关图书推荐：《卓越供应链计划：需求计划管理设计与实践》。推荐一本即将出版的关于需求计划管理的图书。此书原书稿虽然提供给刘宝红老师作为参考，但是一直未对外发表，此次也机缘巧合与两位优秀同行共同完成了此书的编写。因此，本书将不再对需求计划管理模块进行深度展开，如有深度探索的诉求，请大家移步阅读《卓越供应链计划：需求计划管理设计与实践》。

柏拉图曾经说过，贩售和分享知识其实是要比贩售和分享食品更严谨、更需要小心的事情。笔者怀着敬畏之心，希望能够找到供应链和产销协同管理的真经，很多见解、实践经验都来自笔者的客户、朋友和同事，没有他们提供的实践机会、慷慨分享和挑战碰撞，笔者是不可能完成本书的。因此，借此机会要向笔者的客户、朋友、同事表达深切和诚挚的感谢。由于能力所限，书中难免有断章取义、主观臆断的地方，也请大家不吝指正。

目 录 ▶ CONTENTS

第一篇　供应链管理理念的共识

第二篇　集成供应链计划体系和产销协同流程设计

供应链管理理念的共识

———

近几年内外环境改变，使得一些企业以往"躺着"就可以把钱挣了的日子一去不复返，现在即使跑着也可能停留在原地。企业不得不调整其发展策略，从追求毛利，到追求净利，再到关注现金流。企业需要不断在交付、现金流、成本之间反复平衡。但是现实是残酷的，很多企业没能做好这个功课，它们既没有保住交付，也没有保住现金流（库存）和成本。中国企业今天所面临的这种挑战也不是新鲜事，20世纪90年代欧美企业已经找到了应对办法，它们发现供应链管理可以帮助企业避免在交付、现金流和成本中做选择，允许企业兼顾二者甚至三者，可大部分企业并没有真正理解何为供应链管理。30多年的高增长，使得大部分企业只需埋头于如何提升生产效率，尽管近些年进入了新常态，但是大家依然认为问题在生产，不仅要高效还要柔性、敏捷。当柔性、敏捷也接近临界值时，大家又开始关注前端，认为问题主要在于增长乏力。所以，在大部分企业眼里，问题不是在制造端就是在销售端。但当大家尝试了前面所有手段依然没有根本性转变之后，必然想到我们需要的是一套组合拳，而不是某一个业务的极致优化。所以，我们需要的不是某一个职能的改善，而是一连串职能的协同作战；这场联合战役的指挥官就是"供应链管理"，而不是其中的任何一个执行职能，它们都只是"链"上的一环而已。这个"链"具体是什么？它是如何运作的？这就是本书的主题。

要找到药方，必须先切入病灶。本篇首先对导致企业产销失衡的原因做深入的剖析，然后分享企业自我改善的十大"偏方"，以及管理界专家为企业开出的七种"药方"。当我们看到并理解了所有的选项后，自然就能找到其中的最佳路径——供应链管理。但是有二字之差的"供应链"与"供应链管理"到底是什么关系？供应链管理的底层逻辑是什么？端到端供应链和集成供应链管理有何区别？集成供应链管理是企业产销关系管理的必选项吗？这是我们第一篇所要澄清的问题。

——

为何高库存、高缺货、高成本并存

"不幸"的企业都是相似的，幸福的企业各有各的幸福。

如果把企业比作人的话，这个过程就容易理解了，大部分人在成长过程中难免先追求单一目标，比如事业的发展，而可能忽视了身体的健康。但是随着年龄增长，身体逐渐出现了各种问题，最典型的就是俗称"三高"的富贵病——高血脂、高血糖、高血压。同理，随着企业业务规模不断增长，复杂度不断上升，叠加外部竞争日趋激烈，很多企业竟然也生了富贵病。

30多年高速发展，我们的产品、销售、生产、采购、物流都有了极大的增长和改善，每个领域都很发达。我们不是生产不出来，也不是销售不出去，不是产品不行，也不是物流、采购拖后腿，而是我们发现自己变成了一个行动迟缓的巨人，陷入了成长的烦恼中，"三高"（高库存、高缺货和高成本）问题也从间歇性变成了常态化。人的"三高"问题主要是生活习惯不健康造成的，企业的"三高"问题又是什么原因造成的呢？本章从职能视角入手，和大家分享导致"三高"问题的成因，这些原因错综复杂，相互交织，甚至互为因果，相互"成就"。

高库存和高缺货都是库存状态的一种表现形式，是显性现象，所以库存改善是一个广受欢迎的突破点。但是，只要深想一步，你就知道：**库存和缺货本身只是一个风向标，是众多因素联合影响下的结果而已**。基于常识，我们都会认为：既然已经牺牲了库存，就不应该再缺货；既然还缺货，就不应该再牺牲成本。但是很多事情是反直觉的。企业是一个复杂系统，内部各个业务模块不仅相互联动，还此消彼长。下面我们通过一个案例来体验一下"三高"病症是如何被引发的。

【案例背景】

某冷冻食品制造商，有上百亿元的营收规模，在全国有 10 多个销售区域、70 多个分公司、6 大生产基地、30 多个分仓，产品和原料达到上千种，并且都需冷链存储和运输，有较高新鲜度管控需求。其销售渠道多样，2C 与 2B、线上与线下并存，淡旺季明显，制造模式以离散为主，产品与生产基地和生产线相互交叉，整个供应网络和产品复杂度均较高。2016 年前公司进入销售波动期，持续增长的势头被打破，公司发现原来以"阵痛"为主（淡季发作，旺季平复）的"三高"问题（高库存、高缺货和高成本）在近两年出现了持续性地发作。销售端交付率徘徊在 70% 左右（高缺货），库存却一直高位运行（高库存），爆仓导致仓储和调拨成本剧增，紧急生产导致的生产成本以及采购的退换货成本也居高不下（高成本），之前还奏效的总公司、分公司之间强制提货、拆东补西的模式在前端增长乏力的状况下也难以为继。

1.1　为何高库存

（1）**为了平衡生产节奏而不得不产生暂时不需要的库存**：在调研过程中，我们发现为了后端生产节奏平稳，特别是该公司采用的还是计件制考核模式，所以后端生产不能停，在这种情况下就不得不生产一些销售暂时不需要的产品。

（2）**批量带来的冗余库存和报废风险**：因为该公司的计划和采购都是向制造副总裁汇报，所以降本是重要指标，无论生产批量还是采购批量均较大，甚至其可消耗天数大于生产和采购提前期，对于 A 类产品或物料尚可，对于 C 类产品或物料就是灾难了。

（3）**淡季激进的囤货策略带来的冗余库存**：由于产品有极强的季节特征，淡季必须为旺季囤货，在缺货压力下，计划总是采取激进策略，但是预测又不准，往往囤错或者囤多。

（4）**因缺乏安全感而推高库存**：在"滞库有罪，缺货杀头"的畸形管理思想下，后端因为缺乏安全感而宁可推高库存。

1.2 不仅有真缺货，还有假缺货

（1）**快速交付和高交付率引发的假缺货**：公司没有明确交付率的约定，以至于缺货是由销售来认定的，从而导致公司永远处在缺货中。

（2）**缺业绩而引发的假缺货**：有一种最可怕的缺货实际是缺业绩——为了达成销售业绩而不是满足客户需求，后端经常不得不紧急生产、紧急调拨、紧急发货等。

（3）**ATP（库存可用性检查）规则不当引发的假缺货**：不仅销售的行为对"三高"有影响，ERP 系统的 ATP 规则也来添乱。该公司的 ATP 只检查现货库存，不包括在途库存（在生产中），出现了没有现货就认为缺货的判定规则，而实际订单也没有要求立即交付，这也是一种假缺货。

（4）**重复上单引发的假缺货**：因为缺货容易造成恐慌，所以销售或者经销商经常放大需求，或重复上单，这进一步提升了缺货率。

1.3 更多的是高库存和高缺货并存

1. 后端（生产、采购、物流）

（1）**没有严格执行先进先出引发滞库和缺货并存**：冷冻食品有着较为严格的先进先出规则，但是不同渠道对新鲜度要求不一致，在缺乏系统支持的情况下，人工难以有效执行先进先出的规则，就会出现有货但因为新鲜度不够而不能发货的现象。

（2）**高库存引发新鲜度损失而出现有货却缺货**：在高库存下，如果严格执行先进先出，则又出现了"烂苹果现象"——新鲜的产品必须被放到不新鲜再发出，不仅增加库存成本，还增加了新鲜度不够造成的缺货和报废风险，竟然库存越高，缺货越严重。

（3）**战略采购同样会引发滞库和缺货并存**：由于缺乏高质量的中长期预测指导，战略采购基本靠采购经验预判，常常因战略预判失误而导致更加严重的滞库或者缺货。这是中长期资源规划体系缺失造成的后果。

（4）**为厘清责任而引发的滞库和缺货并存**：比 ATP 更加厉害的是库存分渠道管理，该公司存在一个产品多渠道销售的现状，面临渠道之间的资源争夺。后端为了厘清缺货或滞库责任，将库存按渠道切割，责任是清晰了，但是由于预测的偏差经常导致同样的产品一方滞库，而另一方又缺货。

2. 前端（销售、产品）

（1）**发货节奏失衡将同时引发滞库和缺货**：生产节奏可以强制平衡，但是发货节奏就无法强制平衡了。由于业绩压力，该公司销售同样有压货习惯，导致周发货节奏失衡，前两周库存爆仓，而后两周因为难以应对瞬时高峰导致临时性缺货。

（2）**过度强调满载或齐套交付将同时引发滞库和缺货**：公司由于是冷链发货，非常强调全品项发货和装载率，但是又不管控上单（客户订单提交）行为，1000 多种产品压力下，后端很难在短时间内实现全品项交付，从而导致订单之间相互占单，看似库存很多，但又无法发货。

（3）**长尾产品失控引发滞库和缺货并存**：由于产品品类丰富，达 1000种之多，在这种情况下必然存在大量长尾产品，也就是需求量小而波动大的产品，但是后端的生产批量出于成本考虑又难以控制，此类产品就经常面临缺货和滞库的两难困境。

（4）**因为产品降本引发滞库和缺货并存**：产品降本尽管对于单个产品而言是成本节约，但是降低了物料或者产品之间的通用性，使得预测难度加大，进而增加了业务的复杂度，其中显而易见的后果就是滞库和缺货并存。降本也需要有系统思维。

（5）**销售预测偏差同时引发滞库和缺货**：这个问题暂且归入销售端，这也是产销失衡最大的锅。预测偏差的确对"三高"有较大影响，但是如果把所有问题都归为预测不准，而预测正好永远不准，并且企业因此找到"躺平"的借口，那么这就是企业惰性思维的体现。

1.4 高成本又是如何产生的

（1）**高库存造成的成本**：该公司作为冷冻食品制造商，高库存不仅增加了库存资金成本和报废风险，更增加了极高的冷库运营成本，甚至因为冷库资源有限，不得不在较远的地区租赁临时仓库，仓库分散、发货品项复杂导致 20% 的货物的装车时间竟然要三天，同时分散的仓库分布还导致了物流成本的增加。

（2）**高缺货造成的成本**：该公司 KA（大型商超）渠道销量占比接近 50%，在 KA 严苛的交付条款下，缺货罚款每年达上千万元。另外，在缺货压力下，不同渠道之间抢货，在缺乏库存管控和路径规划下，公司产生了大量无序调拨，从而增加了不必要的物流成本。

（3）**不缺货的成本更可怕**：该公司有一款畅销品，三年不缺货，但是在供应链项目优化过程中却出现了缺货。该产品原来尽管不缺货，但库存可供天数达到 20 多天，优化后降至 10 天，而交付率则仅仅下降了 2%。对于一家产品相互替代性极强的企业而言，为了 2% 的延迟交付，每年多付出了数千万元的库存资金和数百万元的运营成本，以及产品新鲜度代价，这次优化让公司看到了不缺货的成本。

（4）**高库存和高缺货快速切换下的成本**：由于前后端对缺货的恐慌，前端放大需求，后端照单全收，缺货很快转为过剩。而这种一会儿缺货一会儿过剩所带来的节奏失衡（即所谓的"打完左脸打右脸"）产生的后端制造成本就更高。公司生产部门经常为加班造成的额外成本或者人员冗余无处安排而焦虑；采购部门经常为大量生鲜产品的紧急采购或者紧急退货而焦虑；物流部门经常为滞库或者缺货引发的反复调拨而焦虑，经常为冷库的临时租库和何时退库而焦虑；人力部门经常为因临时招人或突然辞退而付出的奖励或赔偿而焦虑；质量部门经常为紧急生产和采购所带来的质量问题而焦虑；设备和工艺部门经常为产能不够而临时采购、安装和调试设备而焦虑；年底财务更要为设备的利用率不足而焦虑，该公司甚至出现从异地调拨设备来保障交付的壮举，但不幸的是，高成本生产出来的产品竟然又滞库了。

总 结 ▶ SUMMARIZE

不是我们不努力，而是我们不协同

从上述案例中，我们是否体会到了**高库存与高缺货是事物的一体两面？高成本是高库存和高缺货的副产品**，"三高"好比难兄难弟，相伴相生。从最简单的逻辑而言，公司运营资金的总量是有限的，投入库存中的资金也是有限的。所以，当总库存是一个基本不变的总数时，一旦某些产品是高库存，必然另一些产品是低库存或者可能缺货，这就是所谓的库存结构失衡。**当公司的总库存变高而依然存在大量缺货时就比较可怕，属于总量和结构双失衡。**高缺货与高库存还有所不同，高库存是真的高库存，但是高缺货经常还有假缺货。库存结构不仅失调，缺货时还真假难分，并且进一步助力推高库存。我们还可以看到，导致滞库或者缺货的绝不仅仅是后端的生产、采购、物流等部门，前端的销售、产品，甚至 IT 等部门的行为和策略都对"三高"做出了巨大"贡献"。比如，销售对缺货的过度敏感、对发货节奏的完全失控、对客户需求的过度解读，研发对产品的过度创新、对产品冗余度的过度压缩等都将引发更高的库存、更严重的缺货以及更高的成本。

我们在战略层面经常坚持"既要又要还要"，但是现实中我们往往不得不面对"既没（达成合理交付），又没（控制好库存），还没（降低总成本）"
的窘境。是各职能部门做得不够好吗？销售部门要求用更快的交付、更高的
交付率、更新鲜的产品来提升客户满意度难道有错吗？产品部门开发出更多
的新产品满足客户需求难道有错吗？生产部门为了降低生产成本按经济批
量生产难道有错吗？采购部门按经济批量采购降低采购成本难道有错吗？物
流部门要求提升装载率、齐套发货难道有错吗？部门间要求厘清责任有错
吗？都没有错，它们不是为了提升客户满意度，就是为了降低部门成本，这
也是绩效考核的要求，谁在那个位置上都会这么做，那么到底谁错了呢？从
部门视角看，谁都没有错，但是大家都不知道自己的这种努力对其他部门以
及公司会带来什么影响，因为"无知"，所以"无畏"，因为"无畏"，所以
"三高"。

企业界改善产销协同的十大流派

人心装满了各种知识，但如果知识被隔成一个个小房间，那就不自在了，所以要打通知识，超越知识。

找到病根不容易，对症下药更是难上加难。不同的企业对"三高"问题的理解是百花齐放，对应的解决方案也是百家争鸣，我们可以在不同的解决方案中感受到管理理念上的差异。有些企业喜欢通过变更组织架构来解决问题；有些企业更加信任绩效的力量；有些企业是系统软件的粉丝，相信能够用系统规范大家的行为；还有很多企业喜欢"流程"，认为这是解决问题的"本源"；当然更多企业喜欢"能人"，通过换"人"来解决问题。顾问公司也一样，也有方法论的偏好，善用锤子的，到处发现钉子；善于织布的，认为理顺流程是核心方案。所有的公司和人都有自身的认知局限或者独特的思维框架，唯一的方法就是多看多听，有意识地突破自我限制。今天我们就来晒晒各种"偏好"，目的是和大家一起突破"偏好"。

2.1 运动派：一切问题都是因为管理不到位

运动派认为管理是万能药，其假设前提就是所有问题都是管理不到位造成的。与我们经常看到的各种集中整治活动一样，通过成立一个专项管理办公室一样的临时组织就某个问题进行从重从快的集中处理，就问题本身而言这种方式见效非常快，领导满意度也相当高，看起来它似乎是一个快速解决问题的好方法。这种运动式管理在很多企业非常普遍，交付差了就发起交付改善小组，库存高了就开展降库存活动，质量出问题了就开展质量专项整治，原料缺货频繁了就每周召开追料主题会议。有的还成立一个临时的管理委员会，临时调整各种规则，对一切缺失的工作进行临时补位。尽管见效快，但这种运动式改善往往治标不治本，急功近利，甚至是拆东墙补西墙，核心矛盾很快会卷土重来。对于喜欢运动式改善的企业，它们最大的短板就是认为这些问题都是暂时的，或者是因为缺失责任心造成的，只要增加管理强度就能解决，有些管理层甚至很享受这种一抓就灵一放就乱了的成就感，殊不知核心矛盾其实根本没有得到解决。

2.2 系统派：不是没想到，就是没做到

试图通过系统来改善"三高"问题的企业往往有两个出发点：一是认为业务模式设计本身没有问题，主要是执行问题；二是认为所有的落地都需要系统支撑，只要通过系统进行标准化管理，就能改善执行问题，进而解决所有问题。此类企业的改善项目发起者往往是 IT 部门，而他们的关注点也更倾向于执行层系统的改善，包括执行层计划。比如，认为生产排产有问题，就上 APS（高级排产）系统；预测不准，就自己开发一个预测收集系统；原料缺料，就上 SRM（供应商关系管理）系统，强化对供应商订单的管控和协同。就算你全做对了，对整个供应链体系优化而言也是杯水车薪，在顶层设计缺失的情况下，越做越错，因为方向不对的话，做再多也是南辕北辙。

不少企业都存在系统领先流程的现象，系统搞得热火朝天，但整个业务逻辑、流程、组织、绩效都还是一片混乱。比如，预测就是自下而上收集汇总出来的，但是由于偏差大，制造部门就可以自我打折；库存规则和归属权不清，预测和计划执行率没有统计，你不知道预测是否被承接；生产批量和优先级也没有规则，原料计划与成品就更没有联动；由于订单随意调整，订单交付率计算方式粗放；库存周转率就更不靠谱，甚至被操纵。因为业务

流程不规范，主数据不能及时维护，业务数据不反映真实现状，最核心的MPS（主计划）、MRP业务无法在系统中实现。有的系统还有高大上的预算控制功能，其实对于预算管理还不成熟的企业而言，贸然启用预算控制系统只会导致事后不停地修改预算指标，否则流程难以走下去，但频繁修改又使规则如同摆设。尽管如此，它们依然上了一堆系统，系统最终成为一个沉重的包袱，与流程，甚至组织相互消耗。

尽管系统对于提升效率作用巨大，但是前提是系统要与流程相匹配。当然一部分企业认为系统可以倒逼流程改善，但是这需要管理者更大的毅力和定力，大部分企业会因为改善效果达不到预期迁怒于系统。所以，只有对于那些流程已经较为成熟稳定的企业，使用系统才是有效的。**系统只是现有体系的增效工具，而不应该承担体系变革的使命**。因为在99%的情况下，系统是斗不过人的。某保健品制造企业在上了一堆系统后，最终认为系统并没有发挥应有的作用，甚至认为他们已经被系统绑架了，提出了"我们不能做系统的奴隶"这样的口号。和系统和解，需要业务先行。

2.3 激励派：一切问题都是意愿的问题

绩效考核对人的行为影响是极大的，即使你是销售部门的，如果让你背上较高的利润指标或现金流指标，估计你马上就具备"总经理思维"了。所以，很多企业为考核而头疼，因为敏感度太高，绩效考核成了上下斗智斗勇的主战场，以至于一些专家说某某企业是被绩效管死的。绩效考核是一种极为有效的管理手段，但不可否认的是，它也带来了巨大的博弈成本、管理成本，而这些还不是最大的成本，最大的成本是各部门可能会为了达成绩效，扭曲了市场的真实需求，掩盖了业务的真实状况，使企业失去了对业务的客观认知。**绩效管理是一把名副其实的双刃剑**。某家企业，由于总部要考核订单交付率，区域就通过调整订单来达成指标，总部很认真，要求从系统里获取"真实订单交付率"，所以区域只好直接改系统。最后，区域自己也陷入两难，职业经理人从理智上想保留真实数据，但情感上又要应对总部考核。

更加典型的是库存周转率的计算，大家都有一套统计办法让财报满意。最后发现各个部门绩效都不错，就是企业业绩不好。所以数据可视化平台搭建现在成为各大企业都很关注的事情，并且往往要被一把手直接控制，因为他需要了解真实的状况来进行判断与决策。

绩效不是执行出来的，是计划出来的。执行有影响，但不是主要原因，让执行者背上一堆指标没有太大的意义，但却给了他一个修改真实业务数据的动机，更多应该对其执行过程进行考核，而非让其对计划的结果进行负责。但对过程缺乏管理的企业，结果指标考核是其唯一的管控手段。即使激励有作用，也是针对特定行业或职能。成功学是最成功的激励理论，但是稍有思想的人都知道它适合于管理简单事物，一般被应用在对基层人员的管理中，因为只要意愿到位就可以做好事情。对于复杂事物的管理，不是有意愿就可以解决的，没有哪个研究所对员工使用成功学模式。所以，激励派的底层方法论是基于"个体好，全局就好"的简单管理场景，关于这一点我们在4.1 节再做深度探讨。

2.4 组织派：组织调整是解决业务问题的捷径

大部分情况下，"组织"往往不用来"解决"问题，而是"制造"问题。三权分立是一个经典的组织框架，为了权力的安全，使用组织来进行相互制衡，并暴露问题。企业也一样，不仅财务和出纳不能兼容，采购与计划不能兼容，实物管理与做账也不能兼容。从大的层面讲，计划功能与执行功能也不能兼容。所以，在企业具备一定规模，能够为运营安全支付一些管理成本的时候，就需要在组织上进行制衡。但如果组织太复杂，大家又会觉得效率低。所以对于大企业而言组织调整是比较复杂的事情，但对于中小企业而言"组织"好像可以用来"解决"一切问题。比如，由于供应商物料到了无法及时入库，采购与仓库经常扯皮，干脆将原料仓库归采购统一管理。如果成品因为入库、领用等问题与生产扯皮，干脆将成品仓库与生产合并。如果产品设计不能满足客户需求，就把产品与销售放到一起。总之，把冲突的双方变成一家人，冲突也随之"解决"了。这种通过组织合并将问题解决的模式是非常短视的，本质上是掩盖问题。运动员和裁判合二为一，无数个小问题被掩盖，就会造成整个体系的大漏洞，最终发生更严重的事故。

2.5　交付派：所有改善都必须围绕订单交付

这类企业认为企业的使命是达成交付，交付就是最终的结果，所以要围绕订单交付进行改善。特别是华为的"铁三角"交付模式家喻户晓后，大家都在学习华为的交付模式。其实华为是项目型交付模式，订单交付过程周期很长，并且涉及施工、安装等，其中需要决策和协同的点非常复杂。但是大部分制造企业是订单型交付，其交付过程就是短期内的订单履行过程。在这个订单执行过程中还剩余多少决策空间呢？你可以决策缺货时将货物优先给哪个客户，可以决策交付过程中的例外事件，但更多的事情其实已经无法改变了。而对于其他按项目交付或者按订单定制化生产的企业，可能订单履约过程中的优化空间还多一些，但对于大部分MTS（按库存生产）模式的企业，其订单履约过程中，可以优化的空间非常小。但不管是何种类型，到了交付环节通常已经没有太多决策空间了，订单交付不了往往不是订单管理本身的问题。**预测不准、生产欠产、物流甩货、客户信用等才是导致未能交付的根本原因。**这些是订单部门所无法管控的。

2.6　库存派："三高"问题本质是库存失衡问题

这类企业认为高库存、高缺货是因为库存设置不合理，要的没有，不要的一堆，所以应该从库存控制入手。这是十大流派中最大的一个派别。那么该如何控制库存呢？企业常见的思路是研究如何科学地计算安全库存，这是大家最熟悉的。但仅仅盯着库存参数进行计算真的有用吗？库存在很多情况下只是前后端博弈与妥协下的一个结果，如果不对前后端策略和行为进行管控，是永远也管不住库存的。

几年前我们应邀给一家行业知名消费品企业的计划部门做产销策略规划的培训，有关产销策略规划的培训诉求还真是非常少，大部分企业无法想象何为产销策略规划，这家企业的认知高度已经超越了大部分制造企业。结果一天培训下来大家发现，计划部门唯一可以左右的策略就是库存策略。这家企业对计划体系管理还是比较重视的，计划团队人员配置完整，系统应用也远强于大部分企业，但即使这样也对前后端行为无能为力，销售是企业的传统强势部门，制造也不甘落后。计划部门基于管理惯性没有太强的意识或者影响力去改变前后端的行为，所以它唯一能操控的就是安全库存，当然也就只能立项库存优化项目。企业寄希望于有一种更加科学的库存计算方法，能够把数十种对库存有影响的因素都考虑进去，设计一个完美的"库存计算公式"，自动计算出一套最完美的库存参数。

复杂的安全库存计算方式也催生了一批库存管理专家，因为算不清楚，也难以验证，所以大家可以一直在安全库存的计算上缠斗。但现在，真正的库存专家已经不依赖公式来计算库存了，而是通过仿真模拟来逆向验证库存设置的合理性，实现对库存策略的动态优化，本书第 14 章将会对此进行详细阐述。

2.7 精益派：生产应该追求极致的柔性和敏捷

前面谈到的库存派主张通过对周转库存和安全库存的计算来解决高库存和高缺货的矛盾，但是有些企业库存持有成本高，它们认为应该让生产来吸收波动，也就是让生产端更加柔性、敏捷。精益生产类解决方案非常受欢迎，大家专注于如何消除各种设备瓶颈，如何更快地换线、换模，缩短生产时间，提升单位时间的产出量，并且还要消除一切对最终客户没有价值的环节，消除一切等待、浪费等，目标就是让生产更加灵活。某食品企业的制造副总裁对于销售的各种临时起意非常不满，但是每次他都不辱使命，圆满完成。这种情况导致销售越来越任性，甚至提出我让你烧一顿饭，你不要烧两顿，我让你晚上烧，你不要早上烧。生产又算不清一顿一顿烧和两顿一起烧、早上烧和晚上烧的成本差异是多少，而精益思想正好也推波助澜，要求生产做到极致灵活，最终企业在改单追单中进行了逻辑自洽，认为解决方案就是精益管理，以后端的极致努力和不计代价来满足前端的所有需求。

2.8 预测派：所有的问题都是预测惹的祸

谁都知道预测对于后端的影响，知道预测带来的影响可能远大于上述其他因素，但是为何聚焦预测改善的企业却比较少呢？因为有专家说"预测是永远不准的"，甚至认为"预测是无法改善的，因为那是市场和客户的行为，你只能改变你自己所能掌控的"，这些言论明显有问题，却大有市场。预测是永远不准，但不准的程度是可以改善的，40%的不准和10%的不准对于后端的影响是完全不一样的。并且客户和市场行为并不是不能改善，它们是可以被引导和管理的，否则市场和销售部门的价值在哪里？所以，还是有一部分企业觉醒，它们认为预测的改善是可行的，并且比库存等改善更加重要，因为预测是整个供应链的源头，其改善效果是事半功倍的。

但是关于预测还有另一种极端的说法，认为一切都是预测惹的祸。后端很简单，没有什么可以改善，主要问题都是预测不准。因为预测不可能100%准确，难以也永远无法证明后端有问题，这样后端就可以把所有问题都推给预测不准。

2.9 流程派：流程改善能解决所有问题

流程派也是一大门派，流程改善是乙方咨询公司最推荐的改善手法之一，所谓的端到端流程梳理，动辄八大流程、十大流程。流程梳理完全没有问题，但是流程是改善订单类业务，也就是执行类业务管理的重要手段，比如销售下单流程、采购收货流程、财务付款流程等，计划有流程吗？当然也有，如需求计划编制流程、主计划编制流程等，但是写过计划编制流程的人都知道，这种从 A 到 B、从 B 到 C 的文档编写方式完全不能承载计划最核心的内容，也就是决策逻辑的描述诉求。所以，对于计划体系而言，纯粹梳理流程是解决不了关键核心问题的，它可以让管理更加有序，但不能优化最核心的决策逻辑，提升决策精度。在计划优化领域，流程派虽然工作量十分繁杂，涉及范围非常广，但往往事倍功半，隔靴搔痒，触及不了核心痛点。有人会说我们设计的流程是 S&OP（Sales & Operations Planning，销售与运营计划）流程，但其实本质是一样的，4.4 节会重点阐述"端到端流程"视角和"集成优化"视角的巨大差异。

2.10 外部协同派：通过与供应商和客户协同解决问题

与供应商协同：这是大家都比较喜欢的，被称为 VMI，即供应商管理库存。VMI 是目前企业应用较多的方式之一，复杂问题简单解决，把库存放到供应商那里不就规避了我们自己的风险吗？让供应商备库存，或者说将我们的库存与供应商的库存合二为一，至少在短时间内会有明显的降库存效果，但是你必须利用这个时间差快速优化企业的计划体系，真正做到双赢。因为通过这种方式降库存并不是没有成本的，只是将成本暂时转移到了供应商处。如果不能借助这个机会进行计划体系改善，转移的库存成本最终还是会在下一年度以材料成本的增加等其他方式重新体现。在缺失计划和协同体系改善的前提下，直接走到这一步不是一个明智的选择，甚至可能因为短时间的改善假象而拖延了根本问题的解决。

与客户协同：这类企业相对比较少，避难就易是人的天性，大家喜欢与供应商协同，而不是客户。在一款著名的供应链协同仿真游戏 TFC 供应链橙汁游戏中有一个决策场景：给你三次协同的机会，可以选择与供应商协同，也可以选择与客户协同。大部分人下意识地都会选择与供应商协同，因为现实中与供应商协同更加普遍，或者感觉会更加有掌控力。但在这里，请记住一个重要原则，永远先选择和你的上游协同，谁是上游？这不是从实物流角度来判断的，而是从信息流角度，从决策的角度。因此，与客户协同才是价值最大化的途径。和疏通河道一样，你可以在下游拦截清理，你也可以选择在上游管控，它们的投入产出比是完全不一样的。与客户协同还能强化与客户的关系，提供更好的服务体验，强化信任，一举数得。

总结 ▶ SUMMARIZE

波动吸收派与波动管理派

　　企业界面对同样的"三高"问题，想到的解决方法或者思考的层次是不一样的。选择运动式改善的企业不认为这是系统性问题，而是责任心的问题，所以领导一抓就灵（运动派）。选择系统改善的企业也不认为这是大问题，自身的管理方法都是对的，只是执行不到位或者效率低下而已，所以需要系统提升落地能力和效率（系统派）。选择绩效改善的企业认为主要是员工的意愿问题，所以要激发潜能（激励派）。还解决不了就动组织，通过组织架构调整让问题内部消化掉（组织派）。如果上述以"人"为抓手的四个管理手段还搞不定，那就搞"事"。先从订单开始，认为谁的问题谁解决，订单交付问题订单部门解决（交付派）。如果还不行，那就从库存入手，选择改善库存的企业开始看到交付背后的原因是库存结构失衡，要的没有，不要的一堆（库存派）。再往下就是改善生产排产，要柔性，要敏捷，但生产的柔性也是有底线的，并且是有成本的（精益派）。当后端黔驴技穷之时，大家一定会把压力转移到前端要求改善预测（预测派）。流程派是相对体系化的，但是流程太艺术，大家都说自己的流程很完善，但即使流程完善依然解决不了决策逻辑优化的问题，面对复杂业务完善流程属于正确但不够解渴的管理方法。如果上述措施还不能解决问题，则需要向外部发力，首先想到与供应商协同，希望供应商分摊库存压力。当然还有些企业则向上协同，希望和客户实现联动，从需求端进行改善（外部协同派）。有以"人"为本的，有以"事"为本的，十种典型的改善思路，背后的差异就是认知的差异。

如何跳脱出自己认为的问题，从更体系化的视角去理解"三高"呢？我们可以往上走一层，把前面这十大流派中后面"搞事"的六个流派分成两个类别，抽象出它们之间的共性。这个抽象的依据就是对供应链管理的另一种理解视角：供应链管理就是管理波动和吸收波动。

从波动视角，我们可以定义**供应链管理就是以最优的成本以及在符合企业战略的前提下对整个链条上的波动进行管理和吸收**，也就是我们首先要寻找哪些环节可以通过管理减少波动，如果波动还是无法彻底消除，再寻找哪些环节吸收波动成本更低，并符合企业的长远利益。因此，从波动视角，我们可以把上述六个流派的方法再分成两大类别，一类是波动吸收派（交付派、库存派、精益派、流程派、外部协同派中的供应商协同派），另一类是波动管理派（预测派、流程派、外部协同派中的客户协同派），可以看到其中的流程派和外部协同派是横跨两头的。

1. 波动吸收派

波动吸收派认为供应端吸收波动是供应链管理的主要职责，其中交付派人士认为应该通过优化订单执行管理吸收波动。库存派人士认为应该通过库存优化吸收波动，精益派认为应该通过生产的柔性和敏捷吸收波动，外部协同派中的供应商协同派是波动吸收派的最强成员，让供应商来吸收波动，这也是一部分强势企业的特权。上述方法的本质是通过订单执行、库存设计、生产执行等环节以及供应商来吸收波动。

2. 波动管理派

波动管理派认为波动不仅要吸收，更要被管理，并且认为首先要管理波动，管理不了的波动才去吸收。他们倡导建立专业全职的需求计划部门（预测派），不仅认为要改善前端需求计划，还希望建立前后端计划的联动体系，也就是建立独立集成的供应链计划管理体系，因为他们知道这种前后端的协同不可能靠双方的人品来保障，前端有前端的指标，后端有后端的指标，产销之间的矛盾是天然存在的，必须有第三甚至第四方去进行平衡。在纵向上建立了硬组织——集成的计划组织，在横向上还建立了软流程——S&OP 流程（流程派），他们的目的就是实现真正的前后联动，这种联动不是产销两方联动，而是研产销三方联动，甚至部分企业还意识到这种联动还要向上游扩展（与客户协同）。看似与供应商和客户协同都是与外部协同，但是却是协同的两个极端，前者属于波动吸收派，后者属于波动管理派。

3. 供应链管理何止三道防线

尽管波动吸收派和波动管理派都认为产销失衡是方法论问题，最终的选择结果却大相径庭。波动吸收派的主要假设前提是前端的波动是客观存在的，并且是无法管控的，预测永远是不准的，我们能做的就是后端如何更加高效地吸收这些波动。偏好波动吸收派的管理层还有一种根深蒂固的思维定式：后端的职责就是保障供应，至于产品为何太多，预测为何不准，订单为何节奏失衡等不需要你管，大家都管好自己。波动吸收派的主要手法是库存设计、精益生产、推拉结合等，核心思路是后端前端各司其职，责任分明，绝不越雷池一步。尽管波动吸收派认为保障供应是天职，但总会出现后端尽管倾尽全力依然无法满足前端需求从而被责难的情况，时间长了甚至形成了一种受害者心态。波动吸收派也倡导产销协同，但是本质上他们理解的协同是前端不动，后端动，甚至认为协同就是在发生问题之后如何一起快速解决问题，而不是如何一起预防问题再次发生。他们尽管理智上理解各职能是密切相关的，但从行动上否认各部门之间的关联性。总之，被动承接，事后处理是主旋律。更加糟糕的是，一部分企业还以应该聚焦快速解决问题为理由，觉得对问题原因的追溯是在相互推诿，从而放弃了对问题原因的分析，认为这是没有担当的表现。**把原因分析和追究责任混为一谈，这也是目前最具有误导性的管理思想之一。**

波动管理派不否认吸收波动的必要性，但该流派不仅仅纠结于后端如何吸收波动，更要求前端去管控波动，甚至主动帮助前端去管控波动。如

图 2-1 所示，波动吸收派主要关注库存和执行体系，包括如何追单（采购订单），如何管控供应商。波动管理派则除了我们十大流派中提到的预测优化、流程优化以及客户协同三大手法外，还关注中长期主计划、促销计划、新品计划的管理，甚至参与产品复杂度管理、客户订单交付策略设计以及供应网络设计等。波动管理派与波动吸收派的最大区别是，不再只专注于研究如何吸收前端波动，也不单纯地服从前端需求，而是积极参与到对前端需求、计划、订单和产品复杂度等的管理中。波动吸收派和波动管理派代表了两种完全不同的思维模式，一个被动承接，一个主动担责。尽管最终目的都是改善产销协同，但是后者波动管理派却是对前者波动吸收派的降维打击，二者改善效果完全不在同一个层级上，解决问题的答案永远在问题的上一层，甚至上两层，供应链管理何止三道防线。

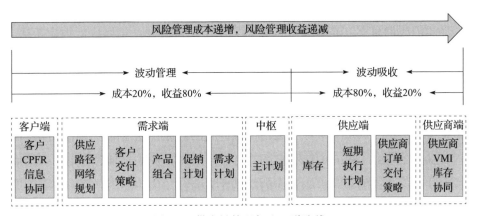

图 2-1　供应链管理何止三道防线

第 3 章 ▶ CHAPTER 3

管理理论界改善产销协同的七大宝典

> 重复别人所说的话，只需要教育，而挑战别
> 人所说的话，则需要头脑。
>
> ——玛丽·佩蒂博恩·普尔

前面我们更多从企业自身的视角总结了一些改善产销协同的惯用手法，虽然改善产销协同是普遍性诉求，但是对根本原因的认知是有巨大差异的，解决方案也五花八门，现在我们再上升到管理理论的视角来看这个问题。和企业界一样，管理理论界也是流派纷呈，自成体系。其中广为人知的有丰田精益方法论、TOC、华为炮火论、德鲁克的目标管理理论、阿米巴经营哲学、SCOR 模型、S&OP 流程等，它们各自都有着大量的拥趸。我们一起来看看这些方法论的葫芦里究竟卖的都是什么药。

3.1 丰田精益方法论

在 2018 年 Gartner 全球供应链 25 强出炉之后，有业内人士为丰田鸣不平，为何 25 强没有丰田？他认为汽车行业最强的就是精益生产和智能制造，还列举了汽车行业制造工艺之复杂，零部件之多，安全要求之严格，设备之先进等。毫无疑问，汽车行业的供应链是最复杂的供应链之一，并且丰田的精益管理如此优秀，凭什么只有宝马入围？那么为何没有一家企业是因为精益制造入围 25 强呢？因为 Gartner 评选的标准是供应链管理能力（信息

链），不是供应链本身（实物链）。精益制造再强也属于局部优化领域，并且是局部优化中的现场管理优化，不是供应链管理所倡导的全局优化。那位业内人士最后也研究了 Gartner 的评判标准，发现它最核心的评价领域竟然是供应链计划。最后他不得不说，汽车行业的计划领域确实比较弱。为何会这么说呢？因为汽车行业的供应商通常都会在整车制造企业周围 10 公里内放好库存，时刻应对整车制造企业的需求波动，这种业务场景下整车制造企业还需要强大的计划吗？还需要费尽心思去整合优化吗？它只要专注如何多快好省地完成执行层的生产排程优化就可以了。

2018 年 Gartner 全球供应链 25 强里消费品企业占了 20 家，也就是 80% 都属于消费品制造业，特别是快消。而消费品企业的特点就是同质化，低利润，所以它们对供应链的前后协同与全局优化十分关注。宝马入围 25 强，也不是因为其精益制造，而是因为其供应链管理的专业性，它不仅有专业的需求计划团队，还有战略计划团队。日本企业聚焦生产领域的精益管理模式是一种对局部优化的极致追求。例如局部优化中最知名的"零库存"理论，其实就是以产业链下游的供应商（汽配厂商）库存为代价下的主机厂自身运营的极致优化。为何汽配厂商愿意接受这种代价呢？因为汽配和主机之间是一个非常封闭的生态圈，它们之间有着长期的合作协议，是一种长短期利益的置换。在一个开放式的商业环境下，这种模式是无法长久的。

我们在这里要借用《奥列基谈 MRP》中奥列基对精益生产思想的看法。奥列基认为，精益希望通过手、眼来解决问题。在某种程度上，简化解决方案是无可厚非的，然而，如果太过简单，其结果将跟把事情搞得太复杂一样糟糕。所谓"过度简单"（Over Simplification），就是"把事情简化到会引起误传、误解或者错误的程度"。由于精益方式忽视了物料之间的相关性，也不能处理好供应、需求、库存在手量以及 BOM（物料清单）之间的关系，所以它在很多时候过度简单。总之，经营环境越复杂，供需波动越剧烈，精益方式就越容易陷入过度简单的挑战。

从奥列基上述的表述中我们可以看到，尽管精益在解决局部优化，特别是现场管理优化方面效果显著，但是不能解决相互关联的系统性复杂问题，它的最大假设就是需求是平稳的，做出来的东西都可以卖出去，这种假设条件在现有市场环境下是不成立的。精益强调通过手、眼来解决问题，而我们看到的"三高"问题几乎和手、眼没有直接关系，它是看不见摸不着的，能看到的库存只是一个结果而已。精益生产的思想也是以线性思维为主，比如生产得越多越好、越快越好，合格率越高越好等。然而只有在事物之间是完全独立、互不影响的情况下，你才能心无旁骛地追求某个单一方向的极致优化。但面对"三高"问题，显然"库存越低越好"与"交付越高越好"这样的诉求本身就是互斥的。尽管精益方法论为企业现场管理做出了卓越的贡献，但精益方法论显然不适合解决复杂联动的"三高"问题。

3.2   TOC

TOC（Theory of Constraints，即约束理论）是以色列高德拉特博士在20世纪90年代提出的，笔者认为该理论比精益方法论更进一层，不单纯追求产出，而追求有效产出，也就是要平衡收入、库存和生产成本，要减少不能变现的库存。TOC强调整体观，为避免无效库存的生产，推出了DBR（鼓，缓冲，绳）模式，也就是通过瓶颈资源去控制整体节奏，瓶颈之前采用拉式生产，瓶颈之后采用推式生产。当然TOC也关注市场需求的限制，如果市场需求小于瓶颈资源，则也需要去除市场瓶颈。总之，TOC不断去除瓶颈，并以瓶颈资源为约束来持续优化。TOC有两个重要的假设前提：首先，该理论主要模拟离散制造模式；其次，该理论假设需求是明确的，瓶颈是可清晰界定的，物料供应和订单也是稳定的。TOC往往忽略外部需求的不可控性，忽略产品复杂度对前后端的影响，忽略成品库存对客户满意度的影响。TOC认为问题无外乎市场需求的约束、生产现场工序的不协同，并认为无效库存产生的关键原因是没有基于瓶颈资源进行协同联动。

TOC 显然把整个供需生态体系简化了，并把场景局限在生产制造体系，和精益生产一样关注看得见的"现场"（车间、工厂等）管理，过度关注制造瓶颈这个技术环节。即使需要管理瓶颈，在目前复杂多变的情况下，瓶颈也是不断变化并相互交叉的，从管理手段而言也无法完全依赖 DBR 模式去管理。何况现实中产销管理的复杂度远超制造体系内部工序的复杂度。从前面的"三高"现象来看，我们面对的挑战是产品、销售和制造的三方多点博弈，解决车间的一个瓶颈工序已经不是产销的主要矛盾。TOC 也忽略了战略层的管理诉求，企业不一定要消除每一个瓶颈，有些负利润产品的制造瓶颈是不需要消除的，有些战略产品为了达成高交付是允许以冗余库存为代价的，甚至要接受战略性亏损。但 TOC 相比其他理论已经形成了系统化的思维，强调整体和谐和有效，只是局限于离散制造体系内，并忽略了内外部环境的复杂性和不确定性，从这一点来看，其应用也有局限。

3.3 华为炮火论

炮火论的核心观点是"让听得见炮火的人进行指挥"，提出者是中国备受推崇的企业家之一任正非。他的优秀和前瞻眼光是大家有目共睹的，他提出的这个理论是有一定的应用前提的，如果不加辨别地推而广之就可能误导一些人。业界知名的陈春花教授提出了一个应用前提——这个听见炮火的人必须足够优秀，问题是优秀的人往往会被调到听不见炮火的地方，所以陈教授认为这个理论实践是有难度的。但是笔者认为，即使听到炮火的人非常优秀，但是前线听到炮火的人不止一个，各个阵地都有人听见了，你最终要听从哪个人的指挥？还是大家各自呼唤，独立作战？由于炮火论的传播度很高，甚至在产销管理领域也出现了炮火论的推崇者，认为管理要下沉，要让市场一线人员呼唤炮火，也就是如果前线突然提出要求立即火力支援（比如出现紧急订单、缺货等），就让听得见炮火的人（一线销售）直接找提供炮火的人（后端制造）进行沟通。炮火论者认为这种模式不仅是真正的市场驱动，还非常高效。

大部分跨国企业如何指挥炮火呢？它们不让听见炮火的人直接指挥，只要求听见炮火的人必须及时详细地分享炮火信息，比如什么级别的炮火（促销力度、竞争价格），多大的量（促销规模），持续多长时间（促销和降价的时间范围），覆盖哪些范围（区域/产品），还有什么其他建议等。这些信息会从一线销售、客服部门或市场部门等传递到后端计划部门。后端听不见炮火的计划部门综合平衡之后，做出最终决策。当然它们的目的不是仅仅就此次炮火给予回击，而是明确未来如何部署自己的炮火和战术，是要先发制人，还是以炮还炮！

不仅大部分跨国企业没有让听到炮火的人呼唤炮火，华为也没有在产销管理领域实施这种炮火论。华为为何要搞 ISC（Intergrated Supply Chain，集成供应链）？这就是一套炮火信息的传导和集中处理的机制（集成供应链管理体系），它通过这套机制解读各种炮火，并全盘评估后做出最终的决策。我们不能和任正非去确认炮火论的应用场景，但是起码在产销管理领域它是不合适的。

3.4　德鲁克的目标管理理论

德鲁克的目标管理理论和"三高"问题有关系吗？尽管德鲁克的目标管理理论本意并非要解决某一个具体领域的问题，但是很多企业就是基于德鲁克的目标管理理论来解决"三高"问题的。德鲁克的目标管理理论源于动机激发理论，简单而言，德鲁克的目标管理理论可以对应前面十大流派中的"激励派"。

德鲁克的目标管理理论认为管理者泛指知识工作者、经理人员和专业人员，无论是单枪匹马作战，也无论职位有多低，只要能够做出影响整体绩效和成果的决策，就都是管理者。通过对管理者定义，德鲁克清晰地传达了他的观点：在知识社会中，个人角色不再受组织层级限制，每个人都可以是管理者，而且所有人都有必要修炼管理者的基本素养，目标管理理论就是修炼基本素养的方法论。目标管理是使企业全体成员的努力都凝聚到组织目标上的一种管理方式，要求大家在工作中实行自我控制，通过个人和部门目标的完成来确保企业整体目标的实现。目标管理不是一种自上而下的管控手段，而是一种自下而上的自驱模式。根据德鲁克自己的评价，目标管理的主要贡献在于"用自我控制的管理方式来取代强制式的管理"。

企业家们基于目标管理理论的管理逻辑认为，只要个人或部门目标达成就能确保整体目标达成，所以强调自下而上的自我管理。和精益方法论一样，如果整体目标就是个体目标的简单叠加，并且个体目标之间没有关联，这种理论就完全适用。但是对于复杂产销关系的管理，这种理论就难以支撑了，因为个人之间、部门之间、个人和部门之间的目标是相互关联，甚至是互斥的，而在复杂的产销关系管理领域，人人好不等于大家好。

德鲁克管理理论的提出和应用有一定的历史背景。德鲁克的管理理论有两个阶段的主张，第一阶段探索了工人在工厂中的地位的正当性问题，因为当时正是压抑人性的泰勒制盛行的时代；第二阶段探索管理者自身的责任和修养问题，因为欧美国家出现了敌意接管浪潮，引起了德鲁克对美国公司治理问题的重新思考。所以，德鲁克管理理论的提出有着强烈的时代烙印，同时也暗合了今天国人推崇的修身、齐家、治国、平天下（《礼记·大学》）的人生哲学，因而受到了极大的推崇。尽管德鲁克的目标管理理论本身并不是针对解决产销协同问题的，但是部分企业家却认为它包治百病，把提升修养和品德当成放之四海而皆准的真理，然而很多科学的事情不是仅凭提高个人修养就可以解决的，把一切问题都归于人的修养和品质是一种思维惰性的表现。

3.5 阿米巴经营哲学

除了丰田的精益方法论，日本还有一套局部优化的大神级管理哲学——阿米巴经营哲学。相比精益方法论，阿米巴的适用性更加广阔，同时它和目标管理理论也有异曲同工之处，都以对人的动机的激励为基础。该体系认为做企业很简单，就是"收入最大化，费用最小化"。按阿米巴的逻辑，收入的最大化和成本费用的最小化是两个完全不相关的事情，各自发力便可，并且要做到极致。但是略有管理常识的人都知道，100% 的不缺货和不计后果地降低生产成本都是灾难性的行为，尽管它们都是在追求各自的最大化和最小化，但是对于整个企业的利益而言必然不是最大化的。所以，阿米巴的核心思想与精益方法论类似，认为只要局部做到了极致，就能实现全局的改善，所以，阿米巴也不适合解决产销冲突，甚至可能激化冲突。这里不是说局部优化不重要，局部优化当然也非常重要，但是大家不能因为习惯了局部优化而忽视全局性优化，或者说习惯了直线思维而不愿意使用应对复杂问题的博弈式思维，喜欢看到表面的热闹而不愿意推动深层次的改善。

3.6　SCOR 模型

说到计划管理大家可能会想到供应链运营参考模型（Supply Chain Operations Reference，SCOR），SCOR 在中国盛行了一段时间，被奉为供应链计划管理的宝典，特别是那个著名的草帽图（见图 3-1 上方图形），不过 SCOR 在 2022 年发布了数字化版本 SCOR-DS（Digital Standard）（见图 3-1 下方图形）。

在经典草帽图中，SCOR 似乎把计划推上了"神坛"，让其统领所有执行类业务，并且只有"一个"计划。这个图可以说是对计划价值的完美定位，并且以这种极具震撼力的方式表达出来。但是，再看下方的"双 8"数字版本，你就会发现新版本不仅更加抽象，还弱化了计划的定位，其实 SCOR 从来没有认为计划有多么重要。在与 SCOR 专家何仁杰先生[⊖]交流后才知道，并不是 SCOR 认为计划多重要，计划只是汇总和承载执行体系的信息而已，所以，其箭头是从执行到计划，而非从计划到执行，或者是双向的。

　⊖　何仁杰先生是中国运筹学企业应用的开拓者和先行者，是昆仑智汇数据科技（北京）有限公司董事，也是美国营运管理协会（APICS）的 SCOR-P 认证讲师。

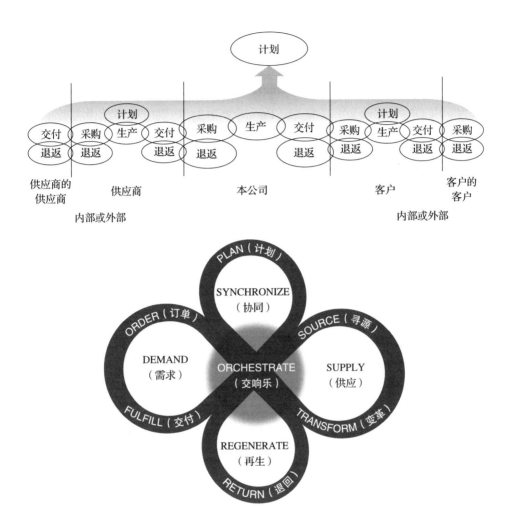

图 3-1 SCOR 模型

资料来源：国际供应链理事会。

　　SCOR 的新版本与旧版本相比，也是形变神不变。无论新旧版本，SCOR 的核心内容还是 4 个 P——绩效指标（Performance）、流程（Process）、实践（Practice）和人员技能（People），并且 4P 逐层递进分解以找到改善的突破点，最终解决问题。比如，想降低生产成本这个绩效指标（Performance），你就去对应找到相关的生产流程（Process），然后找到如何降低生产成本的最佳实践（Practice），之后看要做到这个最佳实践需要什么样的能力，再去培养人员技能（People），或找到合适的人，最后生产成本高的问题就解决了。

这是一种自上而下分解问题的方法论，这套方法论似乎可以逐一解决每个问题，然后认为整体问题也同步解决了。这是否太理想化了？各个问题相互独立吗？又回到这个问题，N 个局部最优的叠加就是整体最优吗？何仁杰先生认为，SCOR 本质就是一个框架（Frame Work），把供应链活动内容做了标准化定义而已，它不是一套方法论，但是却有很多咨询公司把 SCOR 作为一套方法论去解决实际问题。当然，我们认同通过梳理 4P 之间的关系提供了解决问题的思路，也是一种简单的方法论，只是这种方法论适合解决相互独立的简单问题，而不是复杂联动的问题。

尽管 SCOR 把计划放在一个较高的位置，其实在其方法论或框架中，并没有一个整体联动的计划逻辑，而是强调通过 4P 来诊断和解决问题。新版的 SCOR-DS 在中间出现了一个新名词——Orchestrate（交响乐），这倒是 SCOR 在理念上的突破，开始关注产销协同。Orchestrate 经常被外企用于形容产销协同，尽管音符不一样，但最终必须是一首优美和谐的旋律。但是 SCOR 有一个基因限制，它主要关注生产和库存领域，SCOR 中没有或者很少谈及销售和产品话题，缺失这两个元素如何能做到 Orchestrate 呢？SCOR 诞生于 20 世纪 90 年代，在那个年代有这样的认知高度已经非常不容易，尽管不断更新，但是其底层逻辑没有大的改变。**对于复杂的产销关系管理，SCOR 更多被看作一本专业字典。**

3.7 S&OP 流程

SCOR 的研究机构国际供应链理事会（SCC）在 2014 年和 APICS 合并，尽管 APICS 已经发展成为一个教育培训体系，但是二者在基因上非常相似，都诞生于生产和库存，它们都有非常明显的自我限制，就是聚焦供应端，所以二者合并也是殊途同归。但是 Oliver Wight 公司的出现打破了这个边界，它推出了一个新体系——S&OP 流程，S&OP 跳出了供应领域这个传统的一亩三分地，提出了协同必须是前后联动的理念。基于产销协同的视角，S&OP 对 SCOR 等关注后端为主的管理体系就是一次降维打击，不过

APICS 后来也开始跟进 S&OP 的理念。美国人 Dick Ling 在 1980 年首次提出 S&OP，但之后衍生出来两个派系，一个派系倡导产销协同（销售端与供应端），该派系创立者曾经来中国讲学，但名字我已经不记得了。另一个派系就是 Oliver Wight 公司，它倡导的是三方的协同，尽管名称上也是产销协同，但本质上是研产销三方协同（产品端、销售端和供应端），看似另一个派系只是缺了一个产品端，其实二者理念完全不在一个层级上，在很多企业中，产品与供应的冲突已经超越销售与供应的冲突，产品复杂度对于整个运营效率的影响已经超越预测不准的影响。

那是否 S&OP 就是产销协同的终极解决方案了呢？在 Oliver Wight 公司的推动下，S&OP 开始在中国企业得到深度传播和广泛重视，但是只开花难结果。为何会有这样一个结局？因为 S&OP 是产销协同的星辰大海，而我们的企业目前更需要白菜萝卜。笔者将在本书第 8 章用一个章节来深度探讨 S&OP 这个主题，所以在此先不做展开。

总 结 ▶ SUMMARIZE

局部优化人见人爱，全局优化鬼见鬼愁

在实际的业务中，大家是否发现精益改善等以局部优化为目标的项目成功率比较高，而试图改善"三高"问题的产销协同优化项目成功率则很低，甚至从事产销协同改善的专业顾问本身就非常少，其实不是因为智力限制做不了，而是结果导向所致。因为复杂事情的决策很难被理解，结果也不容易可视化，也就不容易被信任。所以，大家都更愿意做简单直观的直线思维导向的事情。表现在管理改善中就是局部优化人见人爱，而全局优化则鬼见鬼愁，因为它的决策总是要"损害"一方的利益，它总是不能让所有人满意。所以，**从事产销协同改善类工作时，千万要记住，你的决策不会取悦所有人，但是你的工作却需要生产、物流、采购、销售等所有部门的配合。你可能给不了对方好处，却需要对方支持，甚至有时还很难让对方理解为何需要这样做。你愿意做这个事情吗？在这种情况下，就必须依靠"自上而下"的力量去平衡和解决这个系统性的冲突。**

集成供应链管理是产销协同的底层逻辑

"整体大于部分之和"这句话多少有点神秘，其实它的含义不过是组合型特征不能用孤立部分的特征来解释。因此，复合体的特征与其要素比，似乎是"新加的"或"突现的"。

——冯·贝塔朗菲
《一般系统论：基础、发展和应用》

在第2章和第3章，笔者总结了应对企业产销协同问题的各种方法或者方法论，但这仅仅是梳理问题获取终极解决方案的一个序曲。从本章开始，我们要一步一步往上走，从更加完整的体系化视角和更加底层的业务逻辑视角去解读我们"具体和点状的问题"，最终得到"抽象和系统性的方案"。首先笔者将澄清两个在现实中被完全混淆而实际上却完全不同的概念："供应链"和"供应链管理"。我们在绝大部分场景下谈的都是"供应链"，不是"供应链管理"。我们所要解决的**研产销之间的冲突问题，不是"供应链"问题，而是"供应链管理"问题**。所以，本章是本书最重要的理念共识章节，也是对底层逻辑和认知方法论的共识。同时，本章还要澄清端到端供应链、端到端供应链管理、集成供应链、集成供应链管理这些看似相似，实则大相径庭的管理理念，以及介绍产销协同与集成供应链管理的关系、集成供应链管理与集成供应链计划的关系。

4.1   方法论的方法论：还原论、整体论、系统论

第 2 章和第 3 章中我们列示了不同的管理方法论，看似百花齐放，其实其底层方法论只有两个——"还原论"和"整体论"。也就是说，方法论下面还有方法论，这叫作第一性原理。西方自科学革命以来，科学研究的主要方法是把复杂事物拆解成一个个最简单的模块来分析，这种思维模式叫作"还原论"。还原论推动了科学技术的巨大进步。还原论就是由整体往下分解，研究得越来越细，这是它的优势方面，但在往下拆分之后，却很难再由下往上地回来了，难以再回过头来回答高层次和整体性的问题，这又是它不足的一面。所以，仅靠还原论还不够。较早意识到这一点的科学家是贝塔朗菲，他是位分子生物学家。当生物学研究发展到分子生物学时，用他的话来说，对生物在分子层次上知道得越多，对生物整体反而认识得越模糊。在这种情况下，他提出了整体论，强调还是要从生物整体上来研究问题，但限于当时的科学技术水平，整体论没有发展起来。

整体论作为一种用于解决复杂问题的方法论被提出，而系统论则是在整体论的理论基础上发展起来的一整套完善的思维科学体系。我们非常有必要通过"得到"徐玲解读的《系统之美：决策者的系统思考》（德内拉·梅多斯），来了解什么是系统思考，因为这是解决产销协同这个复杂问题所需遵循的底层方法论。

生活中，我们经常会听到这样一些说法："只见树木，不见森林""头痛医头，脚痛医脚""按下葫芦浮起瓢"等，说的就是缺乏系统思考的表现。所谓系统思考，是指这样一种思维方式，它不是割裂地、局部地、静态地来看待问题，而是关联地、整体地、动态地来审视问题。这个观点听起来也不算稀奇，中国古人其实很早就懂得系统思考，比如"阴阳五行，相生相克"，就是试图搞明白事物之间的相互关联和影响，这种思维模式叫作"整体论"。

【作者解读】

绩效指标体系就是还原论的一个实践，我们把整体指标进行层层分解，

然后认为只要大家把各自的指标更好地完成，整个公司的指标就一定也是更好的，是这样吗？请大家思考一下。

进入 20 世纪后，这个世界的内在联系越来越紧密，构成一个巨大的动态复杂系统。人们发现，还原论可以很好地解决单个事物的问题，却很难解决系统性、结构性的问题，比如环境问题、经济波动等。想要在这个复杂系统中成为解决问题的高手，就必须升级思维模型，从还原论再回到整体论，学会系统思考。于是，近几十年，系统思考作为一个新的学科领域迅速发展起来。

德内拉·梅多斯就是系统科学的代表人物之一，她毕业于麻省理工学院的系统学专业，师从系统动力学的创始人杰伊·福瑞斯特。梅多斯毕生从事系统思考的研究和教学，被誉为系统思考大师。梅多斯还是《第五项修炼：学习型组织的艺术与实践》的作者、管理学大师彼得·圣吉的老师，彼得·圣吉所说的"第五项修炼"，就是指系统思考。

想要从一个系统思考小白变成入门级选手，至少需要攻克三大难关：第一关，了解系统的基本结构；第二关，搞清楚系统是如何变化的；第三关，认识系统变化的关键特性。下面，我们就一起来攻克这三大难关。

第一关，了解系统的基本结构——要素、连接和功能。

想要了解系统的基本结构，我们先来看一个著名的哲学悖论，这是罗马帝国时期，一个叫普鲁塔克的哲学家提出的。他说，忒修斯有一艘船，可以在海上航行几百年。船体如果有木板腐烂了，会被马上替换掉，久而久之，这艘船上所有的木板都重新被换了一遍。那么问题来了：这艘忒修斯之船，还是原来那艘吗？

哲学家们为此争论不休，有的说是，有的说不是。这个问题也被称为"忒修斯悖论"。"忒修斯悖论"实际上问的是，一个物体，是不是等于组成它的各个部分的总和？如果答案是肯定的，那么当船上所有木板都被更新了，这艘船当然也就是新的了。

但是，直觉会告诉我们，不对，这艘船明明还是原来那艘船啊。就像我们的身体，每隔 7 年，所有的细胞都会更新一次，难道我就不是我了吗？还有我们的学校，学生每隔几年就换一批，老师和校长也在换，校园也可能搬迁了，但母校依然是我的母校啊。也就是说，我们凭直觉知道，一个物体并不等于组成它的各个部分的简单加总。那么，它到底等于什么呢？

其实，如果从系统的角度出发，这个问题很好回答。无论是一艘船、一个学校，还是人的身体，都是一个系统。根据这本书的定义，系统不是一堆事物的简单集合，而是由一组相互连接的要素构成的、能够实现某个目标的整体。任何一个系统，都由三种要件构成，分别是要素、连接、功能，如图 4-1 所示。

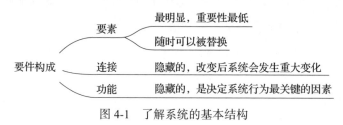

图 4-1　了解系统的基本结构

资料来源：得到 app。

比如忒修斯之船，它的要素是一堆木板，连接就是这些木板的相对位置和铆合关系，也就是这艘船的结构，而功能就是航行。再来看一个学校，要素就是学校里的师生、建筑和教学设施，连接就是把这些要素整合在一起的关系，比如校规校纪、教学方法、学习氛围以及师生、同学关系等，学校的功能就是传授知识、培养人才。但是，一堆沙子就不是一个系统，它只有要素，要素之间没有固定的连接，也没有共同的目标。

梅多斯说，当我们看一个系统时，往往只会注意到系统的要素，而忽略系统的连接和功能。实际上，对一个系统来说，要素往往是最不重要、随时可被替换的。但是，如果改变了系统的连接，那么系统就会发生巨大的变化。比如，如果大学里不是由教授给学生打分，而是由学生给教授打分，那么大学就不再是大学，而成了商业培训机构。比连接更重要的是系统的功能。梅多斯认为，功能是决定系统行为最关键的因素。如果大学的功能不再是教书育人，而是赚钱营利，那么大学显然也就变成了另外一种系统。

搞清楚了系统的要素、连接和功能，现在，我们就可以回答"忒修斯悖论"了。忒修斯之船只是要素更新了，而连接和功能没变，所以它仍然是原来那艘船。"忒修斯悖论"还暗含了一个陷阱——当系统出现了问题，我们最容易发现的，就是要素层面的问题，所以首先会想到去更换要素。这种解决问题的思路，对一艘木船可能是适用的，但对于一个更复杂的系统，可能就不适用了。

一家公司也是这个道理。如果公司销售业绩不好，那就换掉销售经理；如果公司经营业绩一直上不去，那就换掉 CEO。这能解决问题吗？可以肯定地说，如果这家公司的连接和目标不变，那换帅就起不到作用。除非，新领导确实有巨大的能量，能够推动公司的内部连接和目标方向发生重大调整，系统才可能发生明显的变化。

【作者解读】

如果把企业看作一个复杂动态系统，要素就是企业的各个职能部门，连接关系就是各部门之间的协作规则，比如我们非常关注的产销协同，就是对连接关系的一种管理诉求。功能就是企业定位和战略目标，比如有的企业的定位是民生保障，有的企业的定位是投资并购，不同定位的运作策略是完全不一样的。当整个体系出现问题时，我们马上想到的是要素出了问题——销售、采购、生产、物流等有问题，但如果只解决要素层面的问题，就永远有灭不完的火。我们必须关注它们之间的联动关系，这就是产销协同优化的价值。

第二关，搞清楚系统是如何变化的——增强回路和调节回路。

刚才我们打通了第一关，搞清楚了系统的基本结构；接下来的第二关，就是要了解系统是如何变化的，如图 4-2 所示。

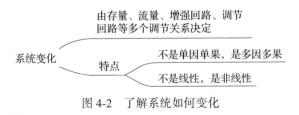

图 4-2　了解系统如何变化

资料来源：得到 app。

想想你的银行账户，存款是存量，利息是流量。利息收入会增加存款，而存款增加了利息也会跟着增加。这就是我们常说的复利，复利是一个经典的增强回路，也叫作"正反馈"。它会不断地放大、增强一开始的发展态势，像滚雪球一样越滚越大。现实中有很多增强回路的例子，比如我们常说的"赢者通吃""马太效应"[⊖]。除了增强回路，还有一种反馈回路，叫作调节回路，也叫作"负反馈"。增强回路是让系统偏离初始状态越来越远，而调节回路是努力把系统拉回原来的状态。比如空调，当室内温度高于设定温度，就开始制冷；一旦达到设定温度，就停止制冷。再比如，我发现体重秤上的数字变高了，就赶紧节食；一旦瘦下来点儿，就又开始自我放飞、胡吃海塞，这也是一个调节回路。这就形成了一个反馈回路。一个反馈回路，就是一条闭合的因果关系链。

当我们把系统的增强回路和调节回路联系起来看，就很有意思了。梅多斯说，如果我们观察到一个系统在呈指数级增长，那么这个系统中必然存在增强回路；同时，系统中也必然存在至少一个调节回路，因为在有限的环境中，没有一个物理系统可以无止境地增长下去。一开始，系统可能增长得很快，调节回路不明显，好像没起作用；但随着增长的持续，调节回路的力量会压倒增强回路，让增长逐渐放缓，直到停止。

彼得·圣吉在《第五项修炼：学习型组织的艺术与实践》中，把这叫作"增长极限"问题。比如，一家公司通过加大营销投入，使品牌知名度增加、市场份额扩大，进入了一个增强回路；但是，在销量攀升的同时，分销渠道的管理没跟上，价格混乱、经销商无序竞争，影响了市场口碑，这就是一个调节回路。只不过，这个调节回路是隐形的，公司负责人不一定能马上发现。他只是看到，本来节节攀升的销量突然出现了增长放缓的趋势。

这时候，负责人会怎么办呢？最容易想到的办法，就是进一步加大营销力度，增加广告投放，让增强回路的动力更足。但是他很快会发现，这招对

⊖ 所谓马太效应（Matthew Effect）就是强者愈强，弱者愈弱。

拉动销售的效果，没有之前那么好了。因为营销力度越大，产品销量越高，产品越多，分销系统就会越混乱，调节回路的力量就会越强，他的努力会被系统自动抵消，是无效的。

其实，这个时候负责人应该做的，是找出形成调节回路的限制因素，也就是分销渠道的管理问题，然后解决它。把这个限制因素解决了，系统的增强回路自然就会重新占据主导地位，让增长持续下去。

当然，随着公司业务的进一步发展，新的限制因素又会冒出来，比如，生产能力跟不上了，或者研发新品的速度跟不上了，等等，它们又会形成新的调节回路。领导者的主要职责，就是让公司建立起至少一个增强回路，然后识别公司在各个发展时期形成调节回路的主要限制因素有哪些，着手去解决这些限制因素，打破"增长极限"。

【作者解读】

大部分企业都把业绩增长看作万能药，认为所有问题都可以通过业绩增长来解决，永远是销售驱动的单一增强回路，不知道系统性的熵增通过调节回路已经抵消了它们的努力，甚至越来越多的产品、越来越大的复杂的网络、越来越无序的产销关系产生了巨大的系统运营成本。所以很多企业出现增量不增利的现象，走入规模越大效益反而越低的怪圈。

第三关，认识系统变化的关键特性——反馈延迟。

我们已经打通了第二关，了解了系统是如何变化的，但这还不够。接下来的第三关，我们要认识系统变化的一个关键特性，就是反馈延迟，如图 4-3 所示。我们现在常常提到一个词，叫"及时反馈"。通常认为，有了及时反馈，才能形成一个学习闭环，有了学习闭环，我们就可以采用试错法，快速学习、快速迭代。但是要注意，系统变化的一个关键特性恰恰就在于，它很少会给出及时反馈，系统的反馈经常是延迟的。你对系统施加一个影响，它的结果往往会在很久以后才会逐渐显现。最典型的就是人口政策，无论是出台限制生育的政策还是鼓励生育的政策，人口的变化趋势都要到几十年之后才能够被扭转。如果系统存在严重的反馈延迟，那么显然试错法就不管用，还可能让问题变得更加严重。

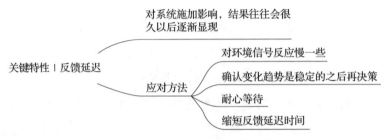

图 4-3　认识到系统反馈延迟的特点

资料来源：得到 app。

我们通过一个直观的例子来看看，反馈延迟到底是怎么发生的。你住酒店时可能遇到过这种情况——淋浴喷头和热水器之间隔得很远，你往热水方向转动水龙头，等待了几秒钟，但水仍然是凉的。你以为是水龙头没扳到位，于是继续往热水方向扳水龙头，这时候，热水突然来了，把你烫了一下。你赶紧往冷水方向扳，没有用，你又继续扳，结果过了一会儿，水又太凉了。

从这个例子可以看到，对于有反馈延迟的系统，调节回路很容易操作过头，矫枉过正，从而引起系统的反复震荡。而且，系统的反馈延迟时间越长，你越难找到合适的平衡点。

同样的道理，企业的很多决策，比如招募一批新员工，增加一条生产线，研发一个新产品，进入一个新市场等，都会因为反馈延迟而出现比较大的决策偏差。事实上，整个经济系统的周期性波动，很大程度上就是由反馈延迟引起的。如果你不了解系统的反馈延迟特性，就很容易出现误判。那么，面对反馈延迟，我们该怎么做呢？梅多斯说，第一个应对方法有点违反直觉，就是对环境信号的反应不要那么快，而应该慢一些，确认变化趋势是稳定的，再做决策，否则你很有可能反应过头。

比如，如果你是一个啤酒分销商，你每天的出货量有小幅波动。一般来说，如果你发现连续三天销量上涨，你就会向供应商多下订单，但由于订单到货延迟，库存会像淋浴水温那样上下波动。如果你把观察期从三天变成两天，也就是说，你只要发现连续两天销量上涨，就赶紧多下订单，会如何呢？不好意思，情况不但不会好转，库存波动的幅度反而会更大。只有当你反向操作，把观察期从三天变成六天，库存震荡才会明显减缓，逐渐恢复均衡。

反馈延迟的第二个应对办法，叫作"吃两片阿司匹林，并等待"。我们知道药效会有延迟，所以会耐心等待，不会每隔五分钟就吃一次药。但是，当订单迟迟不到，你害怕热销货被别人订光了，所以在等待期间你会继续追加订单，导致后来仓库爆满，然后连续好多天不下单，这是库存出现震荡的根源。所以，当发生系统变化，一定不要连续地踩油门或者踩刹车，只操作一次，然后等待结果。

【作者解读】

在我们开展项目的过程中，经常遇到企业会说，我们以前就是这样的，后来又改了。也就是本来走在正确的道路上，结果只走了两步，感觉不对，又快速调整，所谓"天下武功唯快不破"。还有更多的企业在一个调整发生后迫不及待地希望立马见效，比如供应链管理优化这样的变革项目，在短期内可能不仅没有效果，反而还要经历一段时间的混乱和阵痛，因为业务逻辑被重构，权力结构被打破，理念受到冲击，但很多企业不能等待，略有扰动和反复就认为有问题。然后，再找一家咨询公司，再换一种管理模式。开放好学是非常重要的管理品质，但是也有个度的问题，因为系统化的调整有一个重要特性叫反馈延迟，你必须学会等待，不计代价的柔性敏捷本质是一种混乱和失控。

总结：

第一步，我们了解到，系统由要素、连接、功能三种要件构成。其中，要素最明显，但重要性最低，可以被替换；连接和功能是隐藏的，但它们是决定系统行为的关键因素。很多时候，我们自己只是系统里的一个要素，我们的行为很大程度上是被系统所塑造的。

第二步，我们理解了系统的变化是由存量、流量、增强回路、调节回路等多个调节关系所决定的。它不是单因单果，而是多因多果；它不是线性变化，而是非线性变化，系统可能保持原状，可能加速增长，也可能突然被打断，取决于增强回路和调节回路谁能够占主导地位。

第三步，我们掌握了系统变化的一个关键特性——反馈延迟。反馈延迟要求我们不对系统的短期变化做出过激反应、频繁干预系统，而是应该降低反应的力度和频率，着眼于长期。也许，越是处于一个快速变化的系统中，我们越应该提醒自己，慢下来。

4.2　方法论在管理界的实践：大众管理派与精英管理派

如果把还原论和整体论（系统论）投射到更广阔的管理领域中，也正好对应西方管理理论界的两大流派，一派被称为"大众管理派"，一派被称为"精英管理派"。大众管理派以还原论为思想基础，创始人是德鲁克，而精英管理派则以系统论为思想基础，创始人是赫伯特·西蒙。大家更熟悉德鲁克，但是赫伯特·西蒙可能是历史上最博学的经济学家，他是目前唯一同时获得诺贝尔经济学奖和图灵奖，以及心理学领域最高奖"美国心理学会杰出科学贡献奖"的人。西蒙也被称作人工智能之父，有九个博士学位，他的研究领域横跨自然科学和社会科学，是一位智商、情商、财商、数商四商合一的高人。大众管理派的代表人物还有一位比较知名，是加拿大管理学家明茨伯格（代表作《明茨伯格管理进行时》），而《第五项修炼：学习型组织的艺术与实践》的作者彼得·圣吉、《系统之美：决策者的系统思考》的作者德内拉·梅多斯、《七次转型：硅谷巨人惠普的战略领导力》的作者罗伯特·A.伯格曼，以及获得诺贝尔奖的行为心理学家丹尼尔·卡尼曼、理查德·塞勒等则都是精英管理派的代表人物，他们的管理思想有着相同的假设前提和底层逻辑。精英管理派里精英荟萃，但是被大众所熟知的却是管理理论界的少数派——大众管理派，下面我们通过表 4-1 来对比这两个流派的思想主张。

表 4-1 大众管理派与精英管理派

	大众管理派	精英管理派
基本特征	基于还原论，自下而上为主，更加关注个体成长，强调人性管理	基于系统论，自上而下为主，更加强调整体协同，推崇科学管理
关键假设	• 理性人假设前提，只要信息完善，能力到位，就可以做出效用最大的决策，提倡管理者修炼 • 独立个体假设前提：每个人做到最好，就是集体最好，否认个体之间的利益冲突 • 认为科学只是一种工具：不谈公式、数据，或者其他科学工具，人成为管理的目的	• 有限理性人假设：认为人的理性是有限的，无法做到最优决策，颠覆了传统经济学假设前提 • 认为事物之间是相互关联的：所以强调系统思维、博弈思维和统筹优化 • 主张发展人工智能，逐步实现决策自动化：提出计算机在高层管理及组织结构中的应用
创始人	彼得·德鲁克（生于 1909 年），法学博士学位，终身咨询顾问。曾获得美国"总统自由勋章"和"麦肯锡奖"。其理论并不被学术界接纳，但是在企业界受到推崇，大家认为管理学的 20 世纪是德鲁克的世纪	赫伯特·西蒙（生于 1916 年）可能是历史上最博学的经济学家，唯一同时获得诺贝尔经济学奖、图灵奖以及心理学领域最高奖"美国心理学会杰出科学贡献奖"的人，被称作人工智能之父，有九个博士学位，研究领域横跨自然科学和社会科学
创始人主要观点	• 由自我控制的管理来代替由别人统治的管理。致力于激发个体潜能，并认为可以实现相互的帮助 • 要求企业将自身的使命和任务都转化为一项项具体目标，由各级管理者亲自参与本人目标、本部门目标和整体目标的制定，并在工作中实行自我控制，通过个人和部门目标的完成来确保企业整体目标的实现 • 认为管理人员付诸实践的是管理学而不是经济学，不是计量方法，不是行为科学。认为无论是经济学、计量方法还是行为科学都只是管理人员的工具。德鲁克从来不谈数学算法或者数据分析	• 认为人不仅有限理性，并且无法对复杂且多变的海量信息进行快速处理。人只要大致满意，就可以做决策，追求过程合理性，而不是本质合理性 • 认为决策必须统筹兼顾，瞻前顾后，争取若干个相互矛盾的目标一同实现。同样强调企业的分权与集权不能脱离决策过程而孤立地存在（系统思维） • 认为经济、管理已经和数学紧密相关，没有几个数学公式，经济学论文几乎无法在顶级期刊发表，提出了管理的决策智能和系统性的决策理论
代表人物	明茨伯格（生于 1939 年），加拿大管理学家、经理角色学派的代表人物，展现了其在组织战略、结构、权力和政策等方面的整体智慧，强调深入企业内部观察其真实的运作状况，是"自下而上式管理学"的祖师，其管理理论与德鲁克不谋而合，同属于田野实践派	彼得·圣吉（生于 1947 年）师从系统动力学创始人杰伊·福瑞斯特，以及系统思考大师德内拉·梅多斯，将系统动力学与组织学习、创造原理、认知科学、群体深度对话以及模拟演练游戏融合，被称为继彼得·德鲁克之后，最具影响力的管理大师

（续）

	大众管理派	精英管理派
代表人物 主要观点	● 强调从经验和实践出发，反馈控制为核心的管理体系。主张采取鼓舞和激励的方式让员工主动达成目标，主张通过积极协作的方式来进行管理 ● 强调战略规划必须平等参与，反对权力和领导力崇拜。他们认为只要信息完善和对称，在提升能力后人人能做出合理的决策 ● 强调实践的艺术和技艺，反对过分强调科学。因为管理太复杂，无法用一个公式来解决，只能具体问题具体分析，并且要减少自上而下的控制，避免工作刻板、脱离实际 ● 认为运筹帷幄，深思熟虑，井然有序都是管理的传说，所以还是自我修炼，苦干实干才是正道	● 同样强调人的重要性，提出自我超越，重构心智模式，建立共同愿景和团队学习等四项修炼，似乎和德鲁克类似，但是最大区别在于第五项修炼——系统思维，强调从整体再到个体 ● 反对机械的目标拆解，将复杂问题变得简单后处理，失去了与整体的连属感 ● 强调所有的自我修炼和努力都必须建立在系统思维这个第五项修炼基础之上。也就是作为个体必须先了解人与系统之间的关系，否则越努力可能越失败，所谓的用行动的努力掩盖了思维的懒惰 ● 开创性地提出了局部如何回归整体的观点，这不是简单的拆解和叠加的过程。挑战了"人人好，就是大家好"的这种大众管理派观点
总结	我们从两个门派创始人和代表人物的背景可以明显感受到他们为何有这种认知差异。德鲁克更加关注人的管理，对知识个体价值的尊重，以及对群众智慧和成就感的充分激发，与时代的发展趋势十分契合，将世界从压抑人性的泰勒制中解放了出来。但是个体智慧或者其组合从理性角度看是无法解决复杂问题的，三个臭皮匠其实是合不成一个诸葛亮的，特别是当世界联系越来越紧密，越来越复杂时。近几年互联网、人工智能、大数据技术的迅速发展又把管理从人性世界带回了科学世界，但不再是泰勒制时代的科学管理，科学不是替代手脚，而是替代大脑。在万物皆可数字化的时代，否认数学在管理中的价值是一个重大的缺陷。所以，没有成功的管理大师，只有时代的管理大师。精英管理派创始人赫伯特·西蒙的高光时刻已经到来	

　　我们尊重德鲁克以人为本、实践为辅的管理流派，好比中国古代先贤的各种学说，各有千秋，但是独崇一种理论会产生群体偏见。笔者甚至认为这是管理理论界部分人士对企业界的一种刻意迎合，因为企业家希望人人都自我管理、自我修炼，人人都有企业家精神，所以管理理论界就告诉企业家正好有一个良方能让你梦想成真——德鲁克理论，但是精英管理派告诉你，"人不是理性的，偏见是人与生俱来的缺陷"（丹尼尔·卡尼曼，《思考，快与慢》），"人的理性是有限的"（赫伯特·西蒙），也就是说无论如何修炼，人永远无法完全克服人性的弱点。在现实业务中我们也已经感受到，管理领域的技能接近饱和，提升空间已经极小，ChatGPT的出现让我们看到科学却

存在着巨大的空间。不过，这也恰恰暴露了我们对"数字"是不敏感的，尽管"数字化"喊声震天。所以，首先要优化的不是具体算法，而是要从管理理念上进行自我变革，要首先认同科学管理的价值。精英管理派创始人赫伯特·西蒙的高光时刻已经到来，因为我们必须进入数字时代。

笔者为何要和大家分享似乎和供应链管理没有特别联系的西方管理理论派系呢？其实看上去没有联系，但是从底层逻辑而言它们有异曲同工之处。供应链和大众管理派的底层逻辑都是还原论，它们更加相信自下而上的力量，而供应链管理和精英管理派的底层逻辑则都是整体论（系统论），它们都更加相信自上而下的力量。

4.3　方法论在企业界的实践：供应链与供应链管理

带着系统论的思维逻辑再回到企业的产销管理业务中，你认为企业中哪些职能代表要素，哪些职能代表连接关系？或者说谁在管理要素，谁在管理连接关系？我们发现大部分企业中要素部门的管理普遍非常完善，比如产品、销售、生产、采购、物流等。但是隐性的连接关系的管理就差异很大。大部分企业没有一个部门去主动管理这些要素部门之间的联动关系，各要素部门之间自我联动，相互博弈。但是，有些企业却存在一个独立集成的供应链计划部门去主动管理各个要素部门之间的协同关系。**我们把这种管理各部门之间协同关系的部门称为供应链管理部门。**很多人认为供应链管理是自然而然、理所当然地存在的，其实现实完全相反，大部分企业自然而然、理所应当存在的只是供应链，而不是供应链管理。为了能够充分解析企业产销管理实践，又能精准表达本书之要义，我们必须把"供应链"和"供应链管理"这两个概念做清晰的区分。本书也试图去达成这样一个管理认知的共识，作为深入探讨的前提。

4.3.1　什么是供应链

"供应链"虽然是新词，却是自古以来就有的职能系统。我们做生意，无论是造飞机，还是卖茶叶蛋，都要有研发、采购、生产、物流和销售。有这几个职能，业务就能转起来，实物流就能形成，只要低进高出企业就能赚钱。基于 APICS 的定义，供应链是指，通过精心设计的信息流、实物流和现金流形成的一个从原材料到最终客户的全方位的交付产品和服务的全球网络。(The global network used to deliver products and services from raw materials to end customers through an engineered flow of information, physical distribution, and cash.) 国标中也有相关定义，供应链是生产及流通过程中，围绕核心企业，将所涉及的原材料供应商、制造商、分销商、零售商直到最终用户等成员通过上游和或下游成员链接所形成的网链结构 (GB/Z 26337.1—2010，3.1.1)。也就是说，只要有采购、生产、物流，就形成了一个实物流的闭环，这就是供应链。我们经常谈的产业布局也是供应链，从实物链的视角看供应商是上游。**很多企业把采购部门命名为供应链部门，是对供应链概念的狭隘理解。**

上述描述仅仅是对供应链的一种正向的客观描述，其实供应链还有一种更加深刻的反向描述。苏尼尔·乔普拉在他的《供应链管理》一书中对供应链的行为逻辑做了非常深刻的总结：

- 供应链的每个环节只是局部地看待自己的行为，无法看到其行为对其他环节的影响。
- 供应链的不同环节只是对当前的局部情况做出反应，而不是努力找出问题的根源。
- 基于局部分析，对于造成波动的原因，供应链的不同环节互相指责，以至于供应链中的相邻环节成为敌人而不是合作伙伴。
- 供应链中的任何一个环节都不从它的行为中吸取教训，因为它采取的行为所造成的最严重的后果通常发生在其他地方。结果就是一个恶性循环：各个环节将自身行为所造成的问题归咎于其他环节。
- 供应链伙伴之间缺乏信任导致它们经常做出以牺牲整条供应链绩效为代价的机会主义行为。缺乏信任还会导致工作的大量重复。更重要的是，由于彼此缺乏信任，各个环节之间的信息不能共享或者被忽略。

　　苏尼尔·乔普拉认为上述行为逻辑是组织内部信息扭曲下的认知问题。但是这些问题就是"供应链"无法依赖自身成长去解决的问题，这是一个系统性问题，解决问题的答案必定在问题的上一层，也就是"供应链管理"。

4.3.2　什么是供应链管理

　　供应链管理在 APICS 也有独立的定义，供应链管理就是以创造价值为目的，通过构建有竞争性的架构，借助设计、计划、执行、控制和监控等手段去管理供应链的一系列行为，达到全球范围内均衡物流，按需供应，并衡量全球范围内的绩效。（The design, planning, execution, control, and monitoring of supply chain activities with the objective of creating net value, building a competitive infrastructure, leveraging worldwide logistics, synchronizing supply with demand, and measuring performance globally.）也就是说，**APICS 也认为"供应链"与"供应链管理"是两个完全不同的概念**。

　　同样，国标 GB/Z 26337.1—2010（2011 年 1 月发布）也对供应链管理做了定义：利用信息技术全面规划供应链中的商流、物流、资金流及信息流等，并进行计划、组织、协调与控制的各种活动和过程。笔者认为，这个定义并不能准确阐述供应链管理的定位和价值，只是基于 SCOR 模型把供应链管理理解为一系列活动和过程。但是国标起码也把"供应链"与"供应链管理"做了区分，认为这是两个完全不同的事物。这种认知也在不断提升，《国务院办公厅关于积极推进供应链创新与应用的指导意见》（国办发〔2017〕84 号）对供应链做了新的定义，供应链是以客户需求为导向，以提高质量和效率为目标，以整合资源为手段，实现产品设计、采购、生产、销售、服务等全过程高效协同的组织形态。这个定义不够严谨，没有区分"供应链"和"供应链管理"。尽管定义为"供应链"，但其实更多是谈"供应链管理"。而如果从"供应链管理"视角解读这个定义，则比 GB/Z 26337.1—2010 中"供应链管理"的定义又进了一步，不仅仅认为供应链管理是一种活动和过程，还强调其整合资源、高效协同等管理属性。

　　基于对供应链管理的认知，笔者更希望借助系统论的管理逻辑融合实际业务诉求做如下定义：**供应链管理是以达成企业财务与战略目标为目标，以全局最优为导向去管理和协同包括产品、销售、采购、生产、物流等在内的各执行要素之间的连接关系的一种组织形态和一系列管理活动。**供应链管理不是对要素本身的管理，而是管理它们之间的连接关系；不是仅仅连接后端要素，而是包括了产品、销售等全链条的要素。中外理论体系对供应链管理的定义有高度的共识，供应链管理部门应该是一个没有自身利益诉求的部门，它的诉求就是企业整体利益最大化。

如果基于这样一个定义，你认为这个管理连接关系的职能对应现实业务中的哪个职能呢？这个职能就是集成供应链计划组织的职能，并且只能是计划职能，因为其他都是要素部门。为何要强调集成？因为它不仅联动后端供应类职能，还要联动前端产品、销售类职能。大家经常抱怨管理层不重视计划，然后想出各种理由，比如计划价值隐性，计划复杂难以解释，计划与钱无关等，其实借助系统论，我们更容易解释了，计划管理的是一个抽象事物——连接关系，而各个要素职能管理的是具象事物，这应该是计划不受重视的底层逻辑，因为并不是每一个人都能够管理看不见的东西，这也是为何我们反复强调，计划管理的能力要求之一是抽象思维。

1. 自上而下与自下而上的力量

供应链管理也非什么高深理论，从管理的普遍性而言，无非分为自上而下和自下而上两种力量模型。有时候自下而上为主，有时候自上而下为主，我们经常称其为分权管理和集权管理，而供应链管理是你在选择集权管理时的一种手段。斯坦福大学教授罗伯特·A.伯格曼等在《七次转型：硅谷巨人惠普的战略领导力》中提出了自下而上领导力和自上而下领导力在企业不同转型阶段所发挥的作用。他们认为，企业的每次转型其实都是由这两种力量共同推动的，只不过每次转型的主导性力量不一样。他们以惠普多次转型的案例做了说明：⊖

⊖ 来自得到 app。

　　除了"惠普实验室"的集中式创新，还有很多创新是分散在各条产品线的。两位创始人，戴维·帕卡德和比尔·休利特，把权力充分下放，每条产品线都可以看作独立的个体。这些由经理或工程师带领的小团队，几乎全权负责一个产品。如果市场上出现什么新风向，它们能迅速做出反应，自行决定下一步的方向。作者伯格曼教授将这种形式称为"自下而上"的力量。比如说，公司里总会有一些标新立异的想法。如果这些新想法在经过验证后具有可行性，那就值得关注了。这些新点子可能会获得更多的资金或人力，甚至成为投向市场的新业务。这种情况下，领导者放权，让员工能自主地在前线开疆扩土，就有益于发挥"自下而上"的力量。

　　但是到了 20 世纪 60 年代，计算机产业开始崛起。惠普作为一个创新的组织却在一开始没有抓住这次机会。主要原因就是惠普之前主张的"权力下放"。计算机系统相对复杂，涉及外围设备、操作系统、和处理器等。如果想让整个体系良好运转，每个部分必须紧密配合。而惠普"权力下放"的传统，让各个组织之间非常松散自由。举个例子，就说独立运作的计算机部门，当时惠普就有 37 个，它们之间甚至没有任何有效协作。所有跟计算机相关的生产线用的都是不同的处理器。生产线上的计算机全配置了不同的操作系统。每年用来维护这些软件的费用就是一笔巨大开销。其他公司都是偏集中化的管理，而惠普的组织非常分散，这种做法就像是迷了路。直到惠普第三任 CEO 约翰·杨上任后，虽然内部存在各种反对意见，但他大胆地把计算机系统单独拎出来，作为重点项目。杨还给计算机项目定了一个目标：生产有市场导向的差异化产品，在业内做到领先水平。具体来说，就是生产配有高速处理器的小型机。要知道在这之前，惠普内部没有一个人能说清楚，他们到底要生产怎样的产品。在书中，作者伯格曼教授把这种做法解释为"自上而下"的力量，就是由领导者挥着大旗，给各位指一条明路，大家齐心协力朝美好未来奔去。它的优势也很明显，当领导把目标和步骤都说明白，大家就清楚地知道接下来该怎么走。

　　惠普从这次改革开始，逐渐走上电脑制造商的道路。到 1996 年，惠普在小型机领域的排名提升到了第 3，而杨刚上任时，这个数字还是 13。杨大胆地运用了领导者的大权，用自上而下的力量帮助惠普完成了这次重要转型。

借助惠普的转型故事笔者想说明，有些事情或者阶段需要以发挥"自下而上"的力量为主，而有些事情或者阶段必须以使用"自上而下"的力量为主，这两种模式的切换就是变革，判断何时需要切换就是一种商业智慧，因为企业面临的挑战不仅仅是产销协同问题。

2. 供应链管理的局限性

事有一利，必有一弊，供应链管理和其他管理理论一样也有一定的局限性。供应链管理的亮点体现在其科学精神上，但是从人性视角来看就受到巨大的挑战，而 S&OP 流程从结果而言正好弥补这个不足，尽管 S&OP 流程实施过程本身对人性挑战更大，这部分在第 8 章再展开。下面我们从另一个视角来看看供应链管理的短板所在。

（1）**过度统筹下难以激发个体意愿**。在编写本书的过程中，发生了一件事情，刘润老师提出了对阿米巴模式的质疑，阿米巴中国的创始人也给予了回应，结果引发了业界的激烈讨论。尽管大家各执一词，但是存在的就是合理的，阿米巴一定是有它的独特之处的，或者说在某种场景下是适用的。但是供应链管理思想认为，由于企业各部门之间的运作是相互影响的，从科学而言，必须采用系统化的管理方法论，不能割裂地去管理，也永远不可能出现阿米巴所描述的费用最低、收入最大能够同时独立实现的场景。也就是说，对于相互关联的事物，我们需要采用自上而下的统筹方式去管控，这就是供应链管理思想的底层逻辑。但是，问题就来了，这种模式难以激发各部门（局部）的主观能动性，大家听从指令，让干什么就干什么，甚至出了问题都不说，反正不是自己做的决策。只有在一些跨国公司，因为它们已经执行这种模式很多年了，已经接受并习惯了这样的管理方式，执行部门配合得非常好。但是对于长期习惯于铁路警察各管一段的企业而言，突然的转变就容易出现类似懒政的行为。而阿米巴正好是另一个方向，虽然忽略相互的关联性，但充分地激发了各部门的积极性，最后甚至会走到互挖墙脚的地步。大家是否感觉到，阿米巴与供应链管理思想正好在激励个体和协同整体上各占一方，一个向右，一个向左，可以说相互冲突，也可以说完美互补。

在本书的成书过程中，上述观点也受到了同行挑战，笔者将不同的见解也一并呈现。

【同行挑战】

整体统筹和个体自主是可以并存的。

在人类早期战争中，由于技术条件限制，军队的作战样式相对较为单一，战斗通常情况下以"攻、守、战"三种模式进行，将领以及各级军官通常依靠号令、击鼓、旗语等方式对部队进行直接指挥。随着战争规模不断扩大，军队规模和机动性有了极大提高，将领个人已经很难应对复杂的战事，因此出现了辅佐将领进行谋划的军师和幕僚群体，比如我们熟知的"卧龙凤雏"就是我国古代军师群体的代表。但军师和幕僚的职责通常是为将领拟定作战计划提供意见以供参考，不涉及军队的具体运作和相关命令的执行。到火药武器进入战场后，单次战斗的区域进一步扩大，对各兵种、各种射程的武器之间的衔接度也提出了更高的要求，作为将领在指挥作战的同时还必须着力于作战谋划，善于运用兵力和火力，并选择最有利的时机将其投于最有利的方向去争取作战的胜利。这样一来，就必须有人能够分担主将在一些具体事务上的责任，将主将从各种繁杂事务中解放出来。18 世纪晚期，欧洲开始出现负责传达命令、提供各种分析的参谋人员。[⊖]

参谋部的出现，是现代军队或者现代军事组织的特征之一。参谋部对整体军事环境的分析和作战部队的衔接，在一定程度上是对作战部队的解放，让它能更有效地聚焦当前的作战任务，而不是去担心友军会不会增援，炮火是否及时，粮草弹药是否充足。所以，宏观上的统筹并不会影响执行部门在微观上的自主，供应链管理应该也可以做到。

⊖　源自微信文章《老兵简说现代参谋制度》，作者弹痕。

（2）**团队能力难以支撑如此重任**。不少企业没有设置这个职能的第二个原因是，认为没有一个部门或者合适的人选有能力承担起如此重任。这里所说的能力，一个是硬实力——业务能力，另一个是软实力——协同能力。在缺乏能力支撑的情况下，这种集成管理模式一定是难以维持的，这也是为何很多企业建立了这样的集成供应链管理部门后立刻就开始受到各方挑战，部门反复拆合。所谓的硬实力，必须非常硬，不是招个空降兵带来新的管理理念而已，而是要有科学的、经得起挑战的决策逻辑与方法论。兄弟部门的信任还需要计划部门靠自身实力去获取，证明给大家看。总而言之，供应链管理是科学管理思想的体现，更需要科学的方法论去落地，而这个过程也正好呼应了目前风起云涌的数字化转型热潮，本书在第14章也提供了相关的解决方案。但即使实现了数字化转型，供应链管理除了科学还要艺术，这个挑战比数学还难。笔者已经反复说过，高效协同要前后信任、前后联动，而这种信任除了靠数字、靠算法，还要靠人情。这个时候需要老兵，而不是空降兵，需要他利用多年积累的信任来打破各个部门的铜墙铁壁。

【同行挑战】

感性切入，理性推行。

建议采取强感性切入，强理性推行。供应链管理，初期需要强感性，将大家拉到这个平台上，比如可以通过聚餐、团建等方式，先实现感性的信任，草台班子先搭起来。但是要长期立足则需要依靠科学，以强理性维持平台的存续。从切入到推行，如果都是强感性，靠信任，最终只是换一个地方、换一种方式吵架，没有本质的改变。但是过程如果都是强理性，则一开始就容易陷入困境，最终在纷争中很快烟消云散。

（3）**选择供应链管理就是选择复杂性**。大部分企业家喜欢化繁为简。大道至简，简单，易懂，好执行。因为他们认为复杂了，员工听不懂，学不会，没法落地。但一个企业里不是所有的事情都是简单的，也不是所有的事情都能变得简单，总是有人要做复杂的事情。供应链管理复杂恰恰是为了让执行更简单，让动手的人尽量少动脑，但是，前提是动脑的人必须多动脑。供应链管理不是供应链，供应链要全员参与，供应链管理是中高层管理团队与计划团队一起规划，它复杂，但也不需要人人都懂，决策体系复杂一点，执行体系就简单一点。所以，选择了供应链管理也就意味着选择了复杂性，复杂是为了简单，精于心才能简于行。

供应链管理的利弊和全球化的利弊类似，从资源利用价值最大化的角度来看，各个国家发挥各自优势、协同合作的确是效率最高的。但是对单一国家而言，风险就比较大，不是最佳的解决方案。所以，各个国家不得不牺牲所谓的全球最优解，从长远和安全性的角度做出新的决策。供应链管理也是一样，需要平衡效益最大化与集中决策的风险，包括部门权力的平衡以及个体意愿的激发等。

4.3.3　供应链是刚需，而供应链管理则不是

从上面的阐述中大家可以感觉到，供应链相比供应链管理从管理的视角看要相对简单。现在笔者还要告诉大家，尽管系统论认为连接关系比要素更加重要，但是要素（供应链）是刚需，而连接关系管理（供应链管理）不是刚需。只要执行职能（要素部门）实现闭环运作就形成了整个实物链条的联动（供应链），它们之间完全可以自我联动，无须外力介入。但是随着业务的发展，企业规模越来越大，业务也越来越复杂，运营成本越来越高，甚至出现了内部博弈，它们之间的联动关系就需要进行主动管控。销售为了高交付而要求建立高库存，采购为了节约成本而大批量采购，生产为了节约成本而大批量生产，物流为了节约成本必须满载发货，在研发的努力下产品也越来越多。在大家各自为战之后发现部门业绩是不错，但企业不赚钱。同时，因为预测不准，产和销矛盾爆发。因为产品太多，产和研矛盾爆发，研和销也矛盾爆发。虽然是一个企业，但是大家各管一段，随着复杂度和规模的上升，内部冲突日益显现，这个时候就催生了对部门间协同关系的管理诉求，所以，供应链管理不是天然就存在的。

4.3.4　供应链与供应链管理是局部与全局的关系

基于上面的阐述，我们已经了解，供应链包括采购、生产和物流等与实物流动相关的环节，而供应链管理则是联动和优化包括供应链（采购、生产和物流）及其与产品和销售之间的相互关系的管理体系，也就是现实业务中以计划管理为主的整套管理方法论。无论在 APICS 体系中，还是国标的定义中，供应链和供应链管理都是两个完全不同的概念，但是这个"经"反而在企业界被念歪了。在日常的业务中，甚至专家的研讨中，大家不区分供应链和供应链管理，导致经常鸡同鸭讲，各唱各的。本书不谈供应链，只谈供应链管理。

（1）供应链与供应链管理是实物流与信息流的区别，一个有形（可见），一个无形（不可见）。

（2）供应链与供应链管理是具象思维与抽象思维的区别，一个快速反应，一个深思熟虑。

（3）供应链与供应链管理是繁杂与复杂的关系，一个感性决策，一个谋定后动。

（4）供应链与供应链管理是直线与网络的区别，一个目标明确，一个左右为难。

（5）供应链与供应链管理是局部与全局的区别，一个各自为政，一个顾全大局。

供应链与供应链管理就其业务特点而言完全是两个世界的东西，白天不懂夜的黑。供应链与供应链管理既大相径庭，又相互依存。供应链管理与供应链的关系也可以说是统筹与被统筹的关系，甚至是伤害与被伤害的关系，因为**供应链管理追求全局最优，而全局最优必然要牺牲局部利益**。离开供应链，供应链管理没有价值。离开供应链管理，供应链无法做到价值最大化，它们之间的关系就是相互依存。供应链（采购、生产、物流）是产业，但是供应链管理更多是一种管理思想，是系统思维在产销管理领域的应用。所以，对于企业管理而言，供应链让企业可以活下去，而供应链管理则让企业可以活得更好。

4.4　"端到端"和"集成"与"供应链"和"供应链管理"

在实际应用中我们更喜欢加上"端到端"和"集成"这两个形容词来强化供应链与供应链管理的内涵。笔者查阅了 APICS 最新版字典,字典除了对"供应链"和"供应链管理"做了严格区分,并没有对"端到端"与"集成"进行特别定义。只有一个定义,即集成供应链——供应链链条上的合作伙伴通过全方位的协同来实现利益最大化(supply chain integration—when supply chain partners interact at all levels to maximize mutual benefit)。从书面表达看,APICS 似乎认为只有与供应商和客户进行了协同才是集成供应链。笔者通过与一些专业人士的交流和碰撞来尝试对以下四个概念进行解读,供大家挑战。

4.4.1　什么是端到端供应链

端到端供应链应该是最容易理解的概念,从实物链角度看,我们经常认为端到端就是从供应商到客户。从供应商发出原料到工厂加工,入库,再转运到分仓,甚至中间还有经销商,再发送到最终客户,完成成品交付,直到发票开出,货款收到,类似一个串行的过程,非常具象和显性,谁都可以理解。所以,端到端供应链经常被描述为从供应商到客户的全过程可视化,可以看到整个链条上每一个环节的状态、变化。比如有多少销售订单,完成多少,待执行多少,有多少生产订单,执行率如何,库存如何,交付达成率如何,订单变更是否有记录,等等。**对库存以及各类订单的执行过程和结果的全方位可视就是端到端供应链的主要管理诉求。**

4.4.2　什么是端到端供应链管理

端到端供应链如果是实物流转全过程可视化,那端到端供应链管理应该是对这个流转过程进行主动管理,并且采用的是一种端到端的管理模式。这个理解就相对复杂,前面我们已经说过,供应链管理的本质就是集成和优化,就是一个全局寻优的决策过程。所谓的端到端对于供应链管理而言，没有实质性的意义，可视化与决策优化是有本质的区别的。"段"到"段"倒是目前很多企业供应链管理现状的写照，由于没有独立的整合优化角色，它们都是铁路警察各管一段，严格意义上说这不是真正的供应链管理。所以，笔者认为端到端供应链管理是一个伪命题，没有揭示供应链管理的本质特征，甚至是不理解供应链管理精髓所在而形成的一种不恰当的表述方式。

4.4.3　什么是集成供应链

大家似乎对"集成"二字质疑颇多，集成是什么？是信息共享？似乎经不起深究。如果从"供应链"的视角看，应该还是容易理解的。前面已经定义过，供应链包括生产、采购、物流这些后端的执行职能，是一个以实物流为主导的概念。大家可能认为这不全面，不是还有信息流（单据流转）和资金流吗，即所谓的三流？其实这个"三流"是一个假三流，因为信息流和资金流是与实物流自动伴随发生的，是一种自有属性而已，本质都是"一流"——实物流。供应链管理中的"信息流"，是驱动实物流的信息流——计划信息。对于供应链，所谓的"集成"主要体现在集约化管理下的规模效应的发挥上，更多的是一种物理上的集成。比如，集中采购、集中生产、物流共享中心、订单共享中心等都体现了"集成"的意义，也就是以资源共享、整合等物理手段为主实现效率最大化。

4.4.4　什么是集成供应链管理

"集成供应链"还是比较容易理解的概念，但是"集成供应链管理"就受到了更大的挑战。一类专家认为供应链管理之所以成为供应链管理就是因为其"集成性"，再强调"集成"是多余的，集成供应链管理不应该成为一个专业名词。还有一类专家认为"集成供应链管理"就是一个伪命题，供应链管理是多么浩瀚复杂的体系，有各种影响因素，而领导的要求又是多样的，"既要又要还要"，如何集成？但供应链管理的本质不就是要平衡各方利益诉求，实现全局最优下的多方利益兼顾吗？20世纪90年代西方供应链管理理念的出现就是为了避免企业在降低成本和提升服务之间做出选择，允许企业二者兼顾。"既要又要还要"就是供应链管理存在的理由。

笔者更加赞成第一类专家的建议，供应链管理的根本特征就是"集成"，没有"集成"，就没有供应链管理。但是多一个形容词也无伤大雅，重要的事情可以重复，所以，在本书中，"集成供应链管理"和"供应链管理"指的是同一件事情。但笔者也理解第二类专家的质疑，"集成"的内涵到底是什么？如何落地？从普遍的企业实践而言，或者在大部分专业人士的认知中，"集成"就是在计划时综合考虑所有应该考虑的因素。比如，你既需要考虑前端的预测的偏差、订单的交付要求、产品齐套性、出货节奏的波动，又要考虑后端的各种产能限制、各种工艺约束、因各种异常产生的可能的供应风险，还要考虑成本因素，甚至你还要考虑公司的战略诉求，比如对某类产品或区域的特殊销售要求、自产和外包之间的平衡，等等。然后，你在综合平衡后做出决策，比如建议销售提供更长交期，建议生产增加生产线或缩减批量，建议增加某类产品库存等。即便由于技术限制，无法完美地实现对上述因素的量化的统筹决策，但从管理视角也体现了"集成"的意义，只是集成的深度、精度不一样。但是，如果企业没有一个人或者一个组织对上述因素进行整合考虑，而是各个部门各自考虑各自的影响因素，并各自进行决策，那就不是集成供应链管理，它缺失全局统筹优化的内涵。**如果集成供应链是物理式集成，集成供应链管理就是化学式集成。**

4.5 供应链管理必将从"端到端"走向"集成"

4.4 节中我们借助"端到端"和"集成"这两个形容词再次对"供应链"和"供应链管理"的本质区别做了深入的探讨，咬文嚼字式地澄清一些似是而非的表达方式。当我们理解了"供应链"与"供应链管理"的差异，就容易理解"端到端"与"集成"的差异。"集成供应链管理"不是伪命题，而是终极命题。但是一定有人不赞成这是终极命题，大家认为价值链（精益理论体系中的价值链）才是更高层级的方法论。价值链（Value Chain）

概念者先由迈克尔·波特于 1985 年提出。但是在近几年，精益理论对价值链进行了改造并推而广之，形成所谓的"精益价值链"。精益价值链将精益思想和方法论运用到企业的各项经营活动中，通过各系统、各部门的自主改善和协同管理，完成企业的战略经营目标，实现向精益企业迈进的飞跃。⊖笔者可以理解为将精益管理思想运用到企业的各个业务环节，不仅仅是精益生产，还包括精益采购、精益物流、精益营销，甚至精益研发等，各自对各自的环节基于各自的目标进行极致化的优化。但是，在系统论的视角下，这种局部的精益可能不仅不能达成战略和财务目标，甚至还会损害全局目标。所以，精益理念下的价值链依然停留在局部优化的层级上，而集成供应链管理的最终目标就是企业财务和战略目标的实现，是企业价值的真正体现。

一个事物的本质就是与其他事物的关系的总和。有人把音乐播放器、互联网和传统手机连接起来，就出现了智能手机；有人把互联网与商品交易场景联系起来，就出现了电商；传统无人机与摄像头和算法结合起来，就变成了杀人武器。其中都没有什么突破性的底层技术发明，但是不同要素整合就会出现全新的事物。所以，**连接关系的管理不仅仅可用于协同，还将是一种创新**。集成供应链管理就更加关注要素之间的连接关系，关注全局而非局部优化。拥有集成供应链管理能力的企业对于没有这种能力的企业而言将是一种降维打击。目前大部分"集成"由于缺少技术手段的支持，无法做到"最优"。如何真正从数学意义上落地集成，提升决策精度，我们将在第 14 章中做深度探索。

4.6 系统论是集成供应链管理的底层逻辑

承接系统论的逻辑，我们是否感觉到集成供应链管理就是系统论在企业管理界的一种应用实践。企业本身就是一个复杂系统，它的功能就是实现企业目标，不是简单的收入最大化，也不是费用最小化，而是有明确的财务目

⊖ 摘自爱波瑞精益管理学院院长王月的《精益全价值链体系化管理》。

标，包括收入、利润，还有战略目标，比如某些产品必须达成一定的销售收入或利润，甚至某些产品接受负利润以获取市场占有率。企业也由一堆要素组成，比如研发部门、销售部门、采购部门、生产部门和物流部门，当然还有其他支持性部门。这些要素之间也是相互影响的，所以需要相互协作，这就构成了连接关系。这种关系有时表现为相互促进，比如产品多了，销量就上去了；有时表现为相互抵销，比如产品多了，制造成本就上去了。这就是所谓的增强回路和调节回路，这种影响不是一对一的，很大可能是多对多的，并且它们之间也不一定同步，不是产品多了，成本就马上上去了，变量之间还有反馈延迟存在。所以，如果过度响应，过度追求某一个指标的极致，则整个系统将反复震荡。"所有的过剩都是从缺货开始"就是系统反馈延迟逻辑在具体业务中的一种表现。如何让这样一个复杂动态的系统良性运转呢？系统论告诉我们，改变连接关系比改变要素本身更加重要，映射到企业的组织架构中，连接关系就是集成供应链计划。计划是用来管理各职能之间的连接关系的，它不是要素部门之一，而是连接关系的管理者。所以，从系统论视角看，计划与其他的职能根本不是同一类职能，也不是同一层级的职能。

4.7　集成供应链管理又是产销协同的底层逻辑

我们在第 2 章和第 3 章中列示了企业界和管理界的各种改善手法，它们都没能彻底解决这个复杂问题。但是你会发现有些企业却解决了这个复杂问题，它们的智慧来自实践——集成供应链管理（Integrated Supply Chain Management）。本书第 3 章中管理界的各种方法论都有人认领，但是集成供应链管理却难以溯源，它不是某一家企业的专利，而是众多知名企业和管理咨询公司的共同的方法论，是一种真正来自实践且被反复验证和发展的管理智慧。世界 500 强企业就是最优秀的实践者，它们一直生活在"炮火连天"的时代，很多已经是百年企业，经历了多次兴衰转换，不像国内的大部分企业，最近几年才开始经历第一个炮火密集周期。这些百年企业是如何管理的呢？它们推崇一套独立的、集中的、多层次的，甚至比较复杂的管理体系，它们的计划和执行有着严格界限，要确保一套协调后的计划在执行层面得到执行。当结果出现偏差后，它们能快速判定，是计划出了问题，还是执行出了问题，甚至是否策略出了问题。这就催生了一套新的管理理论或者说管理实践——集成供应链管理方法论。**产销协同问题表面呈现为供应链问题，但其本质却是供应链管理的问题**，是一种资源配置的错位。产销协同无法通过单一职能的改善来彻底实现，它是一个机能平衡问题，并且是动态的、复杂的协同问题，必须有一个职能长期并主动地对各职能之间的联动和协同进行管理和优化。所以，解决产销协同问题的方法论是供应链管理，不是供应链。

4.8　不是每个企业都选择了产销协同管理模式

我们在苦苦寻找实现产销协同的解决方案时，竟然发现很多企业根本就没想协同。因为产销关系管理中，除了产销协同模式，还有产销服从模式、产销博弈模式、二元产销交易模式以及多元产销交易模式等。我们借助幼儿园小朋友分苹果的例子来解释一下以下六种不同的产销关系管理模式。

4.8.1　最原始的产销管理模式：产销服从

幼儿园园长选择一个比较有威信且强势的小朋友，让他来主导分苹果，其他小朋友要服从他的分配。这就好比企业中的销售职能，大家都服从销售的指挥，这也是目前相当一部分企业的产销管理模式，如图4-4所示。通常来说，处于初期发展阶段的企业都会自然地选择这种模式，也就是销售要什么我做什么，总之，听销售的，有了问题也是销售的。但问题是，由于市场压力以及缺乏规则，销售会越来越任性，提出的要求越来越随意，以至于后端难以完全执行，或者代价太大。这种模式在增长期相对还能做到相安无事，但是当企业进入波动期、平台期，甚至下行期时，这种服从关系就会逐步爆发出剧烈的冲突。

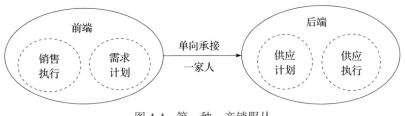

图 4-4　第一种：产销服从

产销服从是最原始的产销关系管理模式，后端单向服从或支持前端。这个阶段通常也是企业高速发展的阶段，规模小，复杂度低，风险低，前端有更多主导权和决策权，后端以被动应对为主。该模式灵活激进，更有利于企业的快速扩张。

4.8.2　过渡期的产销管理模式：产销博弈

时间长了，一些小朋友开始不买账，老大的地位将受到挑战，矛盾的爆发让幼儿园园长焦头烂额。回到企业实际业务场景中，随着企业的发展，产品越来越多，供应网络越来越复杂，并且竞争开始加剧，企业从上升期也逐步进入波动期、平台期，甚至下行期，利润也越来越薄。这个时候就从产销服从逐步转入产销博弈模式，如图 4-5 所示。因为后端成本压力增加，不会像以前一味地服从，开始抗衡销售，产销矛盾爆发，甚至还出现了产品、销售和供应三方的相互博弈。到了博弈的后期，企业往往会设置一个虚的协调职能——产销协调委员会，如图 4-6 所示。这个职能主要是在产销发生冲突时进行协调，或者主持一些会议，参与一些计划评审工作，制定一些协同规则等。到了这个阶段，企业才开始认识到协同的重要性。但是，此时协调部门更多的是一个计划的搬运工，并且往往依附于某个职能，比如物流、生产等，作为一个二级甚至三级部门，没有实权，难以发挥更大的协同作用。

图 4-5　第二种：产销博弈（初期阶段：直接博弈）

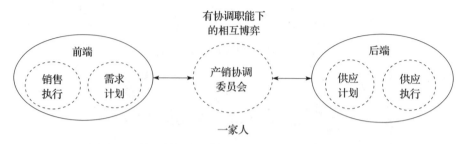

图 4-6 第二种：产销博弈（后期阶段：委员会协调）

4.8.3 最简单的产销管理模式：二元产销交易

一旦冲突持续，园长希望小朋友自己去解决这个冲突，不要总是到园长这里告状。解决冲突的一个方法就是将苹果简单分成两堆，交给两个组长自己去平衡，如果要置换，两个小组自己去谈（二元产销交易模式）。回到企业业务，就是老板将所有职能分别归属前后两大组织：销售组织和制造组织。这种模式下往往需求计划、补货计划、调拨计划、成品库存、销售订单管理等都归前端销售组织，供应计划、物料库存、制造、采购、物流等都归后端制造组织，通常称为销售端供应链和制造端供应链，如图 4-7 所示。前后两个组织通过交易来消化博弈，不再向上提交矛盾，从高层的视角看，矛盾似乎被化解了。这种模式主要在民企较多，特别是在家电和乳业企业非常普遍。

图 4-7 第三种：二元产销交易

这种模式也被称为内部市场化，简单、易懂、好执行。前面两种模式，不管是服从还是博弈，总之还是一家人，从这里开始就要分家了。这种产销交易模式不仅管理简单，还有一个显著优势是倒逼前端计划能力的提升和自我行为的管控，甚至不得不在其销售端形成一个与集成供应链计划体系相似的管理部门来进行计划的统筹。不利之处是后端就变成一个单纯的生产车间，丧失了主观能动性，不再发挥吸收波动的作用，就企业全局而言不是最优解。但是这种模式在初期有一个非常明显的效果，就是内部挖潜，适用于大盘整体处于上升的阶段、利润率比较高的企业。

4.8.4　最复杂的产销管理模式：多元产销交易

园长希望培养更多小朋友的积极性与决策能力，发挥他们的潜能，所以把苹果分得更碎了，不是两堆，而是 N 堆。这就是在部分民营企业流行的阿米巴模式，或者类阿米巴模式。总之，就是无论横切还是竖切，把公司划分成很多独立的经营体。比如，前端各品牌各自独立成为一个销售经营体，后端各生产工厂，甚至车间也成为独立的经营体，然后大家制定一个内部交易价格和各种交易规则。按某董事长的话，就是产销的矛盾应该通过市场化手段去解决，不要去干涉。这种交易型模式下大家各自为战，不是前面的 1 对 1 "单挑"，而是 N 对 N "打群架"，如图 4-8 所示。

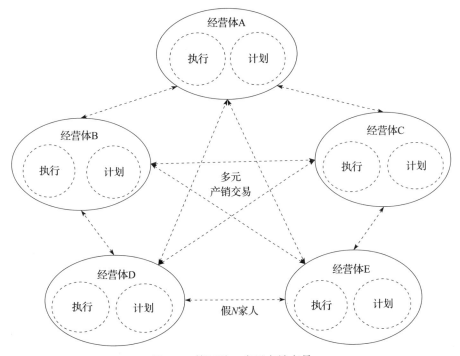

图 4-8　第四种：多元产销交易

因为是假的市场化，各方其实都没有更多选择，企业更多的是试图通过交易代替管理。

这种模式也是在博弈加剧后企业的一种内部市场化选择，不是分两家，而是 N 家。但由于切割的颗粒更小，各单元的潜能被激发得更加彻底，冲突也更加激烈。当然，问题只有被暴露，才能被解决，从这一点来看，这种模式对于供应链管理变革是非常有帮助的。所以，**先实施阿米巴模式，等矛盾充分暴露之后再实施供应链管理变革是最行之有效的实施路径**。

阿米巴模式在国内还有一些变形，如"人单合一"或者"产品小组制"，其本质逻辑是一样的。阿米巴的主张是最小化费用，最大化收入，而"人单合一"模式的主张就更具吸引力，就是要求每个部门都直接"以客户为中心"，直接体现出对于客户的价值。因此，出于对客户负责，生产拼命生产以满足客户需求；出于对客户负责，采购大批量采购进行降本，为客户提供更优惠的价格；出于对客户负责，IT 也积极推动系统实施，提升响应速度；出于对客户负责，销售拉进篮子都是菜，并提出更高的交付要求。既然都各自以客户为中心了，也各自相互市场化结算了，当然不需要一个所谓的整合优化的供应链管理部门了，只可能需要一个记账部门。这种模式的好处和弊端都比二元产销交易模式更加明显。

《企业的本质》一文的作者科斯认为，企业存在的价值就是企业内部的交易成本低于与外部的交易成本。而这种内部假市场化模式，既没有享受（内部）协同的好处，又没有享受（外部）交易的好处。那为何企业选择这种模式呢？因为这种模式管理简单，或者说管理者简单了，以结果为导向，在利润较高的情况下，企业可以承受更高的内部交易成本。对于业务相对独立、可清晰切割的企业，或者交易成本不是主要成本，创新是主要竞争力的企业，这种模式还是很适合的。比如，阿里巴巴、腾讯以及一些互联网公司就运用得非常成功。对于制造业，一旦利润空间下降，这种内部交易模式便难以维持。

4.8.5　最科学的产销管理模式：产销协同

采用上述分苹果方法，大家还是有苹果可以吃，就是场面乱一点，效率低一点，可能出现个别小朋友少吃，个别小朋友多吃的情况。除了上述分苹果的方式，还有一种方式，就是园长开始指派一个小朋友来专门负责分苹果，要求这个小朋友必须有比其他小朋友更强的规则意识和自我约束力，要承担公平分苹果的重任，并且要让大家尽可能都满意。这个小朋友要确保每天的苹果与小朋友的需求能够实现最佳匹配，要做到这种高效匹配，他必须了解每天或每周有多少苹果，有多少小朋友，谁喜欢吃，谁不喜欢吃，谁要少吃，谁要多吃，老师有何要求，等等。这种基于全局视角的产销关系管理模式就是产销协同模式。专门找一个小朋友来管理分苹果的这种管理模式就是集成供应链管理思想的体现，也就是选择了集成供应链管理下的产销协同模式。

总之，前四种模式基本属于高利润企业的选项，管理成本都更高。如果你认为自己业务复杂、规模大、利润率低，就要尽快走到"产销协同模式"，也就是建立一个独立于各职能的集成供应链计划管理部门来平衡各方利益，在确保企业全局和长期利益的前提下，减少内部博弈成本。另外，**产销协同模式，从形式上也分为两种，一种称为硬组织（形神兼聚），一种称为软协同（神聚形散）**。

1. 硬组织模式下的产销协同

硬组织是指有明确集成供应链计划管理职能的模式（见图 4-9），并且管控颗粒度较细，需要至少管控到周计划层级。这种模式下，集成供应链计划管理部门成为相对强势的部门，也承担了更大的责任。从专业角度看，这种模式的确非常符合供应链管理思想，但是从管理角度看，这种模式的权力结构有些失衡，其他职能部门会相对比较被动，从而产生懒政的可能性，毕竟再好的计划也需要执行主动纠偏，特别是在供应链管理部门的能力还不强的情况下，这种模式风险较高，这也是供应链管理被称为变革的主要原因之一，我们将在第 13 章再深入展开。

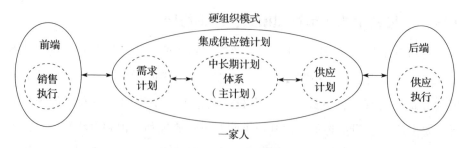

图 4-9　第五种：产销协同——硬组织模式（强集成，形神兼聚）

　　笔者在实际业务中遇到一种比较特殊的场景，这类企业也有一个相对集成的供应链计划部门，但是是一个二级或三级部门，看似有集成供应链管理形式，实际上从这个部门所处的位置就可以想象它很难发挥主动协同的价值，本质上还是一种服从定位，如图 4-10 所示。所以，不仅要集成，定位还要合适，才能确保其价值的发挥。

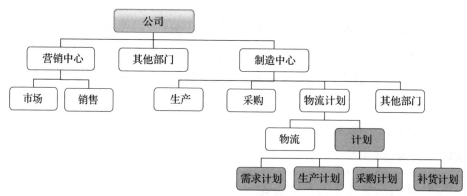

图 4-10　具备了集成供应链管理形式，但是定位错误的组织模式

2. 软协同模式下的产销协同

　　还有一种协同模式，我们称为"软协同"（见图 4-11），它在组织形式上采取了一种更加松散的结构。它同样在各职能部门之间成立了一个计划管理部门，但是该部门更多只是负责中长期主计划的制订和短期计划编制规则的制定。所有短期执行层计划依然由各职能部门自己负责，但是要遵循主计划部门制定的规则。从规则上进行弱管控，而非从行政上直接进行强管控（硬组织模式），这样，执行部门依然承担着计划的职责，但受到掣肘。从人性

角度看，这种模式更易推行，权力结构更加平衡，毕竟没有人愿意被指挥，也需要激发大家"参政议政"的热情。如果采用硬组织模式，则 S&OP 就必须建立起来，这是硬组织模式下各职能部门"参政议政"的官方渠道。

图 4-11　第六种：产销协同——软协同模式（弱集成，神聚形散）

　　华为从 2006 年开始把供应链管理部门（包括计划、订单以及物流职能）直接挂在总裁下面，使其能够在正确的位置上发挥最大的价值，历经 8 年形成体系和规则后再回到各个职能部门中，从硬组织走到软协同，这也是一种颇具智慧的落地方法。所以，管理既要科学，也要考虑人性需求。如同目前的去全球化思潮一样，全球化从数学上是最优解，但是政治上存在巨大风险。

　　六种产销管理模式中，只有第五种（硬组织模式）和第六种（软协同模式）属于供应链管理思想的体现，从科学视角看，它们将真正走向产销协同。如果选择其他模式，尽管主观上都可以向协同方向推动，但是本质上永远无法完全协同。无论硬组织模式还是软协同模式，其理论基础都是人是自私的，都是部门利益导向的。所以，笔者倡导需要有一个中立的职能去进行统筹管控，而管控的范围和深度则是每个企业需要根据自身情况去思考与调整的。第六种软协同模式存在着既能激发组织的活力，又兼顾权力平衡的优点。因此，作为企业管理者需要有智慧在不同的发展阶段去选择更加合适的管控模式。如果你认为第五或第六种将是企业的未来选项，那就需要继续深入了解集成供应链管理体系具体如何构建，但首先道路选择才是最重要的。

【调研分享】

　　2022 年 4 月通过对 200 多家泛制造企业的调研发现，目前产销服从模式和产销协同模式基本势均力敌，产销协同模式略占上风，其他模式也接近平分秋色，说明企业在产销管理模式的选择上分化还是比较严重的，只有34%的企业选择了供应链管理支撑下的产销协同模式（见图4-12）。

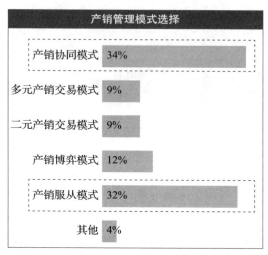

图 4-12   现实业务中不同产销管理模式的占比（调研结果）

4.9   看似百花齐放，实则花开两支

　　本章有众多的概念，谈了什么是供应链，什么是供应链管理，什么是端到端供应链，什么是集成供应链管理，最后谈到企业最关心的产销协同。结果发现，产销协同只是企业产销管理关系中的一种模式，很多企业并没有选择产销协同的模式。但是，存在的就是合理的，不同的产销管理模式选择都与企业所处的发展阶段和管理认知密切相关。企业下意识都选择比较简单的管理模式，但是，随着外部环境变化加剧，业务复杂度上升，利润空间越来越小，精细化管理是必经之路。所以，企业最终还是要走到真正的"产销协同模式"。结合产销管理模式，以及在第3章中谈到的管理方法论，我们再来梳理一下各个方法论之间的关系。我们需要从底层逻辑开始达成共识，这才是一种有深度的共识。从图4-13中我们可以看到，集成供应链管理支撑下的产销协同和S&OP流程以及TOC是源自整体论的，而其他产销管理模

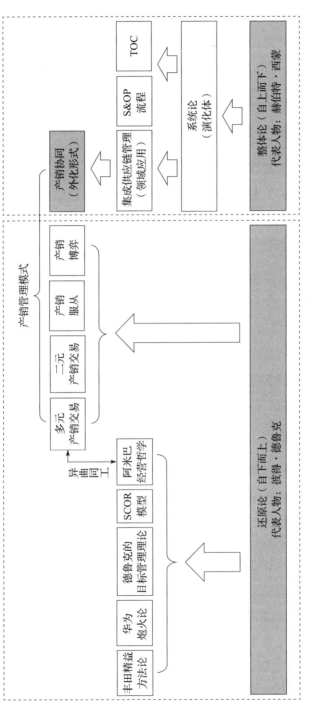

图 4-13 不同管理体系以及产销管理模式的底层方法论

式以及本书第 3 章中提到的其他管理理论均根植于还原论，其中的多元产销交易模式与阿米巴更是异曲同工。尽管形式上五花八门，或者名词类同，其实从底层逻辑视角看，它们虽然遵循完全不同的管理逻辑，但是同宗同源，一派是整体论，一派是还原论。

集成供应链管理是一种由系统论发展而来的用于企业产销管理领域的方法论，而产销协同则是基于这种方法论的一种外化的应用实例，也就是产销协同必须建立在集成供应链管理方法论之上，但是，不是有了集成供应链管理就一定能协同，这是必要但不充分的条件。集成供应链管理到底要集成到何种程度，管理到何种层级，除了集成供应链管理方法论还有哪些是产销协同的充分条件，都是本书后续章节的核心内容。

总 结 ▶ SUMMARIZE

集成供应链计划是集成供应链管理的唯一承接者

既然集成供应链管理是产销协同的底层逻辑，那实际运营中谁来承接这个职责呢？这个承接者就是集成供应链计划组织，并且是唯一承接者。你可能会质疑，承接供应链管理的怎么可能是一个计划部门呢？难道不应该是全企业一起参与吗？如果看到这里你还有这样的想法，那你需要重读本章。供应链无法解决供应链本身的问题，好比一个人无法拽着自己的头发让自己离开地面一样，供应链必须依赖上一层的供应链管理这一系统论下的科学方法论来解决供应链各部门之间的协同问题。所以，"供应链管理"与"供应链"之间的关系是统筹与被统筹的关系，所有职能都不能身兼二职，而是相生相克，这就是管理的价值所在。就组织架构而言，站在中间，与各方利益完全切割的"集成供应链计划组织"是唯一的天选统筹者，也是供应链管理思想唯一和真正的代言人，它必须在与"供应链"们的博弈中寻找平衡。**集成供应链计划是产销协同的物质基础，没有集成供应链计划就没有真正的产销协同，集成供应链计划的管理宽度和深度决定了产销协同的效率和精度。**本书第二篇就将聚焦如何搭建集成供应链计划体系以及设计产销协同的流程。

集成供应链计划体系和
产销协同流程设计

———

如果我们在第一篇中就"供应链管理"方法论达成了共识，那第二篇中我们就一定希望了解如何构建这样一种管理体系。从知道到做到是世界上最远的距离，这个距离在本书的谋篇布局中得到了充分的体现，第二篇占了本书 50% 的篇幅，也就是本书用 50% 的篇幅告诉你如何构建供应链管理体系。即便不能说它是一份详细的施工图，但至少已经是一份详细的框架结构图，对于有实战经验的人士，可能真的可以做到按图索骥了。这份详细的框架结构图共有 7 个章节，第 5 章是本篇的纲领，对构建体系的方法论、终极目标、关键原则、实施技术以及实施步骤做了全面的综述，让读者始终有一个完整的全景认知。第6～11章则自上而下（从顶层设计到执行体系），从实到虚（从计划体系到协同流程），从主到次（从协同的主体计划和流程到支撑体系监控和组织），从事到人（从硬的核心业务逻辑构建到软的组织和团队能力的构建）。笔者试图面面俱到，不留死角，让本书成为中国制造业供应链管理的实战指南。

——

集成供应链计划管理的体系框架

世界上最有价值的知识是关于方法的知识。

——笛卡儿

我们已经反复明确了，在实际业务中集成供应链管理思想的唯一落地承接者就是集成供应链计划体系，集成供应链计划组织则是企业实现产销协同的物质基础，这是我们继续探讨的重要前提。本章就要分享集成供应链计划管理体系的整体框架以及实施的路径。我们将澄清集成供应链计划与产销协同的关系，深入阐述集成供应链计划的终极使命、编制逻辑以及核心特征等关键要素，同时对集成供应链计划管理的六大模块做概要阐述。特别要说明的是，本章在最后阐述了库存管理在集成供应链计划体系中的定位。通过本章你将对集成供应链管理的内涵有一个全局性的理解。

5.1 集成供应链计划管理是产销协同的底层逻辑

我们在第 3 章中曾就可能解决"三高"问题的方法论做过探讨，列举了目前比较主流的管理方法论，其中就有 SCOR 体系。很多企业把 SCOR 体系作为供应链管理的理论支撑体系，但 SCOR 专家何仁杰先生认为 SCOR 不是方法论，本身不能指导任何管理优化，它只是制定了一些管理标准，包括评估标准、流程框架标准、人的能力标准、实践标准等，SCOR 体系也不认为计划特别重要，只是想表达所有环节的信息都要汇集到计划，所以箭头是向上的，不是向下驱动的。但这种简单的表达方式也让人误以为 SCOR 体系很重视计划。如果把 SCOR 体系比作一顶皇冠的话，计划就像是皇冠上的一颗钻石。也许是因为这颗钻石实在太名贵了，SCOR 从来没有打开过它。计划从业人员尽管不忘拿出这顶皇冠秀一下计划在理论上至高无上的位置，但现实中却人微言轻。所以，SCOR 体系可以是计划的象征，可以是一种精神的激励，但不是可以落地的方法论。

同时，我们在第 3 章中也已经深入探讨过，SCOR 体系所遵循的方法论是"还原论"或者称为"分解论"，它能自上而下进行拆解分析，但是无法再回到整体。谁又是整体论、系统论的承接者呢？就是集成供应链计划管理方法论，就是下面这个高帽图（见图 5-1），它与 SCOR 体系来自两个完全相反的底层方法论，SCOR 体系源于还原论，集成供应链计划则源于整体论。

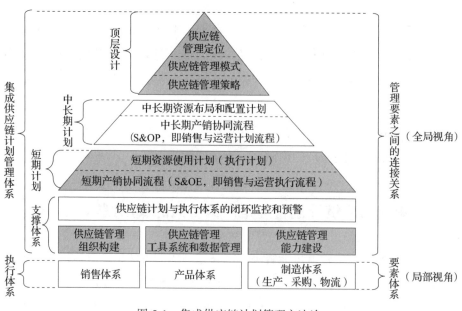

图 5-1　集成供应链计划管理方法论

我们并不清楚最早的集成供应链管理思想是谁提出的，但是上面这个高帽图把 SCOR 皇冠上的那颗钻石给打开了，大家可以看到里面更多的内容。从上到下，依次看到这样三个层次：供应链管理的定位、模式和策略分属第一阵营，属于顶层设计；负责资源规划的中长期计划体系与中长期产销协同流程（S&OP 流程）分属第二阵营；而大家最熟悉的短期执行计划与短期产销协同流程（Sales & Operations Execution，S&OE，销售与运营执行流程）则是集成供应链计划管理体系中的作为计划模块的最后一个阵营。另外，集成供应链计划管理核心体系还包括供应链计划的监控体系（体现在"供应链计划与执行体系的闭环监控和预警"模块），这个体系使计划与执行形成闭环。再向下是集成供应链计划管理的组织构建、工具系统和能力建设等，它们都属于集成供应链计划管理体系的支撑体系。整个集成供应链计划管理体系之下是执行体系，不仅包括后端制造，也包括前端产品开发和销售执行，从系统论视角也可以称为"要素体系"。整个体系呈现横向集成（需求端与供应端）、纵向分层（顶层设计、中长期计划、短期计划）的架构。

5.2 集成供应链计划管理的三大终极使命

就终极目标而言，计划管理有三大终极使命，第一是资源布局计划（也称为供应网络计划），第二是资源配置计划（也称为主计划），第三是资源使用计划（也称为执行计划），如表 5-1 所示。而我们最熟悉的短期生产排产、采购计划、补货调拨计划等属于资源使用计划。表 5-1 把三个层级的计划从定位、使命、优化频率、技术路径以及管理现状等五个视角做了深入的阐述和对比。

表 5-1　集成供应链计划管理的三大终极使命

	资源布局计划 （聚焦长期）	资源配置计划 （聚焦中期）	资源使用计划 （聚焦短期）
定位	解决资源如何布局的问题，属于全局性决策问题；长期资源计划，也称供应网络计划	基于已经投入的资源，在此框架下，解决如何实现最优匹配的问题，也属于全局性决策问题；中期资源计划	在资源匹配后的框架内，解决如何使用资源的问题，属于局部性决策问题；短期执行计划

（续）

	资源布局计划 （聚焦长期）	资源配置计划 （聚焦中期）	资源使用计划 （聚焦短期）
使命	资源布局不仅包括供应端，也包括销售端，甚至产品端。比如，我们要开发哪些产品，在哪些区域销售，通过哪些渠道，建立多少产能，多少自制，多少外包，开发多少模具，招聘多少人员，分别设置在哪里，哪个月投入等。本质就是决定需要投入多少资源，所谓的资源就是需要一定提前期，并且较难去频繁调整的投入项	一旦资源网络框架确定，每月首先需要做的是资源的匹配，将未来的 N 个月的需求网络（哪些区域需要哪些产品）与现有的供应网络（工厂能力、分仓能力、运输能力以及各种约束条件等）在公司的产销策略（比如，外包必须有最低产能限制，产品优先级，产品新鲜度等）和优化目标（比如，总成本最低，成套率最大化，利润最大化等）下进行匹配，最终输出哪些区域的，哪些产品需要在哪些工厂生产，是否需要加班，采购哪些原料，并发运到哪些分仓，采用何种运输方式，各工厂之间如何调拨，并输出基于目前计划下的需求满足率、产能利用率、库存周转率、库容利用率、慢动和缺货情况预判等	该类计划是大家最熟悉的，也就是在给定的资源规划框架内，落实到具体哪天在哪条生产线生产什么产品，原料具体需要哪天到货等执行计划。在相当一部分管理者眼里，只有这类计划被认为是落地的计划，因为它驱动具体产品的生产和原料的采购。其实它能做的就是在给定资源下进行优先级排序而已，它不能解决资源的瓶颈或者过剩问题，这是目前商业环境下最大的挑战，即如何提升整体资源利用率，改善盈利能力
优化频率	对于重资产企业一般 $3 \sim 5$ 年优化一次，对于轻资产企业可以 1 年优化一次，甚至半年优化一次	这部分工作与资源布局规划不一样，是一个日常运行类工作，需要每月，甚至每周滚动运行，并支持多场景模拟，也是 S&OP 流程顺利运行的最重要基础	一般每周滚动调整，一些企业一周调整两次
技术路径	这两类计划所使用的技术路径是相同的，主要算法是运筹优化技术和仿真推演技术，属于权衡制模式，需求计划只是其中的一个重要输入而已		执行类计划的编制模式则属于驱动制模式，需求计划是作为驱动源而存在的，对于生产排产则主要使用遗传算法
管理现状	此类决策一般被称为经营决策，大部分初创企业是基于市场敏感度和经验进行决策。但是越来越多成熟企业开始引入算法辅助决策，因为成熟企业的复杂度较高，存在巨大的优化空间，同时职业经理人也无法承受经验决策的风险	此类决策属于日常运营决策，在固定资产不变的场景下如何实现资源利用率的最大化。大部分企业也是主要依赖简单算法和经验决策，匹配模式非常刚性、简单。由于以管理层决策为主，所以问题也难以暴露。但是，从整个计划框架来看，这个资源配置计划却是整个计划体系的中枢，承上启下，承前启后，并且对日常运营影响巨大，我们一般也称为主计划	这是大家最强的业务领域，资源规划、匹配都可以粗放，但是如何使用资源生产、采购、发运等则是精耕细作，也就是产能、库容、物料规划是否合理不管，而专注于如何安排到货通知，如何优化生产线排产，如何快速发运等。最后由于前端规划失误，只能有什么到货什么，有什么生产什么，有什么发运什么

　　尽管我们认为中长期资源计划（资源布局计划、资源配置计划）很重要，但在很多企业里这类计划并没有得到足够的重视，这些企业甚至没有中长期计划的管理体系，或者认为中长期计划是不落地的。持这种观点的主要原因有三个：首先，平时看到的问题不是缺货就是库存太高，所以，直接联想到的原因就是排产和库存有问题（具象思维）。如果不能直接影响每天具体的排产和库存触发机制，那么这类计划就是不重要、不落地的。其次，没有中长期计划管理机制，资源规划都是管理者依靠自己的经验在不知不觉中进行决策的，并且因为是管理层决策，所以决策失误也不会受到挑战。比如，突然发现某类产品持续缺货，若发现是设备能力不够，就立即申请增加某个设备；若发现是人员不足，则立即启动有奖招聘；若发现某个新产品无法批量生产，则立马成立攻关小组，加速所有环节试生产，甚至进行跨工厂的设备紧急调拨。总之，资源问题一旦出现，都在管理者的英明决断下直接解决了，当然这个决策主要依托于决策者的经验，并不一定科学，甚至有可能是拆东墙补西墙。这种模式下，管理者对中长期资源计划没有系统性的感受。最后一个原因就是环境因素，在增长的大环境掩护下，生产什么都卖得掉，规划当然不重要。但是供需关系一旦反转，或者出现较大波动，比如新冠疫情影响导致关键资源短缺或过剩，大家就迅速理解了中长期计划的价值所在。

　　笔者要再次强调，之所以将这三个层级的计划命名为：资源布局计划、资源配置计划和资源使用计划，就是为了让大家从本质上理解不同层级计划的业务价值。**工厂生产排产、采购到货计划等远远不是计划的核心价值，解决短期计划问题的答案在中长期计划。**

5.3　集成供应链计划管理的三大编制逻辑

　　前面阐述了集成供应链计划管理的三大终极使命，下面我们将对计划的编制逻辑做深入阐述。计划编制逻辑是一个非常重要的概念，但是在日常管理中却被模糊化了，理解了计划编制的逻辑就能更加理解为何需要一个集成的供应链计划管理体系。

（1）资源布局计划和资源配置计划的编制逻辑属于权衡制模式。**所谓的权衡制是指对所有影响因素进行统筹平衡后统一输出各项计划的编制模式。**以中期资源配置计划为例，如图 5-2 所示，中长期需求计划、优化目标、供应网络、产销策略以及各种约束等都是输入因素，基于运筹优化算法实现多约束多目标的平衡计算后，一次性输出所有的中期计划，包括生产计划、采购计划、补货调拨计划、物流计划以及库存计划，这是一种全局性的决策模式。这种基于运筹优化算法实现的复杂的多约束多目标下的一次性寻优计算，是人脑无法实现的。

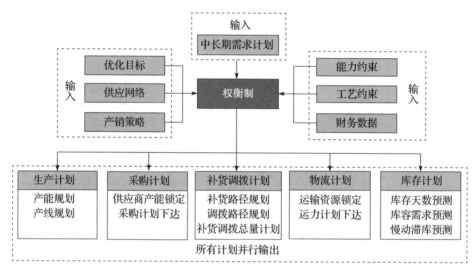

图 5-2　权衡制下的计划编制逻辑

（2）资源使用计划，也就是我们最熟悉的执行层计划，则是另一种编制模式——驱动制模式。无论资源布局、配置还是使用计划，它们都是输出不同层级的生产计划、采购计划、补货调拨计划、库存计划等，但是资源布局和配置两种计划模式下，这些关键输出是一气呵成的，是集中相互权衡博弈的结果。但是资源使用计划，也就是执行计划则完全不同，它的各个计划尽管可以相互联动（并不是同步输出），但是大部分情况下是独立被驱动的，不是统一权衡后一次输出，而是分别驱动各自输出。如图 5-3 所示，短期生产计划可以分别基于需求预测、库存、订单或者看板等进行驱动，无论推还是拉，都是基于某一个因素而驱动的。同样，短期采购计划也是基于需求预测、库存、订单、看板等因素分别驱动的，MRP 也是独立的驱动逻辑之一。短期补货调拨计划也是一样，不过我们经常把基于预测驱动的称为自上而下模式，基于库存、订单、看板驱动的称为自下而上模式。

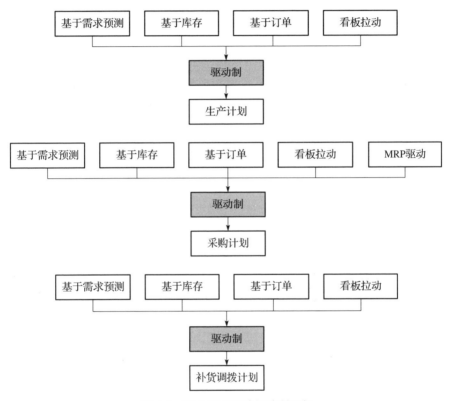

图 5-3　驱动制下的计划编制逻辑

所以，大家熟悉的推拉模式、解耦点设计、DDMRP（Demand Driven Materials Requirement Planning，需求驱动物料需求计划）逻辑、TOC 模式都是仅仅适用于短期执行计划的驱动制逻辑，而不适用于上两层的资源布局计划和资源配置计划。在这两层计划编制逻辑中，预测、库存、订单与各种策略参数、约束、优化目标等均属于同等影响因素，是需要并行考虑的，而不是 N 选一。这就是驱动制逻辑与权衡制逻辑存在的巨大差异，因为短期执行计划更多的是一种响应型行为。

（3）**需求计划的编制逻辑属于叠加制模式**。前面我们分别阐述了三种资源计划的驱动逻辑，前两种计划属于权衡制，后一种计划属于驱动制，现在我们要谈谈这几年大家最关心的需求计划。需求计划是所有计划的重要输入之一，特别是在新的商业环境下，企业对预测的关注度越来越高，因为历史往往不会在未来重现，基于库存的模式已经难以维系，基于订单的模式缺失竞争力。前面三种资源计划均属于供应领域，而需求计划则属于需求领域，最大的区别是需求计划的编制模式既不属于权衡制，也不属于驱动制。尽管从表现上看需求计划与资源布局和配置计划一样，需要很多的输入因素，但是在需求计划中这些因素之间不是耦合关系或者博弈关系，反而可能是相互独立的。比如，温度和促销对销量的影响是相互独立的，所以，需求

计划的编制逻辑更多是一种叠加制，这也是为何我们在编制需求计划时经常要使用 Building Block（堆叠）这样的词汇，我们需要把各种因素进行分离，然后再进行叠加整合。如图 5-4 所示，**需求计划的最终结果往往是不同影响因素叠加而来的，所以，其编制逻辑称为叠加制**。当然，从严谨性而言，这些因素可能是相互影响的，但是由于从技术上很难把相关性描述清楚，所以，一般从编制技术而言，把这些因素视作相互独立的。

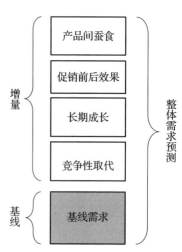

图 5-4　叠加制下的计划编制逻辑

四种计划有着三种编制逻辑，特别是其中的权衡制是大家比较陌生的一种逻辑，那现实中为何很少使用这种方法呢？归根结底还是认知不足（只关注短期执行计划）和技术支撑缺失（无法将实际业务与算法进行结合）。非常流行的粗能力计划（Rough Cut Capacity Planning，RCCP）只能对各个瓶颈分步计算，从而得到一个大致的次优解，精度和效率都难以与算法媲美，更不用说 What If 场景模拟。TOC 约束理论也是基于固定的产能瓶颈来进行资源规划，而实际业务中，不同的产品组合下，其瓶颈产能是不一样的，甚至多个

瓶颈相互交叉并存，你根本无法找出一个固定的瓶颈。这类硬找最大瓶颈的编制逻辑就是因为缺失技术支撑而机械地将一个复杂的权衡制编制模式转化为简单的驱动制编制模式，自然失去了决策的精度和效率，是一种权宜之计。

　　TOC 理论、DDMRP、看板等理论体系都仅仅适用于短期的资源使用计划，也就是对驱动制模式的丰富和优化，中长期的资源布局和资源配置计划的最佳编制逻辑应是基于运筹优化技术支持下的全局性优化决策。**权衡在英文中的表述是 Trade Off，这是供应链管理的核心思想，所以，真正体现供应链管理精髓的不是驱动制下的短期资源使用计划，而是权衡制下的中长期资源布局计划和资源匹配计划。**相比"叠加制""驱动制"和"权衡制"，大家更加熟悉推式和拉式（驱动制）的表达方式，因为大部分人并不知道还有"叠加制"和"权衡制"。其实这样的表达方式也并非笔者的创新，在《供应链管理》一书中作者苏尼尔·乔普拉已经运用相同的叙述方式表达了相同的观点。

5.4　集成供应链计划管理的三大核心特征

　　我们首先从解决问题的视角，分享了何为集成供应链计划管理体系的终极使命，并从方法论的视角提炼了集成供应链计划管理体系的编制逻辑，本节我们要再进一步地抽象出集成供应链计划管理体系的三大核心特征。前面已经明确表示，集成供应链管理的精粹在于权衡，也就是说资源布局和资源配置计划才是供应链管理的核心所在。那这种基于权衡逻辑的计划如何管理呢？首先管理计划的部门必须是一个非直接利益相关方，这样才能真正做到全局利益优先，所以这个体系必须独立于其他部门。但是，这些只是这个体系的基础定位，更加重要的是这个体系要真正做出一个全局性决策，从业务层面它需要联动产品端、销售端和制造端，它需要拥有极高的信息权，所有的关键信息必须汇总到这个部门，并且最终输出一个平衡各方利益之后的全局性计划。所以，从信息和决策的视角，这个部门必须高度集成。那为何还要分层？这个问题前面已经回答了。因为集成供应链计划管理的核心在资源规划，是防火，不是救火。所以，除了短期计划，还必须更加关注中长期资源计划，从时间轴上有一个中长期和短期的分层。所以，计划的层级（Hierarchy）是计划管理中一个非常重要的概念，因为传统的 ERP 几乎没有这样的认知。

1. 集成供应链计划为何要三不靠——独立

我们已经通过前几章充分阐述了集成供应链管理是一个统筹和平衡各方利益冲突的过程。所以，集成供应链计划管理部门作为供应链管理的承接者，必须与利益相关方进行切割，同时它也必须是一个与利益相关方起码平等的职能。如图 5-5 所示，其本质就是对各职能要素之间的连接关系进行管理，需要独立于各职能要素部门。所以，它不是产品，不是销售，更不是生产、采购、物流，它就是集成供应链计划。很多企业把计划部门放在生产或物流部门下面，在这种架构下，你认为它能发挥全局统筹优化的作用吗？更多的企业根本就没有计划部门，一是因为没有上述的供应链管理的框架思维，二是因为依然秉持重执行、轻计划的传统理念，三是因为没有意识到这个职能的重要性。同时，由于计划并不是一个靠人力堆出来的工作，这个部门的人员相对较少，大家就觉得它不重要。殊不知大脑仅占人体重量的 3%～4%，但却是人体的决策中枢，而供应链计划就是企业日常运营的大脑。但即使一些企业已经意识到这点，从想到到做到又是一条极其曲折的道路，这就是所谓的供应链管理变革，我们将在后续章节中深入探讨。

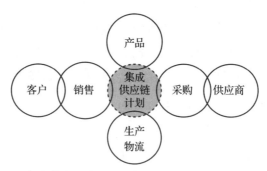

图 5-5 集成供应链计划管理部门必须独立于其他要素部门

2. 集成供应链计划为何要三位一体——集成

这个职能由于要承担全局优化的使命，所以它必须覆盖端到端的计划职能。在一些企业，甚至促销计划都放到了供应链计划部门。这个集成，首先是横向的跨职能集成，比如需求计划、采购计划、生产计划、补货调拨计划等。还有一个维度就是纵向的中长期计划与短期计划的集成。计划要上浮，执行要下沉，计划越是集中越是高效，因为它只有兼具全局性和系统性，才能实现最佳平衡和快速调整，而执行下沉后才能获取前端的信息反馈。因此，自上而下集中管理的计划在自下而上的终端和渠道数据支持下，将发挥出巨大的作用。

另外，还要再强调一下"端到端"与"集成"的差异。端到端更多是实物流（或实物流驱动下的信息流）的视角，更关注流程的可视。ERP 厂商很喜欢谈从订单到收款（Order to Cash，OTC），罗列出一个很长的从销售订单到财务收款的冗长流程。很多工作都可以流程化，我们也很喜欢梳理流程，这的确是一个很有价值的事情。但是对于计划这种决策性工作而言，你就算画了 100 步流程又如何？我们需要的是一种全局视角下的量化决策输出，需要信息与信息之间发生化学反应，而不是简单的物理传递。因此，从信息流的视角，我们对二者的区别做了图示。如图 5-6 所示，端到端可以显性化地描述订单类执行流程的每个环节及其之间的顺序，但是计划体系需要的是将各环节所有的信息都聚集到一起，然后经过一个化学反应——相互权衡、妥协，最终得到一个决策选项或者一系列决策选项。大家经常在 S&OP 会议中给管理层提供一堆信息，然后要求他们给出决策或者选择决策，有些管理者拒绝这样的方式，认为这是在绑架他们。因为客观上，人脑无法在缺失工具和深度思考的情况下对这么多信息和复杂场景做出一个合理判断，物理上把信息简单堆放或者传递不足以支撑一个科学决策的产生。

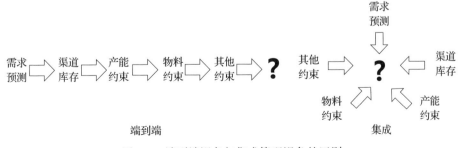

图 5-6 端到端视角与集成管理视角的区别

3. 集成供应链计划为何要有层级——分层

前面讲到了要先分（计划与执行体系保持相互独立），再合（把分离出来的各类计划再集成），现在又要告诉你，这些集成后的计划还要再分层。这里我们要引入另一个重要的计划特征，称为计划层级（Planning Hierarchy）。5.2节已经从解决问题的视角，把计划分为了三个层级。本节中我们通过一个案例对计划分层决策的价值再做深入阐述。因为这个共识对于后续的体系架构理解非常重要，同时计划分层决策又是与目前企业管理现状差异最大的环节之一，大部分管理者没有计划层级的概念。

【案例】

某公司有上千种产品、多种渠道、5个工厂，每个工厂生产的品项也不完全相同，并相互交叉，同时在全国各区域设置了分仓。公司的订单员接到了客户订单，需要判断这张订单从哪个分仓发货，甚至是否从工厂直接发货，如果出现缺货又该如何分货。目前需求预测偏差较大，出现了缺货与爆仓并存的情况，并且产生了大量的调拨成本。那么应该如何管理发货路径和缺货分货？这是该公司提出的问题。

（1）**执行层解决思路：在发生问题的那一层——订单管理层寻求解决方案。**

建议厘清订单与分仓的匹配关系，以及缺货时的货源分配规则。比如，建议每个分公司设置一个优先发货分仓，如果该优先仓没有货，再按发货距离逐级选择其他分仓。同时还可以考虑一些运输成本的要求，比如最多允许选择三个分仓进行拼货。如果突发缺货情况，则由区域经理负责对各省分公司进行统一调配。如果提前预知缺货，则基于预测量按比例进行分配。如果当月没有按时提货，则收取滞库费进行惩罚，同时在第二个月再重新进行货源分配等。

（2）**计划层解决思路：在发生问题的上一层——计划层寻求解决方案。**

前面的解决方案是在订单收到后通过制定优先级规则来解决路径匹配和缺货分配问题，聚焦问题发生后如何解决。那我们能否让货物尽可能放到合适的仓库，提前减少缺货发生，而不是考虑缺货后库存如何分配？之前的分仓需求完全是基于仓管员的经验判断下单补货的，调拨也是区域经理之间批准即可。那我们能否基于更加准确的预测，并且全视角自上而下统一对各分仓进行补货和调拨呢？基于这个思路，提供的方案就聚焦如何提升预测的准确性（需求计划）和改变补货模式，这就是计划层的解决方案。如何在收到订单之前提升分仓备货的合理性，这个问题的解决方案超出了某个分仓经理、区域经理以及订单员的职责范围，因为这是属于公司层级的改善。

（3）规划层解决思路：在发生问题的上上层——规划层寻求解决方案。

在方案研讨过程中，还有人认为今天的局面更多是产品规划失衡造成的。产品过多而缺失明确定位，并且与销售和制造体系缺失协同规划，从而导致需求与产能以及仓网布局本身就不匹配。因此，建议不仅要提升短期供需计划的质量，更需要对未来 1～3 年的市场需求进行重新规划，对目前的产品结构、与工厂和分仓的匹配关系进行梳理，并对品项在工厂和分仓层面的执行策略重新进行评估。比如调整区域可售品项，调整工厂生产品项，调整分仓供货品项等。这里就把这个问题的解决方案又提升了一个层次，不是仅仅优化需求计划和补货计划，而是要从产品规划、产能规划和网络布局上进行优化，并且是优化未来 1～3 年的规划，从框架上减少问题的发生。这个解决方案需要公司来推动，属于前瞻性的顶层设计优化，见效慢，但解决根源性问题。

解决问题的答案永远在问题的上一层或者上上层。

上述案例对同一个问题提供了三种解决方案。第一种解决方案是就事论事，既然交付有问题，就改善交付规则。总之，无法解决缺货本身，就解决缺了怎么办。第二种方案不再聚焦订单来了之后从哪里发货，或者缺货如何分配，而是聚焦在订单来之前如何尽量让分仓不缺货，不用到处去找货，所以要优化需求计划和补货计划，在订单来之前把正确的产品放到正确的分仓。第三种方案则更加激进，质疑整个框架设计是否合理，产品定位是否清晰，应该聚焦哪些区域，分仓和产能资源是否正确匹配，提出了整个供需资源规划存在优化空间，不是日常计划，更不是订单执行。第一种方案聚焦于问题发生之后如何有序应对，第二种方案聚焦于如何让问题不要发生或少发生，第三种方案则要求优化供需网络框架，包括产品的规划。第三种方案要改变的不是订单执行，也不是计划优化，而是中长期研产销三方资源的配置框架。

这就是同一个问题的不同层级的解决思路。每个企业都在试图整合和优化产销协作，但是着力的层次却完全不同。一类企业就事论事，强化执行层的反应能力，结果执行越敏捷，掩盖和拖延问题的能力也越强，长期习惯于高成本救火，基层的个人成就感很强，高层也感觉人尽其用。另一类企业有较强的计划管理意识，通过提升计划准确性，降低执行层的混乱和频繁救火的代价。最后一类企业数量极少，能够站到更高的层次上，基于全局视角，从供应约束、计划体系、交付策略、产品组合优化，甚至公司战略要求等各个维度进行整体的策略设计和资源优化。三种不同的解决方案的效果也是可以预见的，只有站得高，看到全局，才有可能找到最优最彻底的解决方案。

回归本节的中心思想，就是要告诉大家，不仅管理有层级，计划也有层级，且更加重要。从大的角度来讲计划可以分为两层，一层是事后反应，也就是所谓的救火，其主要目标是有序且快速地解决已经发生的问题。另一层是事前规划，也就是所谓的防火，其主要目标是尽量减少问题的发生。从理性而言当然第二层防火的价值更大，但现实中大家的关注点却普遍落在"救火英雄"身上，而很少听说"防火英雄"。这也是要推行 S&OP 流程的原因，因为救火是本能反应，而防火则需要启动耗费能量的理性思考系统，必须有外力的推动。

5.5　集成供应链计划管理的六大业务模块

在前面三个小节中，我们分别提出了集成供应链计划管理的终极使命（资源布局计划、资源配置计划和资源使用计划）、集成供应链计划编制需要遵循的基本逻辑（权衡制、驱动制和叠加制），最后归纳了集成供应链计划

管理的三个核心特征（独立、集成、分层）。本节则要从落地的视角分享集
成供应链计划管理体系的实施框架。我们将从以下六大模块进行全面的阐
述，这也是本书的核心论述框架。如图 5-7 所示，整个集成供应链计划管理
体系与执行体系是相互独立的，在计划管理体系之内，不仅包括分层的计划
体系本身以及与其密切相关的产销协同流程，向上还包括了供应链管理的顶
层设计，向下还包括了计划与执行的监控体系，以及组织、系统和能力建设
体系。

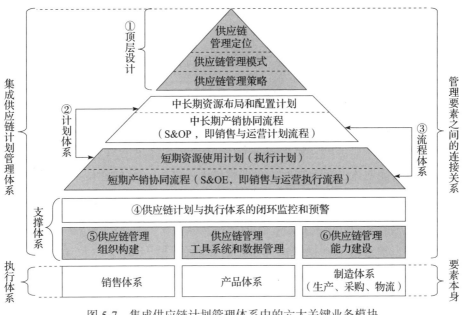

图 5-7　集成供应链计划管理体系中的六大关键业务模块

1. 集成供应链计划管理之顶层设计——第 6 章

该部分覆盖集成供应链计划管理的定位、模式和策略设计，基本是大部
分企业的空白点，但是它却决定了整个产销协同 50% 以上的效率。该章将
通过实践案例来提升大家对顶层设计的认知深度，包括如何落地顶层设计的
路径。很多企业喜欢谈战略，谈资源配置，但是在缺失集成供应链计划管理
体系支撑的情况下，战略根本无法驱动资源配置，更无法传递到执行层，因
为直接承接战略的是中长期计划，不是生产排产、库存，更不是执行体系。

2. 集成供应链计划管理之计划体系设计——第 7 章

计划的编制和管理只是集成供应链计划体系中的核心内容，但不是全部。大家在日常管理中更加重视具象化的短期执行计划或者称为工厂计划（Production Management Control，PMC）。比如，如何排产，如何追料。也正是因为中长期计划的缺位，导致短期计划更加灵活、强势，并经常以极高的代价突破中长期计划的限制。**改善短期执行计划的突破点在中长期计划**。该章将从中长期和短期，以及需求和供应双维度来进行阐述。由于短期供应链计划相关的管理实践和理论已经非常成熟，在市面上已有很多相关图书，并且从价值而言远不如中长期计划高，所以短期执行计划不是本书的重点。同时，该章也阐述了库存管理在整个计划管理体系中的定位和价值。

3. 集成供应链计划管理之产销协同流程设计——第 8 章

计划是决策的直接制定者或者说决策选项的提供者，聚焦中长期的 S&OP 以及聚焦短期的 S&OE 就是决策的补充和决策的选择流程，它们都必须建立在计划体系基础之上，否则就是无源之水，无本之木。该章将借助某知名外资企业的实践案例对 S&OP 体系的搭建过程做深度分享，并对其理论基础做深度的碰撞和探讨。同时该章也会分享如何实现与供应商以及客户的协同，通过对协同模式的深度剖析来重新理解 S&OP 以及 S&OE 这类产销协同流程在整个产销决策体系中的定位。

4. 集成供应链计划管理之监控平台设计——第 9 章

这里的指标不是指供应链管理部门的考核指标，而是供应链管理部门应该监控的业务运营指标。供应链管理部门除了和其他部门一样要背负自身的绩效指标，还负责对企业整体产销计划与执行管理现状进行监控，监控范围覆盖产品计划、销售计划、需求计划、生产计划、采购计划、物流计划和库存，甚至部分企业的监控范围还包括成本和价格评估。

5. 集成供应链计划管理之组织架构设计——第 10 章

研产销三方的复杂连接关系是一个客观存在，但是让大家自我管理，还是让第四方去管理却是一个主观选择。大部分企业缺失系统思维，没有进行主动管理，无法量化相互之间的影响。所以，各个部门都各自努力，并且认为问题都是别人的，看不到自己的行为对整个系统的影响，也没有组织承担全局优化的责任，包括隐性利益和长期利益的平衡。供应链管理组织就是从各自为政，走向全局寻优的最重要的物质基础，其建立也是最艰难的一步。

6. 集成供应链计划管理之团队能力建设——第 11 章

由于供应链计划管理具有系统性、抽象性、复杂性和隐蔽性，因此它对相关人员的要求较高，这个要求不仅仅是针对供应链计划管理团队，更是挑战管理层团队。首先大家会受到认知层面的冲击，要求决策模式和行为做出改变，其次才是计划管理团队的专业能力的提升。"人"是供应链计划管理中的一大挑战，因为这个组织的定位就注定其无法讨好所有人，全局利益的最大化必须建立在牺牲局部利益的基础之上。如何证明组织的决策代表了全局利益是对这个组织的最大挑战，也是对专业能力的挑战。

5.6　库存在集成供应链计划管理中的定位

为何要在这里单独谈库存？因为库存是一个非常有意思的事情，表面上看它非常重要，因为"三高"问题中的"两高"表现为缺货和滞库。但是实质上库存是一个果，不是因。库存是各种因素叠加而产生的结果。库存管理分布在各个不同的管理模块中，从逻辑严谨性而言，库存管理是不能独立存在的，这是我们在集成供应链计划管理框架图上没有看到"库存管理"的原因所在。

库存管理分布在三个不同的管理层级，第一个层级是在顶层设计中的计划模式和产销策略设计中，计划模式与产销策略设计决定了库存管理的顶层设计。计划模式的选择对库存影响巨大，而库存策略只是产销策略设计中的一环而已，这些都属于库存的事前管理。库存管理的第二个层级在中长期供应链计划体系中，中长期计划中有一个环节就是对未来库存水平的推演，属于库存的事中管理。库存管理的第三个层级是大家最熟悉的，就是形成实物后的库存监控预警，这属于库存的事后管理。基于上述原因，库存没有出现在整体框架中，因为它融合到了顶层设计、计划体系和计划执行监控体系三个层级中。所以，就库存谈库存是一个伪命题。但为了让大家对库存管理有一个全局视角，本书也特地在 7.5 节中对库存管理做了综合性的阐述。

5.7 集成供应链计划体系与执行体系的关系

本书聚焦计划体系，但是在日常工作中大家为何只见"执行"而不见"计划"？因为计划体系是一种规划，是整个运营体系的上层建筑。就好比我们日常见到的都是各种产品、各种事件、各种行为表现，但是我们看不到支撑社会运行的法规、制度和各种规划，而所有的可见的事物都是在不可见的规划和规则的掌控之下运行的。一个企业犹如一个社会的缩影，我们看到的是各种执行行为，而看不到更加关键的顶层规划。比如，在数字化、智能化人声鼎沸的今天，我们高度关注物流机器人、智能制造、各种自动化设备等，所有这些都是对执行体系的优化，都是对在供应链计划体系整体规划下的各个局部业务执行提效，无论如何智能、如何先进，都是一种局部业务的优化。

总 结 ▶ SUMMARIZE

计划不仅仅是工厂计划，协同也不仅仅是流程协同

本章是对第二篇（集成供应链计划体系和产销协同流程设计）谋篇布局的一个重要的规划，第二篇是本书的核心内容，涉及 7 个章节，信息量极

大，需要在开篇之际给大家一个整体的阅读框架，这个框架包括集成供应链计划管理的三大终极使命、三大编制逻辑、三大核心特征、六大业务模块、库存管理在其中的定位以及计划与执行的关系等。当你完成了第二篇的阅读，就知道为何你的计划体系无法承担起整合协同的使命。

在物质匮乏的时代，我们最关注的是如何生产更多产品，所以生产执行及其相关的生产排产，乃至排产系统都受到了极大的关注。此外，大部分人都只能管理看得见摸得着的东西。国际象棋大师卡斯帕罗夫曾经说过，世界上只有 4% 的人能够管理看不见的东西。因为上述两个原因，我们关心执行，关心与执行密切相关的执行计划，是非常容易理解的。但是既然已经知道看不见比看得见更加重要，全局比局部更加重要，我们就要主动强迫自己跳出这个框架，更多关注顶层设计、策略规划、中长期资源计划体系，而不是仅仅聚焦执行。

第6章 ► CHAPTER 6

集成供应链计划管理之顶层设计

体系、框架就好比空气，只有当你离开它的
时候才能感觉到它的存在。

本章就要展开集成供应链计划管理的第一个模块——顶层设计。该模块
包括供应链管理定位设计、供应链管理模式设计和供应链管理策略设计三部
分。这三部分都属于框架性和方向性的设计范畴，为整个供应链计划管理体
系的运营定下了基调。集成供应链计划管理体系的顶层设计，对于大部分企
业来说是一个完全空白的部分，就好比很多人的人生基本也没有什么设计，
走到哪里是哪里，一样也可以活下去，但是设计过的人生是完全不一样的，
供应链管理也是这样。如图 6-1 所示，我们将从供应链管理定位、供应链管
理模式和供应链管理策略等三个维度来深度阐述什么是集成供应链计划管理
的顶层设计。

6.1 顶层设计之一：供应链管理定位设计

从本质而言，供应链计划管理的定位是无须讨论的，就是要主动发挥统
筹协同的作用，它不仅仅是根据给定的条件编制一个计划，还要通过主动影
响，甚至改变给定的条件来获得一个计划的更优解。但是，这是理想的境
界。在现实业务中，由于理念和认知限制，大家认为这个本应承担联动全局
使命的计划部门承担的是信息传递和数据处理的职能，编制一个可执行的计

划就行，出了事情后负责救火和善后即可。甚至认为它只要能做到协调生产等部门，满足销售需求就可以。所以，这个职能只需要服从和承接，谈不上改变或者影响其他部门。因此，集成供应链计划管理实践中就有了两种定位选择，一种是以信息传递为主导的被动承接型，另一种是以统筹优化为主导的主动担当型。我们在第 3 章中也提到过这样的定位选择。从理智上大家都想选择担当型，但是现实中大部分管理层认为对销售的绝对服从就是最好的支持。

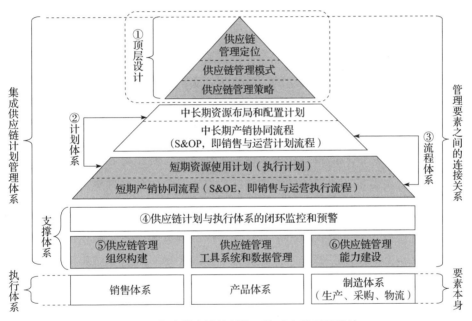

图 6-1　集成供应链计划管理体系中的顶层设计

6.1.1　以信息传递为主导的被动承接型

相当一部分企业从端到端的流程视角，把计划工作比作一个信息转换器，接受销售需求转换为生产需求和采购需求等，也就出现了端到端供应链管理的说法。这样的定位是对计划价值的弱化，**计划应该是参谋长，而不是传令兵**。这种定位下的最大特点是完全跟着销售的指挥棒，两肋插刀，在所不辞，在一些管理者眼里这就是最大的支持。但是，一旦出了事情，责任是无法回避的，因为保障供应是你的天职。被动承接型模式下，需求计划、订单管理、分仓库存、分仓补货、甚至成品库存等都可能是销售端负责，供应链计划的主要工作是编制供应计划、协调、传递指令给制造端，发挥一个二传手以及协调前后冲突的作用。它们根本不敢奢望或者压根就没想过要影响其他部门。这种定位下供应链计划部门普遍缺乏成就感，计划人员在专业上也难有进取，遇到问题尽量保守处理，无过便是功。经验、资历和刷脸是他们的护身符。

6.1.2　以统筹优化为主导的主动担当型

主动担当型定位下，计划不仅仅是汇集信息、传递信息、处理数据，还能对其他职能工作提供决策支持，是决策选项的提供者，甚至影响其他职能的策略和行为。这种主动担当型的最大特点是冲到前端，不仅担当需求计划，还积极参与促销计划和新产品计划的制订过程，会提出引导性建议与建设性方案参与并影响销售的决策。他们主动打破了和销售的信息壁垒，建立了极强的信赖关系，得到销售管理团队的尊重。尽管他们的决策也并非万无一失，但与其跪着"死"，还不如站着"死"。主动担当型模式下，他们给销售减负，不让销售操心预测，不让销售操心补货和调拨，不让销售操心订单执行，不让销售操心渠道库存，甚至不让销售操心收款。销售可以把大部分精力放在自己的主要业务上。同时，这种定位下供应链计划部门也为后端制造体系提供更多决策支持，比如库存规划、库容规划、生产批量和切换频次规划、物流网络和路径规划等。主动担当型供应链最大的特点是，它不是简单地服从和传递指令给制造端，而是基于前后端信息进行整合决策，并且还要反向影响和改变前后端的行为，推动最优解的达成。

主动担当型定位必须证明自己值得信任，所以供应链计划团队不断提升自己的专业能力，能够借助科学的工具告诉销售过高的服务水平将带来效期和滞库风险，在失衡的出货节奏下也难以保证交付的可靠性，从而引导销售管控交付期望值和出货节奏。他们以自己的专业赢得主动，反过来影响各方决策而实现全局最优。他们懂得如何发挥数据和算法的优势，证明这些改变能够给部门和企业带来切实的价值提升。具备主动担当型供应链管理能力的企业，还能将这种供应链管理能力延伸到客户端和供应商端，从而让企业成为产业链的核心企业。这里的核心企业不是简单的交易关系的中心，而是整合优化的中心。

6.1.3 主动担当才能向前一步

为什么一个后端的供应链计划管理职能能够走向前端？因为他们敢担当，有自己的原则和见解，他们尊重销售的决策权，但绝不盲从，他们知道盲从才是害了销售。那销售又为何愿意接受后端参与到销售计划的制订过程呢？因为销售这个群体具有一些比较突出的特点，比如，人员流动率高，缺失沉淀，激情感性，不重数据重直觉，专注目标达成，为拿订单不计后果，这些既是他们的优点也是他们的缺点。而计划与其正好互补，是一个普遍关注数据分析、理性、风险意识更强、更有全局观的部门，与感性的销售形成平衡。当然，有些销售或者市场管理者可能对此不屑一顾，认为他们不懂市场，根本没有资格参与前端决策活动，产生这种现象一是因为部门之间缺乏信任，前端的信息完全没有与后端进行分享；二是因为管理层没意识到供应链管理团队的参与能够更好地结合前后端信息，将很多供应风险做到防患于未然。供应链计划部门在信息处理和供需平衡方面显然比销售部门更强。

从企业、供应商、客户的关系中也可以判断企业的供应链管理定位。一类企业希望经销商负责提报预测，提前上单，买断库存，自己补货，库存问题自己负责消化等。一类企业希望经销商分享订单、库存信息、市场信息，反过来为经销商提供预测建议、补货建议，甚至经销商的库存也由企业来帮忙监控、协调。经销商专注市场拓展，不必有其他的后顾之忧。这两类企业都把自己的模式称为赋能，但这是两种手法完全相反的赋能。

总之，从价值观角度而言，一种认为多干多错，责任重风险大，宁可龟缩求得心理安全；另一种认为，只有在信息和职责上都获得更多主动权，才能减少决策失误，并且赢得更多的信任从而构建良性共赢的合作关系。当然，最终选择哪种模式关键还是取决于管理层对于供应链管理的认知。也正是由于定位的转变，出现了所谓后端从生产意识向供应链管理意识的转型。如果把承担服务支持的供应链计划部门也算作后端（其实它是中间端，是一个必须与前后端都完全切割的部门），则后端的确已经不仅仅是一个产品提供者，也是一个服务提供者。

最后我们要提醒的是，这个定位不仅仅是一种理念，还必须体现在组织架构设计上，一个主动担当型的供应链计划部门起码要与其他部门平级，因为它必须独立于其他职能，并能够影响其他职能。所以，组织架构上它必须是一个一级部门，但它的自我定位又必须是决策支持部门、赋能部门，而不是决策部门。听上去似乎有些矛盾，但这是非常重要的。

【调研分享】

2022年4月通过对200多家泛制造企业的调研发现，在34%采用产销协同模式的企业中，约40%的企业已经将供应链计划部门定位为一级部门，约60%的企业其供应链计划部门是以下级身份来统筹多个上级部门的（见图6-2）。这说明企业对计划管理价值的认知差异是比较大的。

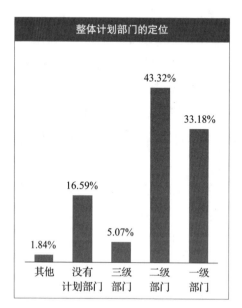
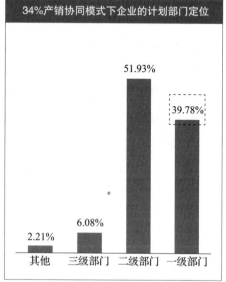

图 6-2 供应链计划部门在企业中的定位

6.2 顶层设计之二：供应链管理模式设计

供应链管理模式设计的精准表述应该是计划编制逻辑的设计和组合。我们在 5.3 节中就计划编制逻辑做了深入的阐述，本节我们对计划编制逻辑再次展开，因为不同编制逻辑的组合最终形成了供应链管理模式。

6.2.1 不同编制逻辑的组合形成了模式

在 5.3 节我们对供应链计划体系的编制逻辑做了深入的阐述，我们把编制逻辑分为三大类，对应不同的计划业务，分别为叠加制（需求计划）、权衡制（资源布局和资源配置计划）和驱动制（资源使用计划或者说执行计划）。下面我们按计划业务对编制逻辑再做深入分解，因为每种编制逻辑类别下都有不同的子项，而这些子项的相互组合就形成了无数种供应链管理模式。好比你要从 A 到 B，这个过程中有 N 种方式，尽管都可以帮助你从 A 到 B，但是不同的选择会带来不同的结果，包括时间的不同、成本的不同、可靠性的不同等。

1. 叠加制

叠加制下面只有需求计划这一个模块，需求计划是一个特殊存在。

需求计划是供应链计划的源头，作为源头，它本身的编制逻辑必然不会是驱动制，而是叠加制。我们经常提到基准预测、促销预测、新品预测等，而最终预测就是各项预测叠加。从预测编制选择的路径或模式而言，一般分为自上而下预测（Top-down Forecasting）、自下而上预测（Bottom-up Forecasting）、目标分解（也被称为政治性预测）或者上下结合模式协同预测（Collaborative Forecasting）。

2. 权衡制

权衡制编制逻辑我们在 5.3 节中做了充分的阐述，供应链管理的精髓就体现在权衡制上，集成供应链计划管理的本质是在多方的博弈之下找到全局最优解，但是这个博弈的平衡不是在短期执行计划（资源使用计划）上，而是体现在中长期的资源布局计划，特别是中期的资源配置计划上。从理论上讲，这两个计划完全应该采用权衡制来编制，但在各种原因下，大部分企业要么完全没有这个意识，要么受限于技术而难以落地。真正的权衡制下只有一种编制路径，就是运筹优化技术下的全局寻优。由于只有唯一选项，因此相比其他编制逻辑，权衡制更像是一种科学，而非管理理论。

3. 驱动制

虽然"驱动制"这种说法大家可能并不熟悉，但是驱动制的做法是大家最熟悉的编制逻辑。这种逻辑更加通俗的表达方式就是推式和拉式。下面我们对驱动制覆盖下的执行类计划的编制逻辑做细分。

（1）生产计划的编制逻辑。成品或半成品生产计划的关键驱动逻辑包括MTO（按销售订单生产）、MTS（按成品库存生产）、MTF（按预测生产），或者采取多种模式组合，部分产品MTO、部分产品MTS，或者半成品MTS、产成品MTO，等等。

（2）采购计划的编制逻辑。原料采购计划编制逻辑也可以多样，可以是PTO（基于销售订单采购）、PTF（基于销售预测采购）、PTS（基于原料库存采购），还可以基于MRP（基于成品的生产需求和BOM直接驱动物料需求）编制，当然还可以规划哪些物料采取季节性采购或战略性采购等。

（3）补货计划的编制逻辑。有些企业除了常规生产、采购外，还有分仓网络，它们还要考虑产品生产出来后往哪里发，以及相互如何调拨等问题。是采取自下而上的要货模式，还是自上而下的主动补货模式，抑或上下结合以要货为主或者上下结合以补货为主……

4. 其他编制逻辑

在5.3节我们归纳了三种编制逻辑，其实从实操层面来看这是不够严谨的，前文只是为了让大家聚焦重点。在实际业务中，除了上述三种核心计划的编制逻辑外，我们还有一些业务需要做选择。

（1）安全库存的设置逻辑。先不考虑到底要设置多少安全库存，而是首先考虑是否要设置，在哪里设置的问题。比如，在成品层级设置还是物料层级设置，抑或两边都设置；成品层级是放在总仓还是分仓，抑或两边都有，甚至半成品是否也要设置安全库存。即便需要设置安全库存，哪些产品需要，或者哪些原料需要，还是全部需要，首先要回答是否而不是多少的问题。

（2）客户订单的上单逻辑。客户订单的上单逻辑对计划也影响巨大，比如，是看库存上单，还是盲上单（不看库存上单），这对交付率的影响是巨大的，其中也需要考虑如何平衡客户真实需求被操纵的风险。

（3）选择产品制还是项目制。最复杂的是销售项目型、产品定制化的企业，计划人员还要考虑项目号如何贯穿整个运营过程。是全部按项目制、运营，还是前端（生产）项目制、后端（采购）产品制，抑或按产品不同，选择不同的模式？不同选择对运营效率的影响是巨大的。

6.2.2　计划模式组合变量形成千场千链

上述每种编制逻辑都是企业可能的选择，如果我们把它们做一个粗略的排列组合，你就会发现其组合数量远远超过了 1000 种，这还不包括后面要展开的策略设计，而每种组合都是各业务模块相互联动的场景之一。所以，千场千链不是一个虚词，如图 6-3 所示，粗略的分类就已经达到 3000 多种，如果略微细化，实际的可能性超过 1 万种，这也是供应链计划管理复杂性的具体体现之一。

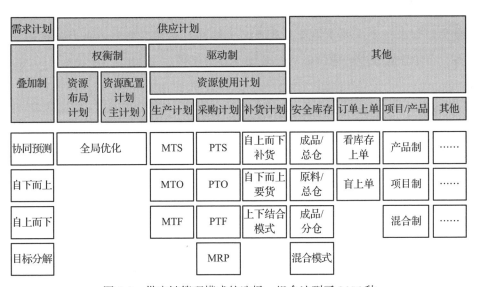

图 6-3　供应链管理模式的选择，组合达到了 3456 种

6.3 顶层设计之三：供应链管理策略设计

大家都喜欢谈战略，但笔者认为只有企业层面的竞争策略才可以称得上战略，其余都是支撑其竞争策略实现的承接策略组合，包括供应链管理策略。供应链管理策略覆盖了所有执行部门的策略，是一个研产销三方联动的策略组合，称之为产销策略更加容易理解。供应链管理策略也是顶层设计之一。我们可以先通过几个案例来理解这个相对抽象的策略规划的价值所在。

6.3.1 产销策略设计案例分享

案例一：产品策略与产能策略不协同导致 C 类产品大量滞库

某饮料制造商发现 C 类产品经常出现大量滞库，细究原因，原来和董事长的经营理念有关系。该董事长要求满足客户的各种需求，提出了全系列全规格的产品策略。落实到产品设计上就是产品线非常长，各种口味俱全，产品规格也很多，因此出现了大量的长尾产品。从经营理念来看，这是必然结果。同时该董事长还有另一个偏好，就是喜欢购买先进的高速生产线。结果由于这些高速生产线的生产批量过大，而饮料的保鲜期又较短，因此经常出现大量的滞库产品。这就是市场策略、产品策略与产能策略的不匹配所导致的。如果想要有效支持全系列产品策略，就必须匹配不同生产批量的设备，而不能在设备产能的规划上采取一刀切策略。

案例二：前后端都无法承接的产品策略

某速冻食品制造商的愿景是"消灭"全国人民的厨房，让大家不必复杂地加工就可以享用各种美食。要"消灭"全国人民的厨房，相应地就要满足全国人民的需求，因此研发了上千款美食，从产品策略来看的确承接了公司的战略目标。但在研发了上千款美食之后，又该如何让全国人民都能了解并购买到这些美食呢？一是广告，二是渠道。先不说有限的广告资源如何承接这么多的产品，销售渠道也同样难以承接。商超的铺面是有限的，如何让每个产品都有足够的上架展示机会就是一个挑战。但即使 1000 个产品都有上架机会，全国人民也要经受选择困难症的挑战。同时，后端制造体系又该如何应对上千种产品的生产与物料采购呢？况且这还是冷冻食品，需要通过冷链运输，可以想象生产和物流的压力。即使全国人民真有这样广阔的个性化需求，企业也要有能力去应对管理复杂度的挑战，也就是对供应链管理能力的挑战。

案例三：前后端都置若罔闻的产品策略

某保健品制造头部企业有着非常完善的产品管理体系，市场部对所有产品有着非常清晰而简洁的市场定位，比如主导型、扩展型、补充型。但是当问到销售如何执行这些策略时，销售的回答是，"我们就是基于市场的实际情况来看的，哪款好卖就卖哪款"，补充型定位的产品可能在实际业务中就是主力产品。再去问后端如何承接市场策略时，后端回答"我们对所有产品一视同仁，不会因为市场定位不同而差异化对待"。所以，如果仅仅关注高大上的所谓市场和产品策略，而忽略了前后端策略的协同以及各种场景下的承接，这样的策略设计也是无法落地的。

案例四：执行层如何承接公司的策略调整

某食品制造公司长期居于行业收入排行榜的首位，自身也非常在乎这个江湖地位。但是，当有一天发现净利润率过低，只有 1.5% 的时候，公司不得不将过往收入导向的策略调整为利润导向，并要求产品部承接这个策略，那执行层又该如何承接这个调整呢？在这种策略下，公司在进行供应资源统筹规划时，首先应该满足的不再是销量大、低利润甚至负利润的产品，而是向高利润产品倾斜。但是执行层又该如何承接这样的要求呢？如果只是调整产品策略，没有对各执行部门原本的策略导向进行协同，那么就可能出现：对于一个低利润产品，背负利润指标的产品经理要求进行生产和发货控制，但是以收入导向为主的销售却依旧下了很多订单，而生产部门出于生产成本考虑也依旧坚持生产低利润产品。那又怎么可能实现利润导向的整体协同呢？这种博弈事件在企业中每天都在发生。

6.3.2 产销策略设计解读

从上述案例中你是否已经感受到何为供应链管理策略设计？它不仅包括后端策略，还包括前端策略，因为供应链管理策略规划的目的就是全局寻优。所谓的供应链管理策略设计就是以产品策略为核心对前端的销售策略和后端的供应策略进行匹配和优化。产品策略、销售策略和供应策略本身都是各职能部门设计的，供应链计划部门的职责就是协调这些策略使其更加匹配，整体运作效率更高，也就是通过改变其他部门的策略变量来获得更好的整体绩效表现，同时使整体的运营方向更加符合企业战略诉求。供应链计划部门就是一个整体供应链管理策略的统筹者和优化者。从这里也可以看出，供应链计划部门的定位和领导力是非常重要的，不仅要有权力，更要有能力和影响力。接下来我们再来深入梳理一下，到底有哪些策略可以被设计或优化，如图 6-4 所示。

1. 中间的产品策略

产品策略在整个策略设计中起到承上启下的作用，上承企业竞争战略，下启前端销售策略和后端供应策略，是产销策略设计的指挥棒。在产品策略设计时必须考虑前后端如何承接，能否牵引前后端的协同，最终实现产品所承载的战略和财务目标。

（1）**面向市场的产品策略**。这里我们更多从供应链管理的视角来谈产品策略，对供应链管理影响较大的产品策略包括产品定位、产品复杂度、产品替代策略和产品迭代策略（产品更新策略）等。其中产品定位直接影响销售订单交付策略的设计，产品复杂度直接影响后端供应策略的设计，产品替代策略直接影响后端库存策略的设计，产品迭代策略直接影响后端采购策略的设计。产品策略甚至还需要考虑需求的波动性，以及不同产品生命周期下的差异化。

（2）**面向设计的延迟策略**。大部分情况下，产品设计更多考虑客户和市场的诉求，但是好的产品策略不能仅仅只考虑前端的市场，还要考虑后端的生产，甚至运输过程。由于产品的迭代更加快速，品种也更多，将给后端

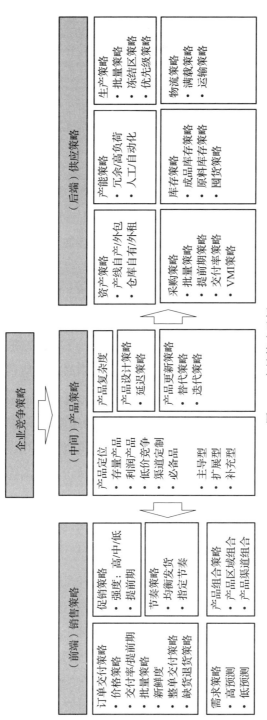

图 6-4 产销策略示例

运营造成极大的压力。延迟策略则是将原本发生在原料采购端的差异化推迟到成品生产端，或者将发生在成品生产端的差异化推迟到仓库发货端。这种策略的实施需要技术与管理相结合，在保证产品质量的前提下，将差异化尽可能向客户端推迟。但是，现实中很多企业为了局部降本不惜增加差异化，压缩产品冗余度。因此，没有全局视角，企业是无法做到真正降本的。

2. 前端的销售策略

销售策略必须承接产品策略，并同时实现和后端供应策略的联动。销售策略包括订单交付策略、需求策略、促销策略、节奏策略和产品组合策略等。订单交付策略是为了将区别化的业务管理转换至战术和执行层面，是确保将公司经营战略以及产品、市场和供应策略等揉入到客户订单管理实践中的关键环节。需求策略是指哪些产品鼓励高预测，哪些鼓励低预测。促销策略是指不同产品是否有不同的促销力度和提前期规划，比如，对于以人力加工为主的产品是否有更严格的促销强度限制等。节奏策略是指公司对整体的出货节奏是否有要求，或者哪些产品的出货节奏必须平稳。产品组合策略就是不同渠道售卖产品组合的限制。

（1）**订单交付策略。**订单交付策略是销售策略中最复杂的一种策略规划，包括最重要的价格策略、批量策略、缺货退货策略等，以及交付率和提前期等重要约定。大部分企业往往只关注订单执行过程的管理，而忽略前期交付规则的制定，认为订单的交付就是越快越好，交付率越高越好。前文已经阐述过，交付质量和交付成本是需要进行平衡的，并且不同客户、产品也是需要差异化的。这些差异化包括价格策略的差异化、交付策略的差异化，重点客户是否需要给予资源倾斜，小客户的紧急订单是否需要处理，资源紧缺情况下是否有分配优先级。这些都是我们在进行订单交付策略设计时需要考虑的内容。另外，订单交付策略和其他策略还不一样，其他策略我们都可以在自己公司内部决定是否执行，但订单交付策略不仅需要销售的配合，更需要客户的配合。销售和客户是否愿意执行这个对他们而言其实是一种约束规则的订单交付策略？所以，订单交付策略设计必须是一种双赢的设计，这样才能说服销售和客户一起履行订单交付策略。

（2）**需求策略**。尽管大家都希望需求预测越准越好，但是预测永远是不会百分之百准的。基于产品的属性、交付要求和后端的供应约束，企业会把一些产品定义为高预测产品，鼓励高预测，而一些产品因为波动大，通用性差，则为低预测产品，必须接受适度的缺货。

（3）**促销策略**。促销尽管是销售的决策范围，但是一些企业还是对促销制定了框架性的规则，比如推出选品池，不是所有产品都支持促销。另外，基于产品的供应能力和应对突发变化的灵活性，可以对不同的产品定义不同的促销等级，并且基于供应能力随时调整，以确保后端可以承接前端的促销计划，也确保前端促销计划的执行率和促销费用的最大化利用。

（4）**节奏策略**。客户订单的交付节奏对后端影响比较大，特别是对生产均衡性要求较高，物流成本占比较高，或者是产品需要冷链运输的企业而言。大家对于节奏的影响都深有体会，不仅仅是预测做准，还要节奏均衡。很多企业已经将节奏纳入考核的范围。

（5）**产品组合策略**。产品组合策略也被大部分企业无视。所谓的产品组合策略就是规定产品和区域或者渠道的组合，即销售不能够随意售卖产品。由于大部分产品其区域或者渠道特性并非十分显著，从生意角度可以相互串场，因此，销售一般比较抵触这种规定，从而导致很多企业无法落地真正的产品组合策略。但是这种组合管理对后端却影响重大，如果失控，会造成没有必要的滞库或者缺货。

3. 后端的供应策略

供应策略比销售策略还要多，因为后端的供应网络本身就是非常复杂的，行业不一样也有所差异，在此不一一列举，而选择其中的通用性策略做概要分享。

（1）**资产和产能策略**。哪些产品偏好自动化生产，哪些产品偏好以人工为主进行生产；哪些产品支持高度自动化和大批量生产，哪些产品需要支持切换灵活；哪些产品库存持有成本高，产能需要适当冗余，哪些产品库存持有风险低，而生产成本高，需要确保产能利用率；公司整体策略是重资产还是轻资产，或者哪类产品以自有产能为主，哪类产品以外包为主；外包的底线产能是否有限制……

（2）**生产策略**。生产更多追求规模效益，还是更多支持柔性切换；或者不同产品采取不同的策略？冻结期如何设置？生产批量如何设置？在产能有约束的情况下，优先级如何设置？如果有外包，如何平衡自产和外包？

（3）**采购策略**。采购策略是希望长期合作还是短期交易？是追求更短的交期还是更低的价格，追求更高的交付率还是更稳定的交付率？批量和成本之间如何平衡，质量和灵活性之间如何平衡？采购策略也与产品策略、库存策略设计等密切相关。

（4）**库存策略**。库存策略是大家最关注的策略，也是惯性思维发挥作用最强的环节，所以需要做重点澄清。库存策略在整个供应链策略中也是最后定义的策略，因为库存就是用于填补供需策略之间空隙的。首先需要从更高的层级，比如产品策略、交付策略、渠道策略、供应策略进行联动平衡，当出现无法平衡的空隙时才需要库存填补，再下沉到具体的产品类别进行详细的库存策略设计。如果需要库存，库存是更多在成品端，还是原料端？如果是成品端，哪些产品是成品库存为主，哪些产品是原料库存为主？对于量大而需求稳定，是公司利润的主要贡献者的产品，我们要提供高交付；对于量小、波动大的产品，可能就更多以生产吸收波动，同时降低服务水平避免库存风险等。如果是有多级分仓的企业，还需要基于仓库层级进行策略差异化设计。有些产品在分仓之间的需求波动都很大，集中供应更能降低风险；有些产品的需求相对平稳，则可以分仓为主，为客户提供更快的交付。如果有齐套交付要求，则分仓设置需要控制。如果有新鲜度要求，则成品库存必须控制，以生产冗余度吸收波动。对于季节性很强的产品，则库存的设置就不能一刀切，需要根据淡旺季定义不同的库存标准。

（5）**物流策略**。物流策略主要体现在供应网络规划上，是设置一级网络还是多级网络，租赁是以流量租赁还是固定库容租赁，补货策略是多频次小批量还是大批量，是否有齐套交付要求，是追求更高的满载率还是倾向快速发货，需要与前端的策略进行协同设计。

这些都是最重要的方向性的规划。方向性策略设计完成，才能落到具体的库存计算上。但在现实中，在很多企业的眼里，安全库存就是天，省去前面无数步骤，直接跳入安全库存计算公式之中。库存管理同样需要全局思维和抽象思维，库存策略是供应链管理策略中的沧海一粟，安全库存又是库存策略中极小的一部分，所以，过度关注安全库存是一种舍本逐末的行为，独立设计库存策略更是一个伪命题。

6.3.3　纵向战略落地和横向策略协同

前面阐述了这么多策略，接下来要谈谈策略的设计原则，这是一个很大的话题，涉及企业战略如何落地。从大的原则而言，首先企业需要有清晰的战略，而不是模糊的远景，然后要落地到产品设计上，再通过产品策略驱动前后端的销售策略和供应策略。但是，现实是很多企业都有远景，有清晰的战略的比较少。所以，对于大部分企业而言，各部门只能沿着各自绩效考核指标所指引的方向奋勇前进，所谓的战略、策略更多停留在PPT 中。下面我们从日常执行的视角来梳理战略和策略落地的基本步骤和核心环节，以此来进一步理解供应链计划体系在承接战略到落地执行中的定位。

1. 承接战略的不是执行

大部分企业都非常重视两头——战略和执行。大家认为只要战略清晰、执行有力企业经营就一定没问题。但是，战略不会直接落到日常排产和库存管理上。很多企业认为自己执行力很强，但是如果你的战略和执行是脱节的，执行力很强反而是问题。战略经常在有了结果之后被用来讲故事，大家逆向推理的能力非常强，采用归因法总能找到战略和执行的连接关系，但是正向推演战略到执行的过程却是一个巨大挑战。战略到执行的距离到底有多远呢？

我们在第 4 章借助系统论对供应链管理思想做了深度的阐述，企业就是一个动态复杂的系统，一个系统中不仅有要素，还有连接关系，同时，要素之间相互作用产生了信息回路，这种回路又分为增强回路（正向）和调节回路（反向），但是这个信息回路不是调整之后马上显现的，它有一个重要特征就是反馈延迟。对于企业这样一个复杂系统而言，这个连接关系不仅要联动后端的生产、采购、物流，还包括前端的产品和销售，同时它还要向上承接目标和战略，向下考虑各种约束和限制，而供应链管理组织的职能就是管理连接关系，并负责监控信息回路，形成闭环。选择供应链管理模式就是认为这些连接关系是需要被主动管理的，也就是在战略到执行，在产品以及销售到供应之间有一个错综复杂的关系网络，集成供应链计划体系就是用来管理这张关系网的。让我们通过图 6-5 厘清战略是如何通过三条路径实现落地的，并理解集成供应链计划体系在其中所发挥的重要作用。

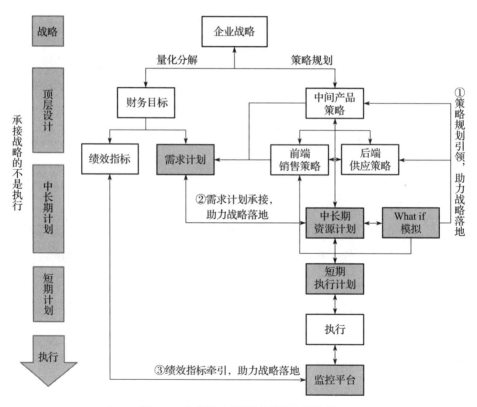

图 6-5　企业战略从承接到落地的路径

（1）策略规划引领，助力战略落地。第一条路径是产销策略联动规划，这也是供应链计划部门的职责，这些策略需要中长期资源计划去承接，首先要落实在资源布局和配置计划中，比如产品之间的优先级策略、产品新鲜度策略、产品与工厂之间的匹配策略、库存策略，以及各种约束条件等。最后借助短期执行计划传递到执行体系实现最终落地。

（2）需求计划承接，助力战略落地。第二条承接路径是需求计划，需求计划必须通过财务计划基于量化原则承接企业的战略，同时需求计划还要同步承接企业的产销策略，这些策略也需要体现在需求计划的规划中，并最终借助中长期资源计划落地到执行层面。比如某类产品的销售占比要求、负利润产品的销量占比要求、某个渠道的销量占比要求，甚至产品的交付率要求（高预测或低预测）都需要需求计划承接后传递到中长期计划，再借助执行计划进行落地。

（3）绩效指标牵引，助力战略落地。第三条承接和落地路径就是绩效评估，通过绩效考核来牵引和推动战略落地，这基本是大部分企业的唯一落地路径，不管过程，只要结果。比如，企业认为某类产品是战略产品，那单品 KPI 就占较高权重；企业鼓励创新，那新产品收入占比也可以单独考核；企业重视产品新鲜度，那库存不仅仅是考核总量，还要考核新鲜度。这些指标通过集成供应链计划管理体系中的监控平台进行落地。虽然监控平台的主要目的不是考核，而是对计划的执行进行全面评估，进而形成整个系统的闭环，但是它也同时可以支撑考核体系。

从这个过程中，我们可以看到集成供应链计划管理体系是整个企业协同的中枢，包括横向的供需平衡和纵向的战略落地，而中长期资源计划又是整个集成供应链计划管理体系的中枢，基于需求、策略、各种约束匹配前后端的资源，提前去除资源瓶颈。**短期执行计划是在中长期资源计划给定资源限制的情况下，基于订单、库存等实际需求驱动编制的资源使用计划。**因此，从战略到执行，当中有财务目标，有策略规划，有需求计划，有中长期资源计划，有短期执行计划，有绩效牵引，还有闭环监控。整个供应链计划体系就是其中的中流砥柱。一个企业如果没有一个完善的集成供应链计划管理体系，其战略是难以被真正承接和落地的。

2. 协同是策略规划最重要的原则

前文分享了战略落地的三条路径，其中第一条就是通过策略的联动规划来落地。大家可能听说过战略悖论，如果你去了解成功和失败的企业，你会发现它们的战略基本是相同的。比如，都主张专注，一根针捅破天，或者都主张多元经营，不能在一棵树上吊死，但却有的失败有的成功。你会发现每个战略都非常正确，这里，笔者想谈谈比战略更加重要的一个原则：协同。玩过 TFC 供应链橙汁游戏的同行会发现一个现象，在整个游戏过程中，各业务模块都有不同的策略选项，最后取得胜利的小组的选择也不是完全相同的，甚至有的选择了相反的策略。但是，成功的小组都有一个共同的特点：各业务模块的策略方向基本保持一致。如果销售端选择激进策略，承诺客户更新鲜的产品，那么后端要同步匹配更快的生产频次，而不是以库存满足，采购也需要支撑更高的物料可用性。如果前端销售选择保守策略，则后端也必须控制各项成本，生产切换频次要控制，适当增加库存。我们发现，虽然盈利多少不仅仅取决于策略的匹配度，其中影响更大的因素是方向的正确性，但是只要协同基本就可以盈利。

协同是策略规划中最关键的原则，或者说最基本的原则。策略设计是比较复杂的工作，对经验和逻辑有着极高要求，所谓的千场千链就是将不同策略组合应用到不同的场景中，构建差异化高绩效的运营模式。如果你对策略协同还感觉比较抽象，那么 TFC 供应链橙汁游戏会让你对策略规划有更深入的沉浸式体验。

【调研分享】

2022 年 4 月通过对 200 多家泛制造企业的调研发现，整体而言，产销策略的联动比例不高，如图 6-6 所示，只有约 23% 的企业完成整体产销策略联动并落地，大多数企业还是停留在流程层面协同。计划的定位直接影响了产销策略的联动规划，调研发现计划部门定位越高，产销策略联动和落地比例也越高。那些没有独立完善的计划体系或者计划部门是三级部门的企业极少规划产销策略，更谈不上落地。产销策略联动本来就是一个撬动整体企业优化资源、优化配置的行为，主计划是协同中枢，策略就是协同的灵魂。

产销策略规划和计划部门关联性分析说明					
	供需集成计划部门的定位				
整体产销策略设计和规划	一级部门	二级部门	三级部门	没有计划部门	总和
企业没有进行策略规划的职能	25.39%	20.69%	28.57%	50.00%	26.53%
只有产品策略，但是前后端均没有主动设计和落地承接	23.81%	35.63%	42.86%	37.50%	32.04%
有部门负责整体产销策略的联动规划，但无法落地	19.05%	18.39%	28.57%	12.50%	18.23%
有部门负责整体产销策略的联动规划，并且可以落地	31.75%	25.29%			23.20%

图 6-6　供应链管理策略规划与计划部门定位的关系

6.3.4　供应链管理策略组合变量形成万场万链

6.2 节介绍了供应链管理模式，所谓的模式就是计划编制逻辑选项的组合，图 6-3 基于初步选项做了一个排列组合，结果发现供应链管理模式超过了 3000 种，暗合了千场千链的说法。供应链管理策略则是一种在模式基础上对业务逻辑的进一步量化和落地。比如，对某类产品，预测模式选择了自上而下，但是预测策略选择了高预测，并且定义了 BIAS 的允差范围。如果我们再在模式基础上叠加策略的组合，你可能发现这个组合选项将过万种，可能形成万场万链。这就是供应链管理的复杂所在，每一个要素部门自身的复杂度是有限的，但是一旦多个业务联动起来，其连接关系的组合就好比一个万花筒，不仅纷繁复杂，同时还千变万化。作为一个企业如何去选择，是完全被动盲选，还是主动管控优选，这就是有供应链管理与无供应链管理的本质区别。

总结 ▶ SUMMARIZE

顶层设计对体系效率有决定性影响

这章谈顶层设计，可能有点虚，但其实这个"虚"比后面的"实"都更重要。我们打个比方，如果你装修一套房子，你一定希望既要满足舒适性要求，也要对整体的成本进行控制。你认为这个成本应该如何控制？在装修过程中严格监督施工人员吗？你应该明白，成本的70%在设计方案时已经确定了。施工过程对成本的影响是有限的。供应链管理体系也是一样，整体的架构、定位、模式、策略等上层设计已经在一定程度上决定了效率的高低，因此，顶层设计非常重要，向上管理非常重要，但大部分企业在这个环节是无所作为的。

集成供应链计划管理之计划体系设计

精于心，才能简于行。

　　第 6 章分享了什么是集成供应链计划管理体系的顶层设计，但是如何落地呢？当然不是执行部门直接对接顶层设计，承接顶层设计的是集成供应链计划管理体系中的计划体系。这里大家可能感觉有些绕，其实很简单，在集成供应链计划管理这个框架体系中，除了计划的编制，还有顶层设计、监控执行、组织构建，与计划编制体系相并行的还有产销协同流程，如图 7-1 所示。本章就

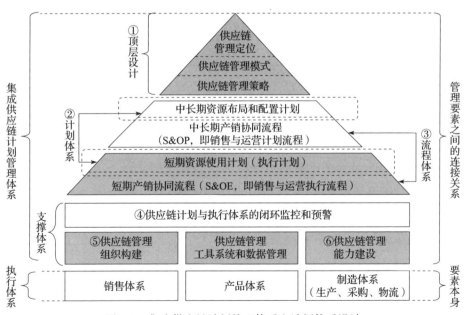

图 7-1　集成供应链计划管理体系之计划体系设计

来分享如何构建集成供应链计划管理体系中的计划体系。很多企业不仅没有集成供应链计划管理体系，甚至都没有独立的计划部门，即便有，大部分也基本没有发挥统筹优化的作用，而是承接和服从。绝大部分企业的计划团队整体职位低、工资低、成就感低，三低！也因为它们有"三低"，所以企业才有今天的"三高"！本章将从时间维度和供需维度来阐述整个计划体系，最重要的是对何为真正的主计划做全新的解释。同时，本章也对库存管理做了深入展开，**库存是问题发现的起点，但不是解决问题的终点**。

7.1   集成供应链计划体系的整体框架

图 7-2 将图 7-1 中的供应链计划部分做了展开。从图 7-2 中可以看出，整个计划体系包括需求计划和供应执行计划和主计划，它们均分为三个层级，即长期、中期和短期。图 7-2 中还有一个需要传递的理念，即计划的优化空间将从长期到短期逐级衰减。相应地，优化成本则逐级递增。在整个计划体系中，中期资源配置计划属于中枢模块，起到承上启下、承前启后的核心统筹作用。

为了让大家更深入地理解不同计划业务的定位和价值，扭转长期并且错误的惯性思维，我们对计划业务之间的相互关系从业务类型、计划期间和编制逻辑等视角再做澄清。从图 7-2 中我们可以看到，生产计划不仅仅只是短期日生产排产，还包括中长期的产能布局和产能配置计划，也就是中期周生产计划和长期月生产计划；采购（物料）计划也不仅仅是短期的物料到货计划，更加重要的是长期供应商资源布局计划和中期物料备货计划。补货调拨计划也不仅仅是短期的执行计划，还要提前做路径规划，甚至仓储资源规划。**所有的中长期计划不仅是落地的，重要性也远高于短期计划**。

中期计划是在长期计划的网络框架下运行的，长期计划就是中期计划的天花板；而短期计划是在中期计划给定资源限制的情况下运行的，中期计划就是短期计划的天花板；而对于执行体系，计划就是天花板。因此，我们要关注的不是如何排产，优化排产解决不了排产的根本问题，而是要向上管理。为何很多企业没有明确的计划层级管理也经营得不错呢？因为大部分企业都处在一个持续增长的年代。即便如此，现在不是也陆续出现"三高"问题了吗？这主要是中长期的资源错配导致的，不是精算库存、优化排产、上个系统所能解决的。中长期计划的失误是难以通过改善短期计划去弥补的。企业不缺对中长期的计划，而是缺失常态化的中长期计划管理体系。

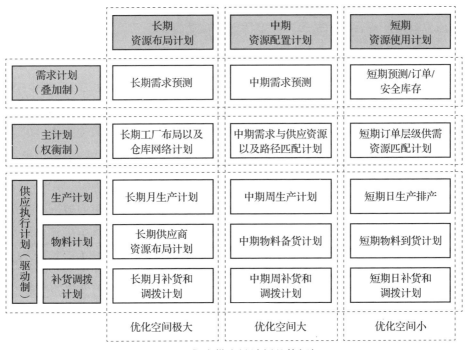

图 7-2   集成供应链计划整体框架

下面我们再从供需维度对整个供应链计划体系做深度的展开。特别要强调是，在需求计划与供应计划之间有一个非常重要的主计划，也就是说，承接需求计划的不是供应计划，而是主计划。**主计划是集成供应链管理思想——权衡（Trade Off）最重要的承接者。**

7.2   如何设计需求计划管理体系

前面分享了整体计划的框架体系以及中长期计划的重要性，本节要展开介绍其中的需求计划的编制方法论。需求计划对于很多企业来说都是一个极大的挑战，大家往往认为短期 3 个月内的需求计划还能应付，但 3 个月以上的中长期需求计划就太难了，甚至认为短期做不好，如何还能做好中长期？一屋不扫何以扫天下？但扫天下的人往往不扫一屋。在计划管理领域，中长期需求计划与短期需求计划承担完全不同的使命，对人员的要求也差异极大，两个职能必须分离。从数学角度，往往层级更高、颗粒度更大的计划更容易做准，并且更加重要，需求计划也是如此。

7.2.1　其实你更容易做准中长期需求计划

人们在潜意识里总是认为短期需求计划比中长期需求计划更容易做准。对于大部分企业而言，短期需求计划的一个重要目的是指导长交期物料的采购，而所谓的长交期就是 3 ～ 6 个月以上交期。什么样的需求计划可以准确地指导 3 ～ 6 个月交期的物料采购呢？那就必须是一个做在 SKU（产品）层面，并且至少是 M-3 偏差期（也就是在 5 月份必须在 SKU 层面做准 8 月份的预测）的需求计划。而又有多少企业敢于在这个维度和层次上去评估需求计划的准确性呢？大部分企业是不敢的，因为偏差通常会非常大，会打击企业对预测的信心。所以，即使做 SKU 层级、M-3 的预测，最终也会选择在产品族上，以 M-1 这样的层次去评估需求计划的准确性，其实这更多是目标达成率，对采购没有太多指导意义。所以，短期需求计划是非常有挑战性的，它的准确性是在 SKU 层面、M-3 以上这样的层次上。如果还有分销中心，并且希望需求计划推动补货执行，则更加有难度，需求计划准确性的评估维度还要再增加一个分销中心或者周的层次。所以短期需求计划虽然时间更近，看似不确定性可能会更低一点，但它所需要做到的精度以及所需承载的诉求也更多。说到这里，大家还认为短期需求计划好做吗？

那中长期需求计划呢？难道不是要在 SKU、M-12 这样的层次上做准吗？首先要问，我们为什么要做中长期预测？最重要、最直接的目的是做中长期产能规划与未来物料供应能力风险评估。这个规划和评估需要放在 SKU 层面吗？显然大部分企业不需要，它们只需要在类别层面做准中长期需求计划就可以预判产能风险和供应风险。那这个类别层面的需求计划容易做吗？和 SKU 层面相比，类别层面上的预测难度要远低于 SKU 层面，哪怕是在 M-12 这个期间层级上。对于一个有经验的需求计划经理来说，一个在产品类别层级、M-12 的需求计划，其难度要比一个在 SKU 层面、M-3 的需求计划低。所以，在大多数行业中，长期需求计划相比短期需求计划更容易做准！就好比一家企业的年度目标一定比月度目标更准一样，大数定律是一个放之四海而皆准的数学定律。

1. 为何很多外资企业要做 18 个月的需求计划

我们经常看到一些外资企业做 18 个月的需求计划，为何不是 12 个月或者 24 个月呢？通过沟通我们了解到，一个原因是与资源获得所需的时间相关，另一个原因是要实时跟进重要的财务指标，比如截至目前可能达成的销售目标、截至目前的年度报废、截至目前的慢动库存比例等，大部分财务指标都是年度指标，所以预测首先必须覆盖一年以上。那为何不是 12 个月？因为这些企业认为 3 ～ 6 个月是一个普遍的计划展望期（采购提前期＋生产提前期＋物流提前期），在此期间内的计划调整都会增加额外成本，所以需要扣减掉这个计划展望期之后仍保留 12 个月的跨度。因此 12 个月 +6 个月的期间跨度成为这些企业的选择。这个期间完全反映了一些优秀企业对计划的深刻理解，未来不是明天，也不是下一周或者下一个月，看得远，才能规避风险！

2. S&OP 理念推动了中长期需求计划的发展

对于 S&OP 流程（防火式协同），前面已经有了很多的阐述，很多企业都在尝试推动这个计划优化流程。但很多企业将这个中长期平衡为导向的产销协同（防火）流程与短期的执行层面的产销协同（救火）流程混淆。所以出现了很多需求计划只有 3 个月的企业也纷纷在实施 S&OP 流程的现象。它们不得不重点讨论以订单交付为主的执行层面的协同问题或者紧急事项。这根本不是 S&OP 的重点，因此导致很多高层管理人员没兴趣参加，救火的事情也无须高层决策。因为无人关注中长期产销规划，所以短期问题就更多，短期问题一多，更没时间关注中长期，大家就在这个圈子里绕。但是还是有企业绕出来了，它们强制推行了中长期需求计划，做不准是一回事，不做就永远不会准。因此，S&OP 的出现也对中长期计划管理起到了推波助澜的作用。

7.2.2 如何编制中长期需求计划

在对中长期需求计划的可行性建立足够的信心之后，又回到了方法论，那么究竟应该如何编制一个高质量的中长期需求计划呢？关于需求计划，有一本书专门阐述这个主题——《卓越供应链计划：需求计划管理设计与实践》，这里我们不会非常详细地展开需求计划的编制方法，而是重点与大家分享一些编制中长期需求计划的关键原则。

1. 选择合理的预测编制层次

某供应链总监曾经在一次分享会议中特地向在座的需求预测系统提供商提出一个要求，就是希望能够灵活支持预测的编制层次。比如，对于中长期预测是否可以支持在高层次上编制，再分解下去。因为市场部门对长期预测有更加准确的预判，但不是在 SKU 层次上，而是在产品类别视角、市场区域视角。通常的需求预测系统编制预测都是先在 SKU 层面做再向上聚合的，但对于长期预测而言，SKU 层次的预测将产生非常大的偏差，最佳的模式是支持在不同的层次上均可编制预测，这样不同层级的管理者也可以参与到预测编制中，将自己的经验和判断融入进去，同时遵循了数学定律——大数定律。

2. 选择合适的预测编制者

中长期预测的最佳编制者往往不是需求计划主管，更不是销售人员，而是市场人员和高层管理人员，他们对远期有着更加职业化的敏感预判，但是实际业务中他们往往很难参与到需求预测的具体编制中，或者没有好的平台配合他们。所以，我们在前面也提出了不同层级预测编制的功能支持，其目的就是融入各级管理者的智慧，这将对中长期预测的编制有巨大的帮助。

3. 需要考虑的各种外部因素

在预测的编制过程中,专业人士都会强调假设前提的重要性,甚至认为它比预测数字本身更加重要。比如,在编制明年的需求计划时,我们首先要预设明年的大环境变化,比如 GDP 的增长、固定资产的投资、消费习惯的变化、人口基数的变化、竞争对手的变化、市场趋势等影响预测的外部因素,甚至可能需要多个假设前提的组合,也就是说,在不同的场景下,需求计划是不一样的。所以,你必须记录下这版预测的假设前提,其目的是对未来执行偏差进行解释。

4. 需要考虑的各种内部因素

在外部环境假设条件确定后,就要考虑各种内部增长因素,如管理层的期望、产品策略带来的增长、区域自然增长、产品自然增长、新店增量、新产品增量、年度促销规划等,同时还要考虑各种内部约束,比如财务约束、产能约束等,然后通过对不同考虑因素的逐一堆叠相加,如图 7-3 所示,而非笼统地放在一起,进行预估。

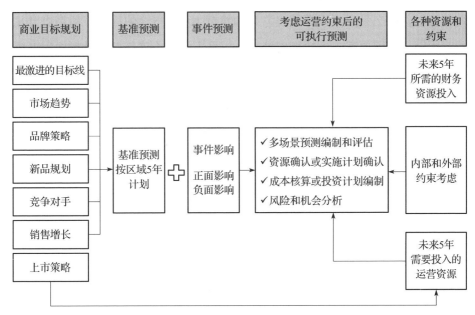

图 7-3 中长期需求计划编制路径

7.2.3　如何编制短期需求计划

前面我们谈的是如何编制中长期需求计划，现在我们要谈大家最熟悉的短期需求计划。短期需求计划编制是一个颇有争议的话题。目前大部分企业是有短期预测的，比如 1～3 个月的预测，过去完全依赖库存驱动短期生产和采购计划的模式已经有所改变，因为环境变化快，历史在未来重现的概率越来越低。但是很多企业由于需求计划方法不正确或体系不完善等，导致短期预测的质量非常差，于是就想通过一种"唯快不破"的武林秘籍来提升短期预测的准确性，即通过一种高频次更新预测的模式来提升短期需求计划的准确性。短期需求计划的目的到底是什么？合理的更新频次是多少？短期需求计划编制的核心原则是什么？

1. 短期需求调整频次取决于后端承接能力

决定预测更新频次的是后端的承接能力，如果后端根本无法承接，不停地调整又有何用，你要调整的预测已经进入了执行冻结期。所以，在这里我们首先要区分计划和执行的界限。执行是执行，计划是计划，如果随时可以调整计划，那么最后可以调整出一个和执行 100% 符合的计划，但是有意义吗？所以，**计划要有一个执行冻结期，而且不能因为冻结期内计划经常变更而取消冻结期的规定**。预测调整必须在执行期之外，例外有例外的规则，而这个执行期的长短就决定了短期预测的更新周期，每个企业的执行冻结期则基于后端生产的灵活性和切换成本的不同而不同。

2. 供应计划不基于预测驱动，为何调整预测

长周期预测是为了做长周期原料准备、产能准备等，短期预测一般都是为了直接触发生产排产、采购到货和补货调拨等执行行为。一部分企业会用短期预测直接驱动生产、采购执行，还有相当一部分企业基于库存或者订单驱动执行。如果企业没有选择使用短期预测驱动执行，在这种情况下频繁调整预测也没什么意义。所以，选择预测驱动生产执行的企业可能更需要精准的短期需求预测。

3. 供应计划基于预测驱动，是否要频繁调整

何种企业会用需求预测直接驱动执行业务呢？这类企业具备几个特征：生产工艺刚性，对均衡性、连续性要求较高，产品切换成本高，同时这类企业需求预测通常做得比较准，所以就直接用月或者周需求预测来驱动执行，以较高的库存风险来换取生产成本的节约。既然这样，那还需要每周调整需求预测吗？应该说大部分情况下不需要，因为这类企业往往特别强调均衡性和连续性，频繁调整反而违背了预测驱动生产的本意，但是如果这类企业产品切换成本较低，那频繁调整还是有一定价值的。

4. 即使后端可以承接频繁调整，又该如何调整

专业的需求预测人员都知道，需求预测的编制不是一个随意拍脑袋的感性决策过程，他需要历史数据，需要各种促销信息，甚至需要渠道的库存，需要了解经销商的资金状况，需要考虑目标压力，需要把这些信息结构化梳理呈现，需要内部沟通交流，甚至还可能需要老板审批等。所以，这不是一个每周都能做一遍的事情。如果每周都要更新一次，结果只能是草草了事，倒是宁可每月认真做一次。所以，即使后端可以接受频繁更新，对前端来说如何频繁更新也是一个挑战。

5. 鼓励客户提前下单比频繁调整更有效

如果你的企业手里握有机器学习、人工智能、大数据算法等高端武器，每周都能很快更新出一版高质量的短期预测，那支持你每周更新，可惜的是目前为止没有看到哪个制造企业的预测被机器学习、人工智能搞定了，因为预测问题不是一个技术问题。但是，即便企业真的如此重视短期预测，舍得投入大量资源，那还不如将部分利润与客户共享，说服客户提前一周或两周下单，这样带来的收益会更大。这样周预测就变为订单了，这就是百分之百准确了。

7.3 如何设计主计划管理体系

本书没有对需求计划做深度的展开，但是本书将对主计划做深度的展

开，特别是中长期主计划。需求计划非常重要，但是它不是目的，做需求计划的最终目的是合理配置资源，并提升资源的利用率。但是**承接需求计划的不是供应执行计划，而是主计划，因为首先要做的是前后端资源的规划和配置**。这里的资源并不单指物料供应，还泛指产能、仓储能力、物流能力、人力资源，甚至包括销售端的资源、财务端的资金准备等一切可能影响企业运营的资源，不仅仅需要供应端的资源准备，同样需要需求端资源的准备。我们在前面已经阐述过，中长期资源计划分为资源布局计划和资源配置计划。资源布局计划，也就是常说的供应网络计划，这个计划因为涉及固定资产的变化，调整成本高，所以更新频次较低，而资源配置计划则是我们每个月，甚至每周需要滚动更新的，并且也是企业最为薄弱的环节。从编制逻辑而言，二者是一致的，都属于权衡制模式。所以，本书就以主计划中的中期资源布局和配置计划为例来阐述中长期资源计划的编制方法论——权衡制。

7.3.1 承接需求计划的首先是中长期资源计划，其次才是资源使用计划

我们熟悉的计划逻辑都是在假设资源充分的前提下解决资源如何使用的问题，比如生产什么、何时生产、生产多少的问题，其实我们首先要解决的应该是能生产什么的问题。也就是说，即便我们知道要生产什么，何时生产，生产多少，但是我们可能没原料，没产能，没人员，甚至没仓库，还可能没钱。所有的资源是需要提前合理准备和配置好的，这是目前商业环境下产销的主要矛盾，是中长期的资源布局以及错配问题，而不是短期的资源使用问题。对于中长期资源布局和配置计划，如同 5.3 节中所述，它的编制逻辑根本不是"推拉"类驱动式逻辑，而是"全局寻优"下的权衡式逻辑。

尽管已经在 5.2 节中对资源配置计划做了阐述，但是因为这是本书的一个重点命题，所以再做一次解读。在平时的工作中，前端经常被挑战"预测不准"，后端经常被挑战"黑箱操作"，因为后端的生产也说不清楚产能到

底有多少。其实，后端的产能的确是一个复杂的矩阵，叠加各种约束，销售经常认为后端规划"黑箱操作"其实是有道理的，因为后端真的无法基于销售的需求来直接回答可以或者不可以。正确的产能表述是，我们有 N 条生产线，每条生产线可以生产多个产品，不同产品有不同的生产效率，不同产品其工序瓶颈是不一样的，产品生产线完全交叉，并共享不同的工艺设备，存在不同的约束规则。如果管理层还有策略、优先级等要求就更复杂了。所以，后端的确无法明确告诉销售自己的产能有多大，因为这取决于不同的需求组合与复杂产能网络之间的匹配结果，而承担这个供需匹配重任的就是中长期资源配置计划。

如果抛开完整度、科学性、精细度、体系化程度的话，每个企业都有中长期资源配置计划，但只有很少一部分企业有中长期资源计划管理体系。大部分企业都是依赖经验决策，也无须设置专业岗位，在缺失工具支持的情况下，难以验证是否匹配精准。我们在 6.1.2 节中提到的"统筹优化"理念，就是体现在中长期资源配置计划，不是短期执行计划。**统筹是需要一定的前瞻性的，短期执行计划没有"统筹优化"的资格**。短期执行计划就是处理优先级和异常，中长期资源计划如果混乱，短期执行计划就要救火。中长期资源计划混乱到一定程度时，短期执行计划救火的机会就没有了。

7.3.2 为何中长期资源计划被称为主计划

通常认为中长期资源布局和配置计划中所指的资源大部分是供应资源，所以中长期资源布局和配置计划也被称为中长期供应资源计划。大部分人认为中长期供应计划应该属于后端供应计划体系，即使称其为主计划，大家潜意识依然认为它是主供应计划，甚至是主生产计划。但是，中长期资源计划的主要职责是在承接前端的需求计划以及各种企业策略后，与后端相对分散的生产、采购、补货等各资源情况进行统筹平衡，同时还要考虑各种约束规则和优化目标，输出未来 N 个月的一系列资源匹配建议。由于整体供需的匹配关系是极其复杂的，在缺失技术支撑下，传统的资源计划只是考虑粗能力做简化计算，只能做到单向的需求承接与传递工作，其输出计划的数量和精度也是非常有限的，甚至可能就是一个生产计划，在这样的场景下，把中长期资源计划称为主供应计划，甚至是主生产计划也是可以理解的。但是在技术的支持下，中长期资源计划编制的效率与精度都得到了极大的提升，它不再只是做到承接前端、规划后端，而是可以前后联动，甚至基于后端情况反向推动前端的改变，包括联动调整需求计划、促销计划、产销策略等，成为一个真正的"主"计划，不属于前端，也不属于后端，而是真正以最大化满足企业利益为目标，同时联动前（策略端）后（约束端）上（需求端）下（供应端），并且支持动态场景模拟的中枢计划。再把它理解为主供应计划或者主生产计划就非常狭隘了。

如果我们认可上述解释，中长期资源计划就是真正的"主计划"。但是大家熟悉的主计划的英文是 MPS（Master Production Scheduling），从字面表达而言，这是一个不符合其定位的表述方式。主计划绝不仅仅平衡生产资源（Production），更不聚焦执行层的日颗粒度计划（Scheduling）。所以，主计划真正的翻译应该是 MP（Master Planning）。我们将在后续章节中让大家看到主计划的真正全貌，它的出现与计划技术（运筹优化技术的应用）的升级，或者时髦的说法是"数字化转型"，有着密切的关系。苏尼尔·乔普拉在《供应链管理》一书中把主计划称为"综合计划"（Aggregate Planning），解释它是关于全局的综合性决策，这个定义非常形象，并且强调了 Aggregate 这个词，我们可以理解为它是一个聚合层计划，这是主计划非常重要的特征，主计划不是在日颗粒度上的生产排产等计划。

【调研分享】

2022 年 4 月通过对 200 多家泛制造企业的调研发现，无论主动还是被动，整体只有 34% 的企业选择了供应链管理组织统筹下的产销协同模式。但如图 7-4 所示，在这些企业中，只有约 54%，也就是整体占比约 18% 的企业建立了独立的主计划（与短期执行计划分离）团队或职能。这说明即使同样建立了供应链管理体系，但是它们的协同能力是不一样的，决定协同能力的是主计划。也可以说，目前供应链管理职能依旧聚焦短期的救火式协同，只有约 18%（具有独立主计划）的企业完成了从短期救火式协同到中长期防火式协同的转换。

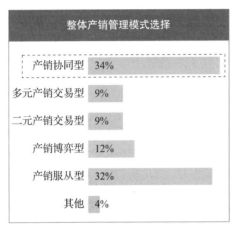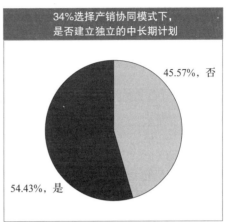

图 7-4　中长期资源计划（主计划）与不同的产销关系管理模式的关联度

主计划职能的占比在处于不同发展阶段的企业中，是不同的，在上行期企业中约占 56%，在波动和下行期企业中约占 53%，如图 7-5 所示。这是否说明在环境压力下，波动和下行期企业更关注救火，而上行期企业是否正是因为中长期计划体系的构建而变得更从容，并进入良性循环呢？

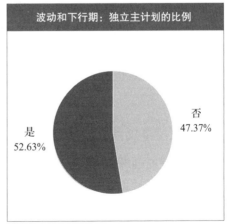

图 7-5　中长期资源计划（主计划）与企业不同发展阶段的关系

7.3.3　主计划的价值在于资源匹配和场景模拟

真正意义上的主计划的概念对于大部分企业来说是陌生的，大家还在忙于解决眼前问题而无暇顾及所谓的未来，更无法想象何为承上启下、承前启后的立体协同场景，但是技术的发展已经让一部分企业进入了一个更高的管理境界，不仅实现了立体协同，同时还实现了多场景下全方位协同。

1. 不仅匹配前后端资源，同时承接企业策略

主计划不能帮企业救火，但能帮企业防火。我们更期望解决的不是缺货或过剩了怎么办，而是如何减少缺货和过剩。就像开饭店一样，炒菜可以很快，难的是所有的料、人、设备配置得当。不能人少、菜多，也不能菜多、锅少。只有这样才能以最低的成本最大化地满足顾客的需求（后端资源去匹配前端需求）。比如，你发现最近市场上猪肉价格特别高，为了控制成本你准备少进猪肉。这样你就需要前端市场配合你，多推鸡肉、牛肉和素水饺等。一旦猪肉的价格降下来，你还希望前端推出半成品的售卖活动以增加销售收入。所以，前端也要做一些资源投入的调整（前端资源也需要基于后端的调整而调整）。另外，饭店希望开发海鲜系列新品，争取高端产品的收入占比达到20%，利润要贡献30%。这样在日常的计划规划中，海鲜类的原料购买比例要上升，并且要基于季节提前囤货，对价格和质量进行平衡。只有提前规划，才能确保海鲜系列产品策略的落地执行。同时要与前端联动，扩展海鲜系列产品的销售渠道（策略承接和联动）。所以，**主计划的价值不仅仅是匹配后端资源，还包括推动前端资源的联动规划，同时还需要在规划资源时，承接企业的策略，以确保策略在执行阶段的可落地性。**

2. 支持多场景决策模拟

前面我们强调供需资源如何匹配，大家可能会立即想到如果预测不准怎么办？在这里首先要承认，无论如何预测，偏差永远存在，这就是永恒的事实，所以，后端就是要有能够应对一定程度内需求变动的能力。在2020年之后，大家发现不仅仅是需求变化大，供应的变化也在加剧，原料可供量和

物流能力都在变，新冠疫情将这种变动放大地呈现给了大家。我们既控制
不了需求端，也控制不了供应端，并且越是形势不好，企业就越喜欢开发新
产品去拉动需求，结果会发现，就连老产品也开始变得不稳定了。总之，各
种因素都是不确定的。所以，基于不同业务假设下的场景模拟就变得非常重
要。比如，不同预测偏差下的场景模拟、不同后端资源约束下的场景模拟、
不同策略参数下的场景模拟等。What If 场景模拟是基于不同场景下的资源
匹配模式模拟，如果没有强大的模型算法支持，你可以想象这样的复杂模拟
如何实现。

7.3.4 主计划覆盖的业务范围有多大

既然我们说主计划是中枢型计划，那它覆盖的决策范围到底有多大？我
们经常讲端到端供应链，这个端到端应该不仅仅覆盖企业本身的需求端和供
应端，还可能延伸到客户端和供应商端。如果从流程优化、可视化监控等视
角，我们毫不怀疑端到端供应链有覆盖端到端的能力。但是，如果从决策的
视角来看，它能覆盖端到端的决策吗？也就是端到端供应链不仅要实现企业
内部供需资源的最优匹配，还要考虑客户端和供应商端因为网络路径不同带
来的物流成本差异，以及客户和供应商采买价格不同带来的采购成本差异，
甚至还有配额限制、阶梯价格等各种因素。所以，主计划的业务范围不仅仅
是企业内部供需数量平衡，还需要延伸到客户端和供应商端，真正实现全链
条总成本最优下的供需平衡，如图 7-6 所示。

7.3.5 主计划模型的关键输入和关键输出

理解了主计划的价值、覆盖范围后，我们要再细化到影响主计划编制的
具体因素。我们在 4.4.4 节中谈到何为"集成供应链管理"，其中对集成什
么信息、如何集成做了概述。在现实业务中，承担这个"集成"使命的就是
主计划（中长期资源计划），不是前端需求计划，更不是后端供应计划。**主
计划不仅要横向实现供需资源平衡，还要纵向实现战略和策略的落地，是一
个立体集成。**这个使命落地的核心环节就是中长期主计划。回到日常的计划

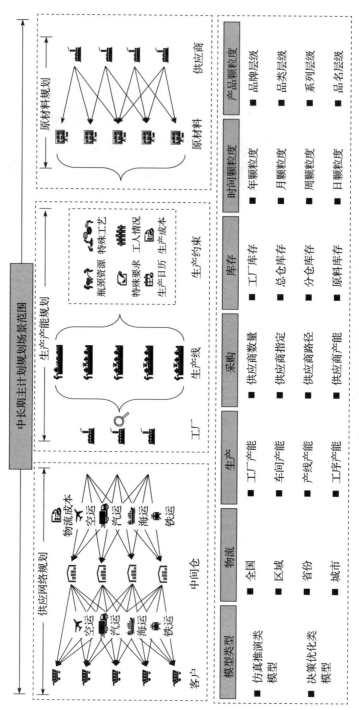

图 7-6 主计划覆盖端到端业务

工作场景，我们不仅仅要规划如何生产产品和采购物料，更重要的是要规划生产线、设备、仓储、人员以及长周期物料的资源准备，也就是要转换的不仅仅是短期的需求，还有长期的需求。转换过程或者说匹配过程到底需要考虑哪些信息呢？图 7-7 展示了主计划编制所需的七大类输入项，以及三大类的输出项。七大类输入项包括需求类信息、供应类信息、网络布局类信息、约束类信息、策略类信息、财务类信息以及多优化目标。三大类输出项中最重要的是各类资源计划，其次是场景模拟和策略模拟。

上述输入信息中的 30 多项影响因素和优化目标都是我们在日常的计划工作中需要考虑和平衡的，实际管理要求比以上示例只多不少。如果我们知道需要同步平衡这些因素，那我们就算已经有了供应链管理思想。如果我们为此成立了一个独立的组织去落实这个诉求，我们就算有了供应链管理体系。如果我们能够将这个诉求借助"算法模型 + 经验判断"真正落地，我们就有了较强的供应链管理能力。主计划的关键输出也是支持 S&OP 产销会议的最重要信息，没有之一。产销协同的核心是中长期供需计划，而 S&OP 只是在这些决策的基础上达成共识和进行选择的过程。如果没有这种数字化的决策选项的输出，虽然也可以依靠人工经验进行决策，但由于计划本身的高复杂性，经验决策的精度与效率都是较低的。**只有借助数学工具，将业务逻辑进行严密整合后才能形成一系列有价值的、强关联的决策选项建议。**

7.3.6 从分段式粗能力计划到全局运筹优化

能认识到主计划的价值已经是一个巨大的进步，但是主计划的编制方法论多年来一直没有质的突破，大部分企业依然采用分段式（粗能力计划）编制的方法，寻求一个近似的全局次优解，这种方式缺乏说服力，并且效率很低，难以快速响应变化。这也导致主计划岗位人员普遍缺乏成就感，同时主计划的价值不容易衡量，如同管理层的决策一样。这种困境不仅仅是主计划的困境，更是供应链管理的困境。但是，随着算力的发展和数字化理念的推动，主计划的编制技术已经有了重大的突破。我们将在第 14 章中借助案例

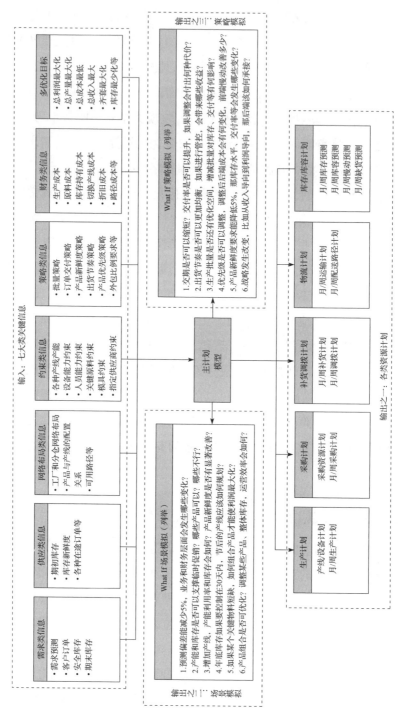

图 7-7　主计划模型的关键输入和关键输出

分享来深入阐述权衡制模式下的主计划编制方法论——基于运筹优化技术的决策优化建模。所谓的优化就是权衡各方博弈，实现既要又要还要。我们经常口不离"优化"二字，其实并没有对优化有真正深入的理解。从技术或者科学角度而言，有且只有运筹优化技术支持下的"权衡制"计划模式才能真正实现寻优，而"驱动制"编制模式下的短期计划完全无法承接优化使命。同时，运筹优化技术也是推动"集成供应链管理"真正落地的核心技术。

【调研分享】

在对 200 多家泛制造企业的调研中，对于选择产销协同型且建立中长期主计划（调研中采用"中长期供应计划"）职能的企业进行了分析，如图 7-8 所示。我们发现，尽管其中 85% 的企业都定期编制中长期供应计划，但是 69% 都是人工编制，系统化或者算法化（由系统编制）的仅占 16%。这说明大家都了解主计划的价值，但是方法论依旧非常落后。而主计划的编制方法论不仅决定了其价值的发挥，也限制了其对高阶产销策略的承接能力。

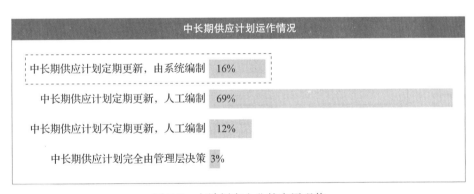

图 7-8　主计划在企业的应用现状

7.4　如何设计供应计划管理体系

供应计划（短期资源使用计划）是大家最熟悉的领域。供应计划所包括的内容比较多，如生产排产、采购到货计划（拉料计划或叫料计划）、补货计划和调拨计划等。在很多企业看来，所谓的计划主要是指供应计划，但我们在前面章节已经反复解读了主计划与供应计划在定位、价值、相互关系以及管理模式上的巨大差异。主计划指导生产部门提前准备设备、人员，指导供应商提前备料、提前规划库容和运力，也指导销售和市场提前规划活动和准备资金，更加关注中长期。供应计划则是决策具体的生产安排、原料采购安排、具体租仓指令、具体物流运输计划等，更加关注短期执行。因此，**供应计划首先必须具有极强的可执行性，其次才是优化**，但在短期颗粒度内优化空间是极小的，这是"驱动制"与"权衡制"的本质区别所在。

7.4.1 供应计划的组织设计

对于多工厂的集团性企业，供应计划组织管理大致有三种模式，如图 7-9 所示。第一种是各职能部门也就是各个工厂各自管理，这种模式下可执行性极强，但协同性最差。第二种虽然也是各工厂属地化管理，但是虚线要向总部计划汇报，也就是大的规则由总部计划制订，相对可调整空间变小。第三种属于总部强管控，即集中管理，这种模式对整个体系的信息分享有很高要求，整体而言可以有更大的平衡空间，但是对总部计划的能力要求很高。

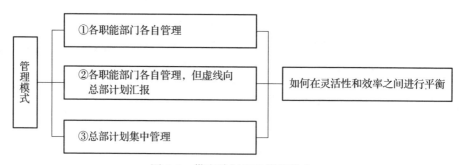

图 7-9 供应计划组织管理模式

1. 管理模式之一：执行部门自己管理

因为可执行性对供应计划很重要，所以很多企业把供应计划职能放在执行部门。比如生产计划由生产负责，采购计划由采购负责，调拨和补货计划由物流负责。这样的好处就是计划可执行性极强。但这样的计划模式是否还具备全局意识呢？很难，因为这些计划最后通常会各自为政，以自己部门利益最大化为执行准则，这必然导致出现如下场景。

（1）生产成本优先导向：即使计划与工厂执行分离，但是计划为了减少麻烦会将排产决策权下放到车间，工厂在一定框架下具有极高自主性，那么就容易形成生产成本导向的决策。比如大批量生产少切换，工艺复杂的品种就少生产。这类企业计划的执行率要么没有统计，要么100%达成，最终生产部门指标很好看，但高库存和高缺货并行，因为生产节奏与出货节奏经常无法很好地匹配。

（2）采购成本优先导向：这种管理模式下采购的行为和生产是一样的，也是大批量采购，提前到货，特别是对缺货非常敏感的企业，为了确保物料供应万无一失，采购不仅偏好大批量，往往还会选择提前下单，供应商也非常配合，提前到货。最后很容易就产生一堆库存和退货问题，因为生产计划总是在调整。

（3）补货先到先得为主：对于有分仓的企业，不仅要生产出来，还要知道发到哪个分仓。那么最简单直接的方法就是根据分仓提交的订单进行补货。所以补货模式是基于下级分仓所提交的订单先到先得，发完为止，这也是仓库层级能做出的最优决策。

（4）调拨按需执行即可：如果按照上述补货模式，企业很快会发现有的分仓库存太多，有的分仓库存太少，于是马上组织调拨。你会发现同一个品项在同一个月内，在同一个工厂或者同一个分仓出现反复调入调出的情况，这都是各自决策的结果。

2. 管理模式之二：虚实双线汇报

一些企业意识到了这些问题，它们采取了双线管理。因为供应计划属地化管理比较普遍，大部分企业是直线汇报工厂、虚线汇报总部供应链管理部门。也有的是直线汇报总部供应链管理部门、虚线汇报属地工厂。这有什么区别呢？前者是总部定规则，工厂执行，后者是总部直接指导工厂生产，但工厂可以进行监督，并有调整建议权，两者都属于相互制衡型。总部决策的好处是增加了全局观，不是提报多少就生产多少，而是要看生产的利用率、库存的周转率、交付率等，看整体的供需情况是否平衡。

3. 管理模式之三：总部集中管理

还有一种模式是对所有的供应计划进行集中的管控。为何要集中管控呢？因为全局视角之下才有最优解，即便在短期的限制下空间已经很小。在这种模式下所有供应计划都相互联动，但是这个模式对信息共享、执行和反馈有很高的要求，更适合自动化和信息化程度较高的企业。但很多管理者不建议采用这种模式，因为这样会让执行部门失去掌控感，从管理或者人性角度难以调动其积极性和主观能动性，同时也对总部计划部门有极大的挑战。但是从数学角度来看，这是整体利益最大化的选择。

7.4.2 供应计划的编制方式

前面聚焦供应计划谁来管理，这里要分享如何编制供应计划。5.3 节对计划体系的编制逻辑进行了阐述，特别强调供应计划（短期资源使用计划）的编制逻辑属于驱动制，与主计划（资源布局和资源配置计划）的编制逻辑即权衡制有着重大的区别。在供应计划领域，无论生产成品还是半成品，无论采购短周期原料、补货还是调拨，都可以基于预测驱动，基于库存驱动，基于订单驱动，当然还可以基于 MRP 逻辑直接联动，也就是我们经常谈到的推拉逻辑。TOC 和 DDMRP 理论都是基于这些驱动逻辑上的某种改良。总之，这些理论都仅仅适用于供应计划编制领域。

1. 生产计划的编制方式

聚焦周 / 日颗粒度的生产计划是我们最熟悉的领域。前面对驱动逻辑的阐述已经把生产计划的核心编制逻辑讲清楚了，但是除了按订单生产外，即使知道每周需要生产多少，那如何分解到每天或者每个班次？这么多产品如何进行排序？不同产品每次的生产批量如何制定？所以在驱动逻辑明确的前提下，我们还要解决生产批量和排序的问题。

生产批量的制定本质上是一个权衡制下的问题，因为它不仅要考虑总成本（生产成本和库存持有成本）最低，还要考虑各种产能工艺约束。简单的制定方法是运用经典的经济批量公式，更加严谨的计算方法是借助运筹优化模型来推算更加科学的数据。

生产排序问题则是一个看似解决方案非常成熟而实质上挑战最大的问题。生产排序问题通常采用遗传算法来解决，这是一个普遍使用并且非常成熟的解决方法。但由于遗传算法本质是复刻人过去的排产经验，模仿人而不能超越人，反而经常被人（计划人员）挑战。但是，无论系统排还是人排，无论怎么排，相比中长期主计划，短期生产计划的优化空间是极小的，并且优化的技术复杂度高。生产计划是一个真正的事倍功半的改善选项，但却是现实中大家乐此不疲追求的。

2. 采购计划的编制方式

前面提到了供应计划的四种驱动逻辑选项，其中有一种选项称为 MRP 逻辑，这种驱动逻辑选项与其他几种略有区别，不仅仅是驱动逻辑，也是一种联动模式的选择。有些企业选择紧耦合模式的计划，需求计划、生产计划、原料计划，甚至补货计划等都是相互联动的，但是有些企业考虑到预测偏差的不同和产品属性特征的差异，采取松耦合模式，特别是在离散制造业，比如 DDMRP 模式，整个链条基于不同逻辑分段驱动，目的是避免前端偏差被快速放大。但是从科学性和严谨性而言，MRP 逻辑是公认的最佳采购计划编制逻辑。

对于 MRP 的编制，除了系统实现外，Excel 也是很好的工具，因为 MRP 逻辑相对繁杂，而非复杂，在计算量可控的前提下，借助 Excel 中的一些内置工具构建仿真推演模型，也可以实现 MRP 的编制，甚至比系统更加灵活和可控。

3. 补货和调拨计划的编制方式

所谓的补货（上级配送中心对下级配送中心发货通常称为补货）和调拨

（平级配送中心或工厂之间通常称为调拨）一般是多工厂、多分仓模式下的管理诉求。但是大部分企业，即使有补货和调拨业务，也没有补货和调拨计划。因为它们所有的补货和调拨需求都是订单驱动的，有需求的一方发起订单，接收方只要有货就执行。这常常称为要货，自下而上驱动，不需要提前计划。所以，相比前面的生产和采购计划，我们将花较大的篇幅来阐述这个大部分企业比较陌生的计划业务。

补货和调拨订单与补货和调拨计划的区别就是，前者是自下而上，基于局部需求驱动，而后者是自上而下，计划部门基于跨工厂和配送中心进行一定的统筹。自下而上与自上而下的区别就是局部最优与全局最优的区别。比如，某一个产品货源紧张，如果自下而上，就是先到先得，可能部分配送中心过剩，部分配送中心出现短缺。如果是自上而下补货，则计划将主动进行平衡，不是先到先得，而是基于需求的紧急性和后端的供应能力，尽可能减少整体缺货，也避免某些分仓过度反应而造成资源浪费。随着利润压力的增加，越来越多的企业开始重视补货和调拨管理，具体表现形式就是出现了独立的补货计划和调拨计划管理职能，或者路径管理职能。

既然自上而下这么多好处，为何这么多企业还是以要货模式为主？因为这不仅仅是简单的计划逻辑的改变，还涉及利益和权力的重新分配，也是一次变革。有相当一部分企业的分仓是归属销售分公司管理的，除此之外，销售订单管理等也是销售的责任，甚至是各个分公司各自管理。如果要实施补货计划，则需要统筹管理，责任者要调整，不再是一线的销售组织。这还不是最大的问题，最大的问题是如果补货、调拨以及库存规划出现偏差，销售分公司是否愿意一如既往地支持和协助处理，因为这部分工作已经不在它的责任范围内了。如果调拨及补货模式的调整还影响到了销售的其他隐性利益，则更是难上加难。最后就会发现这件事不是销售一定要管，而是没有人愿意管，因为其他人难以对后果负责。所以，不是所有科学的就是合适的，人性是最大的挑战。**补货调拨、订单管理以及分仓管理模式的优化是供应链管理变革的最后一公里，也是最具挑战的**

一公里，因为这直接动了销售的奶酪。从自下而上各自为战到自上而下平衡管控，是一种权力和利益的重新平衡，也代表着企业战略从放到收的转型。

为了让大家对补货管理模式有更加全面的理解，表 7-1 将补货和与其紧密联动的订单管理的转型过程划分成了六个阶段。第一阶段是最原始的要货模式，要什么给什么。由于下级分仓的判断能力参差不齐，经常出现各种滞库和缺货，因此总仓开始干涉，进入第二阶段，自下而上为主，自上而下为辅。随着总仓计划能力的增强，逐步进入第三阶段，自上而下为主，自下而上为辅。再往前进一步，就是对分仓的调整范围进行控制，强化自上而下的指导作用，这是第四阶段。再往下，总仓的计划能力不仅可以考虑供需平衡问题，还可以同时考虑分仓物流成本、可执行性，甚至考虑工厂端的能力约束，但这个阶段必须借助系统或算法来实现，这是第五阶段，其实这已经进入主计划的业务领域了。而第六阶段则是完全的自上而下补货计划模式，不是被动接受订单，而是主动进行计划，其最大挑战就是库存的责任和风险的转移。

表 7-1　补货与订单管理的转型过程

阶段	补货模式描述	补货驱动逻辑	实施前提	工具支持
1	自下而上要货模式	基于下级分仓订单驱动补货	总仓需备较高库存	Excel
2	自下而上要货模式，但可基于下级库存进行干涉	基于下级分仓订单驱动补货	需获取下级分仓库存信息	Excel
3	自上而下补货模式，但下级可以进行调整	基于下级分仓再订货点驱动	（1）获取下级分仓库存信息（2）获取下级分仓历史出货信息	Excel；经销商管理系统与 ERP 对接
4	自上而下补货模式，下级在一定范围可以调整	基于下级分仓出货预测和安全库存驱动	（1）获取下级分仓的未来出货预测（2）对分仓库存具有较强管控能力	基于需求和提前期的补货计划系统

（续）

阶段	补货模式描述	补货驱动逻辑	实施前提	工具支持
5	自上而下补货模式，下级在一定范围可以调整	基于下级分仓出货预测和安全库存驱动，同时增加考虑运输、仓储成本、交付速度，甚至各工厂产能平衡等约束条件	（1）获取更多的约束信息 （2）获取更多的成本信息 （3）了解企业的优化目标	除补货系统外，增加实施网络规划系统（优化引擎），实现动态补货而非固定补货路径的补货
6	完全自上而下补货模式	不仅承担成本最优下的主动补货职责，同时对渠道库存负责	经销商与核心企业建立完全信任关系，数据共享，计划对接	

【案例】

某餐饮连锁公司的物流部门提出，分仓的库存管理（不是实物管理）应该由计划部门负责，但是计划部门很纠结，从理论上它们可以基于需求计划自上而下地分解，用来驱动到周、到配送中心等层级的物料采购和门店配送的执行。但是在实际运作中，物料采购计划，特别是其中的门店配送与运营部门关系密切，需要和门店运营端频繁沟通。而计划部门在总部，就算将物流的计划人员划归总部计划部门管理，也有可能存在鞭长莫及的情况，总部计划部门实质上无法有效管理，但却要背负职责，所以总部计划部门不愿意完全承担这个责任。计划部门更容易控制高层次的中长期计划，而不愿意去管理分散在 N 个地点的原料采购和物流配送计划。这些计划人员长期与执行层在一起，已经难以分离，而执行层的业务对灵活性要求极高，不适合远距离控制。但是如果计划部门不介入这个层次的计划，那部门价值又会受到质疑。最后，总部计划部门想出一个权衡之策，不直接介入执行层的决策，但是帮助物流部门进行一些规则的定义，比如库存订货点的设置等，这样也算间接管控了执行层面的计划。所以，供应链计划的价值不仅仅受制于执行部门的配合，同样也受制于供应链计划部门本身对利益和风险的权衡。

7.4.3　供应计划的异常管理

尽管我们极其重视供应计划，并且实施了各种 APS 系统，但是不管系统编制还是 Excel 编制，供应计划人员大部分时间是在沟通协调，而不是编制计划。因为在这个颗粒度上计划变化非常频繁，计划人员更加关注的是可执行性。但是如果你因为忙于救火，而不对异常原因进行记录和分析，那么你永远有救不完的火。虽然供应计划本身可优化的空间较小，但是原因分析可以推动上层次计划和策略的优化，这才是改善供应计划真正的突破点。但是异常管理有一个非常重要的前提，就是有计划冻结期，没有冻结期，就没有所谓的异常。

1. 异常管理模式之一：无例外管理规则，不统计计划执行率，也不分析异常原因

需求计划由供应计划承接，而供应计划则由执行承接，环环相扣。计划执行率以及原因分析非常重要，但是很多企业缺失这个环节，特别是计划与执行归属同一部门管理的企业，没有计划冻结期，不统计执行率，因为永远可以通过调整计划让它变成 100%，更没有异常原因分析，如图 7-10 所示。这也是计划向执行部门汇报的一个很明显的弊端。所以，分离的目的就是显现计划与执行的差异，并且记录差异产生的原因，同时针对各种原因事先制定各种改善措施，推行常态化的治理。

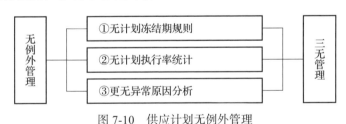

图 7-10 供应计划无例外管理

2. 异常管理模式之二：有例外管理规则，有执行率统计，有异常原因分析，有预案准备

如图 7-11 所示，做到图中这些容易吗？非常难，因为尽管企业有计划执行率这些指标，但为了指标更加好看，经常被人为调整，记录原因就更不容易。执行部门认为，订单没有被执行的原因有很多，记录起来比较麻烦，工作量大。甚至有人还持有这样的观点，就是尽量不给大家增加工作量。所

以，这些分析工作也就未得到重视，未执行的原因最后无法获知，最后也不知道需要采取哪些措施来改善，被要求改善的部门也由于缺失量化依据而拒绝改变。最终结果就是越来越乱，越乱也就越没有时间做记录，从而进入恶性循环。

图 7-11　供应计划有例外管理

7.4.4　反复踩刹车和加油门不是计划的灵丹妙药

前面说了这么多，可能被大部分企业一招破解：哪有这么复杂，多了就踩刹车，少了就加油门。某公司非常重视未来两周的生产计划，特别是如何做准未来三天的计划，要求既不能缺货，还要确保库存可控。唯一的办法是盯着日库存反复踩刹车和加油门，因为订单节奏失衡，导致生产也节奏失衡。在刹车和油门的快速切换下，是否感觉到库存在过剩和缺货之间快速切换，生产在停产和加班之间快速切换，仓库在爆仓和冗余之间快速切换，采购在退货和加急之间快速切换，调拨在调出和调入之间快速切换，人员在辞退和招聘之间快速切换？为何会这样，答案就在第 4 章中的系统论里面。整个产销体系就是一个复杂动态的系统，而系统有三个重要特征：增强回路、调节回路以及反馈延迟。**越是复杂的系统，其反馈延迟越严重**。所以，我们对环境变化的信号不能过度反应，需要等待趋势逐步稳定再做决定，适当延长反馈的时间，反而将变得更加平稳，何况所有的应急反应成本都是非常高的。这个道理也反向验证了中长期计划的重要性，如果我们能够从一个更加长期的视角去观察整个系统，主动建立增强回路，提前识别其中的调节回路，不对短期变化做过激反应，不去频繁干预系统，系统反而会变得更加稳定。因此，**在一个存在严重的反馈延迟的系统中，比如产销系统，使用快速试错法不仅不管用，反而使问题变得更加糟糕**。正确的方法是降低反应的力度和频率，着眼于中长期视角，提前而有控制地踩刹车和加油门，不计成本的过度灵活和敏捷是不负责任的。

7.4.5 供应计划不一定要直接承接主计划

前面我们已经梳理过供应计划和主计划的关系，但是作为一名计划人员，还是要非常关注供应计划与主计划是否存在数学逻辑上的直接关系。尽管我们知道供应计划所能够支配的资源的总量，取决于主计划所准备的资源总量，但是因为思考惯性的限制，大家在日常管理中更加重视具象化的短期供应计划和执行，比如，如何插单，如何追料。但一谈到中长期主计划，大家马上想到一个短期承接问题，甚至有管理者认为，如果短期计划无法承接中长期主计划，那中长期计划的价值就没有了，或者说就不落地。重要的事情说三遍，我们再举一个例子来澄清中长期计划与短期计划之间的关系，作为本小节的总结。

如果要开一家饺子馆，你需要提前准备营业所需的场地、设备、人员和材料，包括租多大的门店，购买多少座椅，添置多少厨房设备，聘请几位厨师、几位服务员，买多少面粉、多少肉，还有各种蔬菜等，但你不会把所有饺子都立即包出来。你会基于每天的销售情况和库存，决定包哪些品种，包多少出来。如果肉买少了，那就只能多做素饺子，想要临时补充更多肉，就要付出更大的代价，甚至品质难以保证。如果是缺人手，那可能即使愿意付出代价也一时难以招到合适的人，而增加营业面积在短期内就更不可能了。前者就是中长期的供应资源计划，后者就是短期供应执行计划。短期供应执行计划就是在中长期主计划（资源计划）的框架下进行有限的调整，而中长期主计划则是指导事前资源准备，虽然方式不同，但都是落地的计划。

那它们之间是否一点直接的数学关系也没有呢？也不是。再以饺子馆为例，老板做过统计，尽管每天的销量有差异，但是每周的总量比较稳定，周末销量是平时的两倍，节假日销量更高。如果老板完全基于每天的销售量或者库存做准备，那周末他就无法应对了。因此，老板会基于这个周颗粒度的中长期计划，调整平时的执行计划。比如，到了周四、周五就必须提高库存应对周六、周日的高峰客流量，这就是中长期计划与短期计划的联动。回到企业也是一样，如果出货节奏是第一周10%、第二周20%、第三周30%、第四周40%（一个月内每周出货量占总量的比例），我们不可能因为前面出货少、库存高就停产，否则第四周就会有缺货的风险。因此，有经验的计划能够把控月度总量，提前拉高库存，而这个对月度总量的预估就来自中长期计划。因此，中长期的月或周计划在总量上对日颗粒度的短期执行计划有很高的参考价值，特别是当节奏不平稳时。这是中长期与短期之间最直接的承接关系，而其他的承接关系主要体现在对策略和规则的承接，比如批量规则、优先级规则等，而非计划本身。笔者想强调的是，两个层级计划的目的是完全不一样的，它们之间并不需要非常严谨的数学联动关系，短期计划的驱动逻辑可以更加灵活。当然，也有企业完全按月度的生产计划去生产，前提是预测准确度高，或者因工艺原因等生产冻结期长。从优化空间看，短期供应计划的优化空间是最小的，但却是大家最重视的领域，市场上对短期计划的研究，特别是生产排产已经非常深入。笔者认为，**中长期主计划与短期供应计划的关系相当于全局优化与局部优化的关系，过度重视执行层计划而忽视中长期计划是一种舍本逐末的行为，无法想象它们之间的逻辑关系则是一种缺乏抽象思维的表现。**

7.5 库存管理的突破点不在库存本身

> 库存更多是果不是因，因果不能倒置。

我们在5.6节特别提到了库存管理的定位，就库存谈库存是一个伪命题，库存管理也是一个典型的系统性问题，形成库存的原因不在库存本身。

因此，我们已经把对库存产生影响的业务行为融合到各个章节中了。如图
7-12 所示，产销管理模式和策略设计对库存的影响是决定性的，属于对库
存的事前策略设计。中长期资源计划是库存计划的直接承接者，属于对库存
的事中规划，这个阶段还没有产生实质性的库存。而大家最熟悉的是对已经
形成的库存进行监控，属于对库存的事后管理，也是计划执行监控体系的一
部分。为了让大家对库存有一个系统性、全局性的理解，最终还是决定做一
个以库存为主题的集中论述。

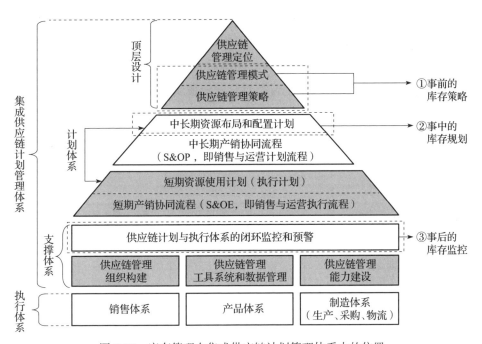

图 7-12　库存管理在集成供应链计划管理体系中的位置

7.5.1　库存管理的全景认知

首先，这里的库存管理不是指库存实物管理（属于物流管理领域），而
是对库存规则的管理。库存管理可分为四部分：①事前的库存策略设计（是
产销管理模式和策略设计中的一个环节）；②事中的库存规划（对未来库存
水平进行推演，提前预判可能的滞库和缺货）；③事后的库存监控（及时处
理慢动、缺货并调整相关策略）；④库存管理模式的选择（集中管理还是分

段管理，以及谁来管理）。前三部分我们已经解读过了，都是从"事"的角度出发，而最后一个则是从"人"的角度出发，关注到底由哪个职能来管理更合适，或者是否需要对库存进行集成管理。

如图 7-13 所示，事前的库存策略设计部分是最核心的，但是其属于产销策略设计中的一部分，是需要和其他策略联动规划的，不存在独立的库存策略设计，**执着于安全库存计算完全是一叶障目，不见森林**。事中的库存规划则是基于各种策略，以及其他影响因素和期初数据等对未来进行库存推演，它与生产计划、原料计划、补货和调拨计划的驱动逻辑密切相关，不能独立于其他计划逻辑而存在，需要借助仿真推演模型对未来进行预判，从而提前揭示可能的慢动或者滞库风险。而事后的库存监控才是现在大部分企业目前最重视的"库存计划"，也就是对已经形成实物的库存进行预警和处理，主要工作就是定义慢动、缺货的规则，即对实物库存的可视化管理，属于完全的事后管理。理解了上述库存管理的实质性内容，才能做出合理的管理职责的归属判断。

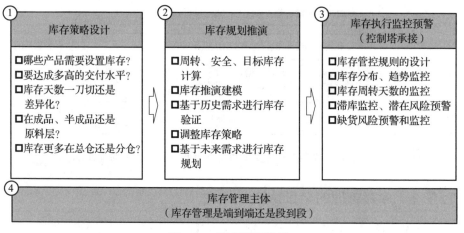

图 7-13　库存管理体系

7.5.2　库存管理的残酷真相

前面基于专业视角分享了我们对库存管理的基本理解，但是理想与现实总是有距离，特别是库存，这个距离尤其大。如果你从更高的层级去俯视目前库存管理的现状，你会发现现实非常残酷。我们辛苦设计的库存策略、做的库存规划等竟然在现实面前不堪一击。

1. 我们为何需要库存

回到初心，为何需要库存？按常规理解，库存是为了吸收需求和供应的波动，目的是提升交付率，并确保后端制造体系的平稳性。如果是这样的话，正常的场景应该是终端市场波动较大，经过经销商库存、分仓库存、工厂库存，波动被逐级吸收，越靠近制造端波动越小，最终确保交付的同时也减少了生产的波动。事实是这样的吗？真实情况恰恰相反，常见的场景是，尽管有一连串的渠道库存，但是波动不仅没有被缩小，反而被层层放大，后端制造体系更是跌宕起伏。

图 7-14 描述的是一家营收规模达到百亿元，拥有多工厂、多分仓、经销商渠道以及 KA 渠道的制造企业的真实场景。从数据分析中我们可以看出，经销商向分仓上单的波动竟然长期大于 KA 客户。一般而言，KA 客户库存远低于经销商库存，经销商应该有更强的吸收波动的能力，但事实是，经销商上单的波动竟然长期大于终端 KA 客户上单的波动。那经销商向品牌商分仓上单的波动又如何呢？结果发现分仓的进货和出货竟然节奏完全一致，说明分仓本身的库存非常平稳，完全没有发挥吸收波动的作用。再往上看品牌商生产基地的库存，发现基地库存也是稳定的高水位，甚至在旺季库存也没有明显下降，说明基地库存也没有吸收波动。那终端波动被谁吸收了呢？库存一路静好，总有人负重前行，这个人就是生产。这家公司的生产不负众望，以其超强的灵活性和弹性完美吸收了所有的波动，确保了中间各环节库存的平稳。生产副总裁一方面在抗议前端缺失管控，临时起意，但另一方面次次不负众望，圆满完成任务。最后还是财务年底来找"麻烦"，要求解释为何人员效率越来越低，设备利用率越来越低，物流成本和库存却越来越高。最后，我们再回过来问自己，为何波动会被逐级放大？放置库存的目的是什么？

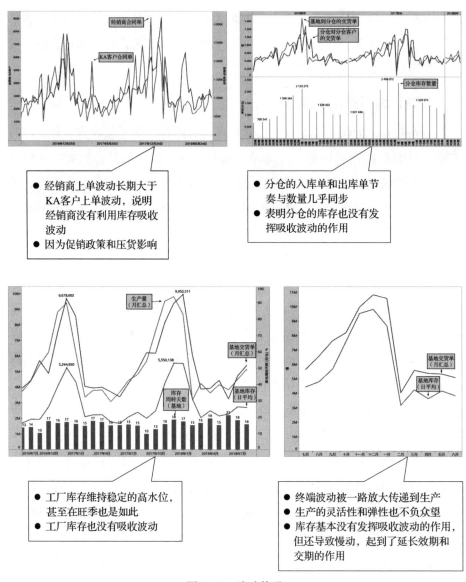

图 7-14　波动传递

（1）安全库存的存在是为了自身的安全吗？上述案例中，整个渠道为了自身库存的安全而直接将需求波动传递给了下一环节，击鼓传花，生产、采购、物流成为最后一棒，也有可能是供应商。安全库存反倒是成就了自身的安全，而**安全库存的真正使命不是为了自身的安全，而是要以自己的不安**

全换取交付的安全以及后端生产、采购和物流的安全。因此它需要被消耗，需要波动，甚至需要被击穿，这才是安全库存的使命。

（2）库存为何不仅不吸收波动，反而强化波动？前面我们说各环节为了自身的安全而直接传递波动，其实不仅传递波动，还加剧波动。尽管库存高企，但是在促销活动以及销售目标的压力下，大家照样进货。尽管库存已经很低，但是销售政策力度不够，大家照样不进货。库存是跟着促销节奏以及目标压力来波动的，不再遵循低补高出这样的自然节奏。所以，库存是完全可以被操控的。

（3）所有的波动都要吸收吗？即使希望库存吸收波动，也不是所有波动都需要吸收。比如，我们不需要实现 100% 交付，**适当的缺货其实才是供应链管理健康度的表现**。汽配行业可能不同意，那是因为汽车行业是一个相对封闭的产业链体系，而此处更多是对于开放性市场而言。笔者认为所有 95% 以上的订单交付要求，如果没有特别理由，都不是全局最优的选项。因为 95% 以上的交付率需要付出双倍以上的安全库存代价，大部分甚至付出再高的库存也是无济于事，所以，不是所有波动都要吸收！

（4）所有的波动都需要让库存吸收吗？即使要吸收波动，也不是一定要库存吸收，吸收波动的方式很多，并且库存并不是首选的吸收波动的方式，甚至大部分情况下库存吸收波动的代价是最大的。客户订单交付策略的优化、预测偏差的改善、产品复杂度的管控、促销和新品流程的协同、生产的柔性、延迟策略的应用都可能是比库存更具成本优势的波动吸收环节。

（5）即使需要库存吸收，一定要安全库存吸收吗？即使上述环节都难以改善，必须要库存吸收波动，那也不是全部需要安全库存吸收。在目前的商业模式下，经常突发极端促销。比如，直播带货等，这类波动必须由周转库存吸收，安全库存设计的主要目的是吸收日常的需求波动，受到人为干预而产生的巨大增量的波动，必须通过周转库存吸收，而周转库存是由预测所决定的，所以预测的改善是无法跨越的。

（6）产销交易型企业的库存更是难以履行应有的职责。很多产销交易型企业的成品库存是销售部门管理的，本着安全库存必须实时安全的原则，销售往往出一个补一个，自身库存水平一直维持稳定，却导致了后端生产的波动，生产端不得不采取延长交付周期等手段来平稳生产节奏。销售端的库存完全没有发挥吸收波动的作用，却又延长了交付时间，是一个妥妥的双输局面。

2. 我们是否还需要设置安全库存

既然库存可以被人为放大，当然也可以被人为缩小，也就是说库存在一定程度上是可以被操控的。这种操控不一定是贬义，很多情况下是我们主动采取的措施，甚至是促销或者管理策略发生效果的一种风向标。我们需要做的是平衡其中的利益和风险，也就是平衡库存的持有成本、报废风险、其他隐性负面影响与缺货所带来的收益损失。这种多因素共同作用下的量化平衡需要利用建模的方式来实现。当然，我们也可以通过利益分享的方式引导局部行为的改变。比如，库存受到出货节奏影响，如果能量化节奏优化所带来的收益，并能为此分享收益，销售是否就有更大的动力去管控经销商的进货节奏了呢？所以，如果我们能对库存管理有一个上帝视角，是否可以跳出安全库存计算这种单点、局限的管理理念，利用库存场景的仿真推演来推动整体产销策略的优化？

因此，如何计算安全库存已经变得不重要了，经典的安全库存公式已经经典到要退出历史舞台了，或者只能作为一个基准参考。不过，笔者认为经典安全库存公式在揭示库存与各种因素之间的关系方面依旧有显著的价值。安全库存告诉你，如果要降低库存，你需要对哪些影响因素进行管控。如图 7-15 所示，从公式中我们可以看出哪些因素影响周转库存和安全库存，这些因素包括 D——日需求、L——提前期、m——预测偏差、Z——服务水平、C_v——订单波动偏差等。这样我们就知道如何通过对业务行为的管控来改善库存。但是经典公式所考虑的因素远比实际业务场景中遇到的因素要少很多。

图 7-15 再订货点和安全库存计算公式

现实告诉我们，由于部门博弈、促销的混乱、目标的压力、节奏的失控等，库存吸收波动的理想价值已经被大大弱化，库存已经沦为相互博弈的工具，甚至是一种操纵收入的手段。即使抛开上述博弈，从单纯的专业角度，安全库存计算相比整个体系的规划也是沧海一粟。再回到这个经典的库存公式，安全库存的各种因素也受其他部门行为的影响，要优化安全库存不是通过计算，而是通过对业务行为的管控来实现。库存管理是一个系统性工作，和安全库存计算做斗争无异于螳臂当车。因为，**你管理的不是库存，而是一个以库存为表象的产销联动体系**。

7.5.3 库存管理职责的设计

在理解了现实中库存管理所面临的各种挑战后，我们再回顾一下库存管理体系，就更容易理解为何我们反复强调库存问题是一个系统性问题，不能割裂地去对待，要做好库存管理就必须与其他业务联动规划，即使是事后的库存预警也要与其他指标联动评估，单独评估某个产品库存高或者低都是片面的。

（1）事前的库存策略是需要和其他产销策略联动设计的，请参考 6.3 节"顶层设计之三：供应链管理策略设计"和 14.4 节"基于算法引擎的决策优化建模实践和案例分享"。

（2）事中的库存规划则需要借助仿真推演技术，融入了 14.5 节"基于推演技术的仿真推演建模实践和案例分享"。

（3）事后的库存预警监控部分，则融入了第 9 章"集成供应链计划管理之监控平台设计"。

（4）库存管理的职责是本节唯一要深入分享的内容。

在现实业务中，大部分企业把成品库存归属需求计划管理，把原料库存归属供应计划管理，把渠道库存归属销售管理，采取分段式管理。也有的企业采取属地化管理，实物在谁那里谁管理，认为符合谁保管谁负责的权责对等原则。还有的企业成立了独立的库存计划岗位，也有企业让财务统管库存，业务只是承担实物管理的职责。

如果从上述三个层级去理解库存管理，职责归属可能是另外一种场景。首先，最重要的是事前库存策略设计，要融入整体的产销策略设计中，谁最适合承担产销策略设计工作呢？中长期资源计划（主计划）是最适合的。接下来是事中的库存规划，要做未来 N 个月的库存水平预判，包括设置各种库存慢动指标，这个又应该由谁来负责呢？也是中长期资源计划（主计划），因为库存的风险预警是主计划的重要职责之一，而推演过程更是需要全局视角。最后是事后的实物库存监控，是否也让主计划去管理？还是和其他各种业务指标一同监控？因为企业要监控的不仅仅是库存，还有预测的偏差、计划的达成率、订单交付率等，是对整体运营状况的监控。所以，建议把库存监控和其他指标监控一起交由负责控制塔或者绩效指标管理的职责来承担，而主计划更多是库存指标的评估和应用者。综上所述，对于有主计划岗位的企业，无论从策略视角还是计划视角，主计划都是最适合负责整体库存管理的职能。但是，大部分企业没有主计划职能，库存管理的认知也更多停留在实物管理的层级上，库存管理永远只有被动的监控和预警。

总　结　▶　SUMMARIZE

短期计划是救火，中长期计划是防火

第二篇是本书的核心所在，而本章是第二篇的核心章节之一。我们必须跳出惯性思维，认识到计划首先要谈长短（中长期与短期之分），然后再谈供需（供应和需求之分），更加重要的是认识到供和需之间存在着一个极为重要的主计划。没有明确计划层级（中长期还是短期）而直接谈论所谓的需求计划、生产计划、采购计划等是没有任何意义的。大而化之地谈供应链风险和韧性，不计成本地谈供应链敏捷和柔性也都是没有任何意义的。供应链是否可以抵御风险，维持韧性的落脚点就是中长期资源计划（主计划），供应链是否能够在成本可控下保持敏捷和柔性也是中长期资源计划（主计划）所决定的。中长期资源计划（主计划）是整个计划运营的中枢所在，起着承前启后、承上启下的关键作用。表 7-2 是对本章核心内容的一个总结。

表 7-2　不同类型和层级的计划之间的对比

类别	需求计划	中长期资源计划（主计划）		短期资源使用计划（供应执行计划）
		长期资源布局计划	中期资源配置计划	
使命定位	对未来市场需求的预判和对目标和战略的承接	承接长期需求和企业策略，进行后端的资源布局规划	在已有网络布局和前后端约束下，将需求与资源进行最优匹配	在给定资源和规则下，围绕订单落地执行和纠偏
编制逻辑	叠加制	权衡制		驱动制
主要输出	需求计划、未来趋势、风险机会	产品规划、销售规划、产能和仓网规划、人员投入规划等	产能、路径、库存、关键原料规划、策略和规则以及场景模拟	日常生产、采购、调拨、补货计划等，异常反馈和原因分析
管理特点	策略最重要，流程次之，逻辑再次之	策略最重要，逻辑次之，流程再次之		流程最重要，逻辑次之，策略再次之
技术特点	统计预测技术、人工智能类技术	运筹优化技术，最优解可能性极高		遗传算法，次优可行解
沟通模式	主要与中高层沟通			主要与执行层沟通
人员要求	兼具宏观战略、市场洞察、数据处理技术以及领导力；艺术性工作	极强的逻辑思维、抽象思维和长链思维能力，全局观和战略视野；复杂性工作		极强的沟通、协调和应急能力，一般数据处理能力；繁杂性工作

　　简单概括，中长期计划和短期计划，一个消除资源瓶颈，一个遵循资源约束；一个是以销定产为主，一个是以产定销为主；一个是全局统筹规划，一个是局部需求驱动；一个是防火，一个是救火。很多企业表示自己准备从以产定销向以销定产转型，其实不是有这个意愿就可以，而是要有相应

的中长期计划体系才有可能实现真正的以销定产。所以，计划分层概念非常重要。短期计划不是中长期计划分解而来的，中长期计划更不是短期计划聚合而来的，这是两种不同类型的计划，不仅定位、目的完全不一样，编制技术、人员要求方面的差异也非常大，但是它们在资源总量、策略、规则、原因分析改善等方面又是相互联动的。中长期资源计划由于理念认知和编制技术的限制而被忽略，我们将在第 14 章借助案例来深度分享中长期资源计划的编制方法论——基于运筹优化算法的决策优化建模。

集成供应链计划管理之
产销协同流程设计

供应链计划体系要确保结果公正，产销协同

流程要确保程序公正。

笔者认为产销协同流程是集成供应链计划管理体系中一个不可或缺的组成部分。因为集成供应链计划管理体系的整体目标是产销协同，或者说企业财务和战略利益最大化，而计划编制方法论与产销协同流程则是两种不同的协同手段。为何有了计划体系，还要构建产销协同流程呢？因为我们不仅需要高品质的决策选项（计划体系），还需要决策程序（协同流程）的公正。如图8-1所示，集成供应链计划管理体系中，流程体系中的产销协同流程也有两个层级：一个是中长期产销协同流程，也被称为S&OP流程，强调其防火式协同的属性；另一个是短期产销协同流程，被称为S&OE流程，强调其救火式协同的属性。尽管这两个流程有不同的英文名称，但是本质上都可以称为产销协同流程，只是它们服务于不同层级的产销协同目标。本章要澄清什么是中长期防火式协同流程（S&OP），什么是短期救火式协同流程（S&OE），它们与整个计划体系的关系是什么？如果认为只要实施了产销协同流程就能实现协同，那是对S&OP和S&OE最大的误解。

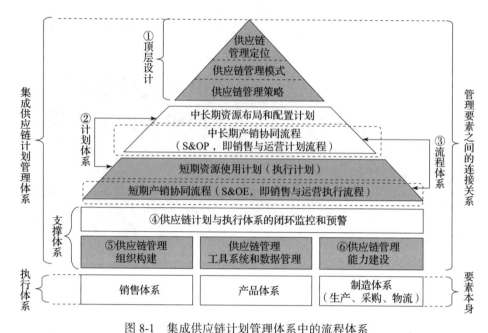

图 8-1　集成供应链计划管理体系中的流程体系

8.1　什么是 S&OP

　　S&OP（Sales & Operations Planning）是美国人 Dick Ling 在 1980 年首次提出的，在美国知名咨询公司 Oliver Wight 的推动下在世界各地发扬光大，并于 2010 年开始受到中国企业的关注。和大部分管理理念一样，新的管理模式通常在外资企业得到推广实施，然后再逐步过渡到内资企业。S&OP 也一样，近 5 年在中国得到深度传播和广泛认可。对它的接受度或认知度之所以高，得益于传统执行层面产销协同理念的影响。"三高"问题就是因研产销三方不协同给企业带来的长期困扰，所以一说实施了 S&OP 就可以实现协同，企业自然都争先恐后。实施 S&OP 就能协同吗？协同的底层逻辑到底是什么？

1. Oliver Wight 对 S&OP 的定义

　　"S&OP 是一个协同企业内各职能的运作，并由管理层团队持续推动的集成管理流程。S&OP/IBM 在过去 20 年已经从一个行业最佳实践发展为一个行业标准实践。这个曾经被称为生产计划的过程已经演变为全企业范围内的管理过程。许多企业选择将该流程称为集成的业务管理流程，以区别于早期主要由中层管理人员运行的需求/供应审查流程。"这是 S&OP 概念的提出者 Oliver Wight 对 S&OP 的定义，原文如下。

Sales&Operation Planning (S&OP) is an Integrated Business Management Process through which the executive team continually achieves focus and alignment between all the functions of the organization.The S&OP/"IBM"(Integrated Business Management Process) has evolved over the last 20 years from an industry best practice to an industry standard practice. The process has evolved from what was once known as production planning to a company-wide management process. Many companies has chosen to refer to the process as an Integrated Business Management Process to differentiate it from earlier demand/supply review processes run mostly by middle managers.

2. APICS 对 S&OP 的定义

APICS 对 S&OP 的定义如下：

- 一个制订一系列计划的流程，并通过集成客户导向的市场计划和供应计划为企业提供一种把握方向以及持续获取竞争优势的管理能力。该流程将所有业务计划（销售、市场、研发、制造、采购和财务）进行集成和协同。
- 流程至少一个月执行一次，并且被管理层在汇总层进行审核。流程必须在明细和汇总层面协同。所有供应、需求、新产品要与商务计划保持一致，更关注中长期计划。S&OP 将通过它的执行、绩效衡量等将战略计划与业务进行连接，并确保持续提升。

从 S&OP 体系发明者的观点出发，S&OP 不是一个计划（尽管从字面看，可以翻译成计划），而是一个流程，并且是一个企业级的流程，其目的是希望战略与业务相互衔接，同时为管理层提供一个全局视角的业务洞察。

S&OP 关注预防问题，而传统产销协同是着重解决已发生的问题。但如果企业只忙于解决问题，就没有时间预防问题了，这也是目前大多数企业的现状。所以，更进一步说，S&OP 的目的是将企业带入良性循环，从一个无序混乱的增强回路，进入有序从容的增强回路。这的确是一个立意高远的管理理念，而目前大部分企业的产销协同基本聚焦于如何解决问题。

3. 为何 S&OP 在外企有着更佳的发挥

外企喜欢使用"流程"解决问题，因为人、组织和绩效它们都难以撼动，系统也是由总部控制，所以 S&OP 在外企得到了更多的推广。外企由于管理相对规范，规章制度相对完善，特别是有着强大的供应链计划管理体系，所以特别适合"流程"发挥价值。那么流程是通过会议沟通出来的吗？外企的流程更严格意义上讲是部门与部门、职能与职能之间的做事规则，各种会议只是流程的一种表象。有些企业以为多沟通、多开会就是好的流程，或者就是一种协同，那是大大的误解。会议越多的企业可能越混乱，因为缺失规则，任何事情都要靠沟通，无序而低效。如果协同都要靠开会，那绝对是最低效低质的协同。流程之所以在外企应用得当，是因为它们具有较强的规则意识和健全的管理机制。但是这个流程引入了某些企业，往往变味。大家看到的流程就是"会议""人"，而不是"规则""事"。结果，流程越来越多，会议越来越多，并且议而不决，相互反复消耗。

8.2　什么不是 S&OP

为何要强调"什么不是 S&OP"呢？因为 S&OP 这本管理经传到中国后被念歪了。这里有文化差异问题，西方人更喜欢谈框架、体系、理念等我们认为"不落地"的东西，他们认为这些比落地的东西还要重要。所以，他们推出了一个同样不落地的 S&OP。但对于务实的国内企业，不落地是不可接受的。所以，大家各自构思自己想象中的所谓能落地的"S&OP"。

1. 误解之一：S&OP 是一种计划

S&OP 的英文全称是 Sales & Operations Planning，可能因为少了一个 Process（流程），大家以为它是一个高层级的计划，比如主计划或者关键资源计划，并且是一个实施了之后就能实现产销协同的计划。因此，大家认为 S&OP 就是用于平衡关键资源的计划。其实，把 S&OP 当成计划这样的误解已经不是企业的专属了，很多咨询公司、专家也有这样的认知。这应该是 "Sales & Operations Planning" 这种命名方式所带来的最大的误导。

除了英文名称起得不慎重，这种误解也要怪 S&OP 体系的定义者和其对外的一些宣传。S&OP 是以计划为支撑的优化流程或者决策流程，形式上的确表现为一连串的会议和会议准备。一些经典的流程图也支持了这个"计划"理念：从图 8-2、图 8-3 中可以看出，S&OP（或者 IBP）被作为"计划"列入了整体的计划流程图中。

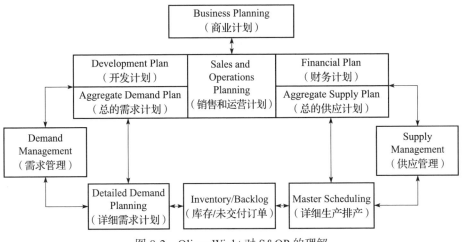

图 8-2　Oliver Wight 对 S&OP 的理解

在图 8-2、图 8-3 中，大家当然很容易认为 S&OP 就是承上启下的主计划或者类似的某种高层级计划。从图中可以看出，它不是商业计划，也不是需求计划，也不是主计划，也不是产能计划，更不是生产排产。那 S&OP 到底是一个什么计划呢？ S&OP 的此类表述方式（将 S&OP 与计划体系紧密融合在一起呈现，不做任何解释）导致大家自然认为它就是某种高大上的计划，然后各自设想到底是什么计划。如果是计划，它就必须有明确的输入和输出，并且有一个数学逻辑。但 S&OP 项目结束之后大家也没看到这个"计划"，于是大失所望，认为 S&OP 是不落地的，其实 **S&OP 本来就不是计划，不能以计划的标准来评估其落地方式。**

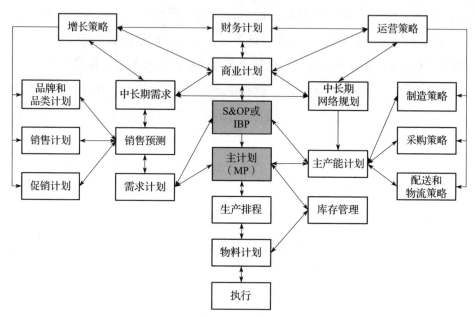

图 8-3　某知名咨询公司对 S&OP 与计划关系的图解

2. 误解之二：S&OP 是一个信息系统

因为有了前面 S&OP 是一种计划这样的错误概念，大家就马上想到了系统，既然这是计划问题，那可以上一个计划系统，并且认为上系统才算落地。甚至有的企业一开始就希望上一个 S&OP 系统来承接产销协同的重任。日常的供应链计划管理体系确实需要系统支持落地，但实际上计划系统实施失败率极高，这个后面再展开讲。S&OP 本身对系统的需求是不高的，因为它是一个辅助决策的流程，它的目的不是算出一个具体的数字结果，而是对已有的结果进行选择和评估，提出一系列行动计划以纠偏，它不承载强逻辑判断需求。所以，**Oliver Wight 体系明确指出，技术仅仅在整个 S&OP 中占比 10%，这也又一次证明 S&OP 不是数学意义上的计划。**

3. 误解之三：S&OP 是需求计划

S&OP 当然不是需求计划。需求计划是 S&OP 有效性的基石，是 S&OP 的重要输入之一，但绝不等于 S&OP。为何有这种误解？因为大部分企业在实施 S&OP 的时候，才发现它们还缺失 S&OP 流程中的一个重要环节——需求计划体系。所以，必须先大张旗鼓地补上这个管理漏洞。这就让大家误以为需求计划就是 S&OP 的全部了。

4. 误解之四：S&OP 是会议体系

S&OP 有一个经典的图，如图 8-4 所示，这个图看似很容易懂，也因此误导大家，认为开了五个会就是实施了 S&OP，因为 S&OP 的一种重要表现形式就是一系列会议。对于集团型公司而言，现有的会议体系已经让它们不堪负荷，再插入这么多会议，对它们来说更是压力巨大。会议所需的一堆 Excel 和 PPT 模板，不同的会议有不同的输入输出，一系列的决策议题，不同的主持人员、参会人员、列席人员等，把大家搞得晕头转向。最后得出一个结论——S&OP 就是一连串的会议。而缺乏计划的支持，光有会议也无法让 S&OP 产生应有的效果。无效且冗长的会议也是管理者的耐心被消耗殆尽，最终放弃 S&OP 的原因之一。

5. 误解之五：S&OP 是绩效评估体系

这也是非常普遍的误解，因为 S&OP 多了很多绩效指标，所以感觉它就是一个绩效评估体系。S&OP 的运作的确需要量化的绩效进行支撑，但不是为了衡量绩效，而是为了挖掘数字下的根本原因。所以，S&OP 通过对各种绩效做偏差管理来揭示问题，推动原因的分析和问题的改进。但是绩效评估不是它的目的，而是手段。绩效评估只是决策流程中的一个组成部分。

6. 误解之六：S&OP 是搞文化变革的

文化对 S&OP 的影响巨大，按 Oliver Wight 体系的定义，文化占了 S&OP 的 50%，并且 S&OP 非常强调行为改变，而行为也正是文化的最具象表现之一。认为 S&OP 是文化变革是有一定道理的，S&OP 是西式管理文化下的产物，比如绩效的偏差管理和原因挖掘，如果没有宽松、鼓励争鸣的氛围，这种检讨与被检讨是难以展开的。所以，倡导等级观念、管理者个性过于鲜明、缺乏建设性对话习惯的企业文化与 S&OP 有着天然的冲突。上下层级分明、领导一言堂的企业必须谨慎选择。因为文化和行为的改变不是一朝一夕的，也不是管理者要求改马上就能改的。S&OP 本身没有要改变文化的目的，只是与很多企业的文化习惯发生了冲突，产生了水土不服。

图 8-4   S&OP 流程示意图

资料来源：Oliver Wight 公司。

7. 误解之七：S&OP 是我们一直有的产销会议

这也是最大的误解之一，很多企业认为自己已经有产销协同流程了，可能只是不够完善而已。所以，当你问企业是否有 S&OP 流程时，90% 的企业都说有。其实这些企业有的只是事情发生后救火用的产销协同流程，是一种原生态、反应式的救火行为，而不是 S&OP 所倡导的事前预防的防火式行为，所以两种产销协同完全不可同日而语，尽管都叫"产销协同"。S&OP 是一个覆盖产品、销售、供应、财务、全企业核心业务和以战略目标达成为导向的中长期防火流程，谈论的是为何发生缺货，为何这么多插单，为何库存过高，为何情况越来越糟，根本原因是什么。而另一个谈论的是如何解决现在发生的缺货、插单和库存问题。**短期产销协同流程更关注解决已经发生的问题，而 S&OP 流程更关注如何解决产生问题的根本原因，从而避免未来再次发生。**

【调研分享】

2022 年 4 月通过对 200 多家泛制造企业的调研发现，大多数企业（56%）对 S&OP 的理解都是一致的，或者说参与调研的企业在认知上有高度的共识，认为 S&OP 是一个跨部门协作流程，如图 8-5 所示。但认为 S&OP 是一个计划体系或者需求预测的也高达 18%。仅 0.4% 的企业认为 S&OP 是一种 IT 系统，但现实中有不少企业是 IT 部门发起 S&OP 体系改善，并希望购买一套 S&OP 系统。

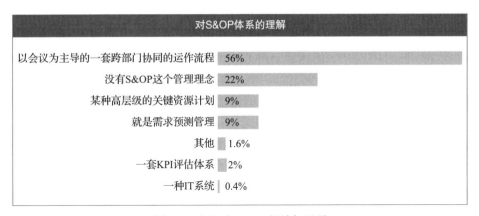

图 8-5　企业对 S&OP 的认知差异

8.3　S&OP 有哪些价值

前面对 S&OP 的具体定义做了深入阐述，并且澄清了一些普遍存在的误解。笔者认为这些误解从深层次而言与文化有一定关系，国人更加务实。比如，不能直接快速提升绩效，大家就很难理解它的价值。按华为的说法，S&OP 是让土地变得肥沃，而不是立即产出粮食。没有对企业说明这一点就贸然启动 S&OP 项目，也是很多咨询公司折戟沉沙的关键原因，期望值就没有管理好。如果不能直接提升绩效，带来真金白银的收益，那 S&OP 的价值到底有哪些呢？

1. S&OP 是一个非常重要的共识达成程序

供应链管理就是要处理全局利益与局部利益之间的关系。代表全局利益的是一个计划部门，是虚的，通常来说还是一个新兴部门，最高职位可能只是总监甚至经理。而代表局部利益的是 N 个传统强势部门，是实的，最高职位往往是副总裁，因为它们不是挣大钱的，就是花大钱的。所以突然冒出一个供应链计划部门以所谓全局最优之名干涉 N 个实权部门的决策，这是一个怎样的场景？更要命的是要解释清楚什么是全局利益最大化，全局利益包括短期的利益、长期的利益、量化的利益、隐性的利益等。所以，你首先要有能力说清楚什么是全局利益，这是对供应链计划部门的巨大挑战。而在供应链计划部门千辛万苦终于梳理清楚了全局利益与局部利益的关系之后，还需要说服各执行部门接受建议或者选择建议。这个时候就需要 S&OP 流程，通过一套官方程序让大家对一个一定不会受到所有部门待见的全局性决策达成共识。所以，供应链计划部门在整个体系中必须是赋能支持的定位，不是显性的决策者。各部门通过 S&OP 流程参与到决策的选择过程，达成共识，这个决策就变成大家的决策了。

2. S&OP 是一个保护决策选项提供者并推动落地的程序

从法律角度，程序的公正性比结果本身更加重要，并且这个程序不仅联动全局，也可以保护决策者，降低个人或部门决策的风险。所以，从这个角度而言，供应链计划部门不是决策部门，而是决策的支持部门，是提供决策选项而不是做出决策的部门。以前做决策的是某个领导，现在是一套 S&OP 程序。除了保护决策者，这个共识达成程序还可以推动决策落地执行，因为只有各部门都接受了才能更好地去执行。对于有独立的供应链计划体系的企业，这个流程也保护了弱势的供应链计划部门。如果没有 S&OP 这个官方程序，决策会议就往往会变成战场，强势的销售方甚至还会拒绝参加。

3. S&OP 还是对决策本身的一个重要补充

尽管我们强调 S&OP 更多是一个达成共识的程序，但是从科学决策理论而言，S&OP 也是将管理层的经验、智慧和价值观融入决策的一种方式，是对计划理性决策结果的一个重要补充。领导不仅选择决策，同时也参与和优化决策。这一观点也符合行为经济学的基本理论。该理论认为，决策有两种：理性和感性。S&OP 的会议体系是感性决策的绝佳载体，关于这个决策理论我们将在本章后半部分深入探讨。

4. S&OP 推动局部利益让位全局利益

笔者认为 S&OP 的另一个价值是改变各部门的行为和策略，也就是通过相互妥协来达成企业的最优解——财务和战略目标的同步实现。比如，产品部门必须控制复杂度，销售部门必须接受缺货，生产部门和采购部门不得过度降低成本等。但是，是否能达成妥协的决定因素不是 S&OP 流程本身，而是是否能告诉各职能部门为何这样的改变对于企业的全局利益来说是更好的选择，能承担这个职责的是中长期资源计划，也就是常说的主计划，而 S&OP 是达成妥协的一个有效平台。所以，S&OP 不仅能够推动各部门将决策落地，还能推动它们去改变行为和策略。

5. S&OP 推动各部门看得更远，而非专注眼前

S&OP 还有一个非常重要的价值是推动大家向前看，也就是"防火"。但是要发挥这个价值必须有专业的 S&OP 经理对整个会议议程进行管理，因为人们很容易聚焦在紧急、容易的事情上。所以，中长期计划和短期计划分离是非常重要的。一些企业会有 S&OP 经理或总监来监督整个会议的聚焦方向，对偏题的行为及时提醒修正。但是，在实际操作层面，这个监督者很难管控总监甚至副总裁、总裁的热烈讨论，如果没有良好的规则设计，这是一个难以完成的使命。

6. S&OP 为管理者提供了一个洞察企业整体业务表现的平台

S&OP 也是管理者洞察企业整体业务表现的平台，管理者可以在规范的流程和议题框架下获得对企业业务的全面评估和信息解读。这个流程中有很

多 KPI 报表，最关键的是这些 KPI 将通过设置绿色、黄色和红色三种状态来对业务绩效进行预警，这也是为何大家会认为 S&OP 就是一套 KPI 评估体系，这是其价值之一。所以，以数据可视化为主的产销计划执行监控平台对 S&OP 有着重要的支撑价值。

7. S&OP 为企业战略的实施提供了一个监控纠偏的平台

S&OP 绝不是日常的运营平台，一件事情如果非做不可，那一定不是 S&OP。S&OP 是站在更高的视角去监督日常运营，好比裁判，而不是运动员，它的一个重要作用就是推动战略落地或纠偏。如果管理者只把 S&OP 作为一个流程来看，而不去矫正战略方向的话，也会失去管理平衡，整个 S&OP 流程的价值也会大打折扣。

8. S&OP 为一言堂的企业提供了向科学决策转型的机会

S&OP 为何在一些企业特别难以推动，主要是因为它们有较强的等级观念，一言堂或者个人英雄主义比较盛行，导致与鼓励建设性沟通和自由争鸣的 S&OP 文化发生冲突。如果企业认为科学决策是未来发展方向，那么推行 S&OP 也是一种助力。

9. S&OP 为家族企业提供了一个向职业经理人制度转型的机会

S&OP 还有一个重要的价值是帮助企业建立一套职业化的决策机制，也就是当神一样的第一代创始人退去之后，要降低企业决策风险就必须有一套机制，这里的机制是指产销管理决策机制。S&OP 就承担着这样的使命。当然，S&OP 只是这套决策机制的华美外衣，或者说重要的组成部分，而真正的决策内核还是供应链计划体系。

10. S&OP 最直接的价值是建立产销之间的平等和信任关系

最后的也是最重要的，S&OP 将直接推动产销之间建立平等对话的关系。一家企业要产销协同的基本前提是产销之间要平等和相互尊重，而这恰恰是最难的一点。很多企业的销售管理层拒绝参加 S&OP 会议，认为供应只要满足销售需求即可。你都没有可以平等对话的权利，谈何协同？所以，通过这样一个高阶流程，起码把双方拉到一起，形式上先建立建设性对话的氛围，然后逐步建立信任关系。

尽管我们费尽心机地列示了 S&OP 这么多的好处，但是，一旦把 S&OP 当项目去做，上述价值在大部分管理者眼中都是"无用"的。他们认为这些不是有效产出，不能量化，不能直接提升销售收入、利润率、订单交付率、库存周转率，不能降低各种运营成本等，更不能在这些方面快速见效。所以，S&OP 既是最没价值的，也是最有价值的，就在于你怎么看。

8.4 如何设计 S&OP

我们已经对 S&OP 的概念、价值等做了深度的阐述，特别强调了其与供应链计划管理的区别和关系。**供应链计划是产销协同的物质基础，S&OP 是产销协同的上层建筑**。我们在前面阐述了 S&OP 的十大价值，可以想象这是一座多么辉煌的上层建筑。但是有趣的是，一些企业的确认同这是座豪华宫殿，愿意耗资数千万元邀请国际知名咨询公司甚至体系的创造者来亲自打造，尽管工期长，投入大。而另一些企业却认为看过几个样板房之后自己也能搞定。为何会有这样的认知差异呢？因为大部分人看到的都是 S&OP 的形，而形是容易模仿的。下面我们来看看 S&OP 这座辉煌的宫殿是如何搭建的，以及运行这座宫殿会遇到哪些挑战。由于笔者并非 S&OP 体系的创立者，而这个体系又争议颇多，所以为了尊重原设计者的理念和体系框架，本书选择了一家秉承 S&OP 体系创立者理念和思想的优秀外企的真实 S&OP 实践案例来作为研讨的对象，避免拷贝走样，把路带歪。

8.4.1 S&OP 组织的设计

S&OP 不仅本身是一个流程，其组织也是一种流程型组织，或者说是虚拟组织，只有一小部分企业设置了专职的 S&OP 负责人，大部分企业没有设置专职的 S&OP 负责人。笔者认为，对于多工厂、多区域、产销关系比较复杂的企业，一般需要专职人员去管理和优化整个流程，所以有 S&OP

经理、S&OP 总监这样的职务，并给予不同的职务也就是给予这个流程不同的话语权和影响力。如果是兼职管理，一般归属供应链总监比较多。这个虚拟的 S&OP 组织按业界实践共有五种角色，如表 8-1 所示。

- 业务负责人（Business Leader，BL），这个角色是业务上的管理者，一般都是高层担任，负责整体。
- 会议负责人（Meeting Owner，MO），这个角色是按会议类型来确定的，比如需求计划经理可能就是需求计划会议的负责人。
- 必须参会人员（Mandatory Attendee，MA），这个角色是指必须参会者，比如销售总监对于需求计划会议就必须参加。
- 会议列席人员（Optional Attendee，OA），这个角色是指列席参会者，比如产品总监对于需求计划会议就是非必须参加者，但可列席旁听。
- 会议推动者（Meeting Facilitator，MF），这个角色最重要，也最难，是会议的推动者和秩序的维持者。

表 8-1　S&OP 流程中的组织架构示例

部门	职能	产品会议	需求计划会议	供应计划会议	财务评估会议	决策会议
总部	业务负责人					BL & MO
	财务负责人	MA	MA		MO	MA
	客服部门负责人	OA	MA		MA	MA
	市场部门负责人	MO	MA		MA	MA
	A 产品经理	MA				
	B 产品经理	MA				
	C 产品经理	MA				
	S&OP 负责人	MF	MF	MF	MF	MF
	需求计划负责人	MA	MO	MA	MA	MA
	供应计划负责人	MA	MA	MO	MA	MA
	研发负责人	OA				
大区	区域负责人	MA	MA		MA	MA
	A 产品销售经理		OA			
	B 产品销售经理		OA			
工厂	工厂负责人			MA		
	生产经理			MA		
	供应计划负责人			MA		
	采购负责人			MA		

【思考】

如何在你的企业定义 S&OP 中的各个角色？

S&OP 的仪式感特别强，所有人员必须高配，因为这是一个决策型会议。你需要从目前的团队中寻找合适人选，规定哪些人必须参加，哪些人可选参加，最难找的是最后一个角色——会议推动者。正如我们前面所说的，这个人必须能控制会议过程。在很多企业中，高层管理团队很难接受一堆条条框框，喜欢想到哪儿就说到哪儿，所以需要有人来控制，帮领导踩刹车。这个角色需要做到成功让领导扫兴而又能自保。

8.4.2　S&OP 会议体系的设计

组织搭建完成后就需要搭建最核心的会议流程，先基于最佳实践来看看标准的 S&OP 有多少个会议，每个会议的目的是什么（见图 8-6），然后大家再想想如何设计适合自己的会议架构。

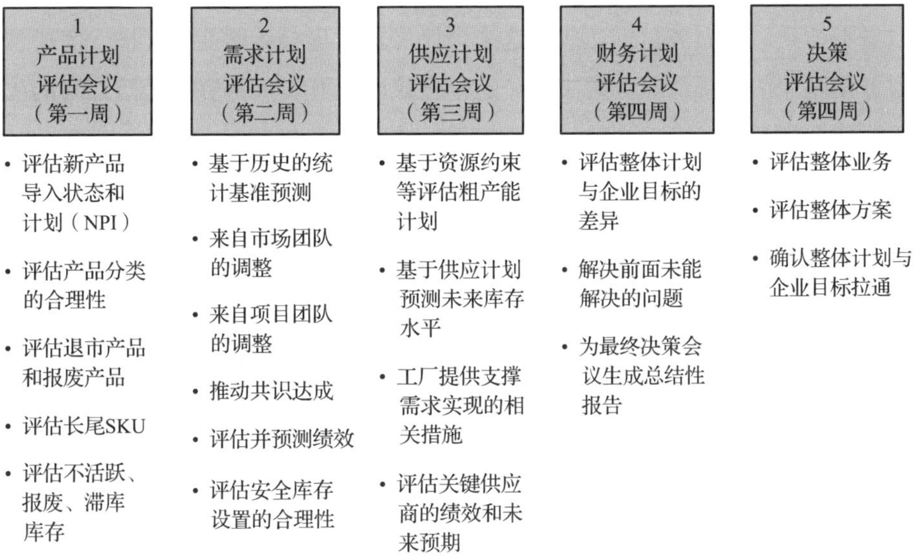

1 产品计划 评估会议 （第一周）	2 需求计划 评估会议 （第二周）	3 供应计划 评估会议 （第三周）	4 财务计划 评估会议 （第四周）	5 决策 评估会议 （第四周）
• 评估新产品导入状态和计划（NPI） • 评估产品分类的合理性 • 评估退市产品和报废产品 • 评估长尾SKU • 评估不活跃、报废、滞库库存	• 基于历史的统计基准预测 • 来自市场团队的调整 • 来自项目团队的调整 • 推动共识达成 • 评估并预测绩效 • 评估安全库存设置的合理性	• 基于资源约束等评估粗产能计划 • 基于供应计划预测未来库存水平 • 工厂提供支撑需求实现的相关措施 • 评估关键供应商的绩效和未来预期	• 评估整体计划与企业目标的差异 • 解决前面未能解决的问题 • 为最终决策会议生成总结性报告	• 评估整体业务 • 评估整体方案 • 确认整体计划与企业目标拉通

图 8-6　S&OP 流程中的会议架构示例

（1）产品计划评估会议：产品计划评估会议是 S&OP 最有特色的地方，

大家习惯认为平衡就是产销平衡，其实是研产销三方平衡，并且在很多企业产品复杂度对企业运营效率的影响已经超过了预测偏差的影响。产品计划评估会议的目的是管控产品的复杂度，包括产品组合优化、新产品上市和老产品退市评估与跟进、产品品类维度的库存评估以及市场趋势和政策变化评估等。

（2）需求计划评估会议：这个会议主要是对需求计划做评估，很多企业省略这个会议，因为没有专业的需求计划职能，不知道如何开这个会，因为预测总是不准。但这个会议是最不可或缺的，需要对各类产品、渠道预测编制的假设前提、机会、风险做深入的评估，包括对编制方法的不断检讨、优化。这个会议还需要对促销预测和新产品预测进行评估。

（3）供应计划评估会议：这个会议是大家最熟悉的，我们一直在试图用一个强大的供应体系去满足一堆不靠谱的预测。不管是否有 S&OP，这个供应计划评估会议是大家最有经验的，但是有一点不同的是，S&OP 中的供应计划评估会议要求重点评估中长期的供应风险，不是仅仅确认下一个月的供应计划。

（4）财务计划评估会议：这个会议能开的企业比较少，主要是要从追求数量平衡到追求财务目标达成。这个会议需要管理会计职能的支撑，需要从财务角度评估和挑战业务的决策。这个会议即使开，大部分也是与最终的决策评估会议合并。

（5）决策评估会议：这个会议需要最高管理者参与，主要是对整体业务状况的汇报以及对未决事项的决策，有些管理者不愿意承担这个决策职责，主要是因为缺失足够的信息和算法支持。所以，基于数字和算法驱动的 What If 场景模拟对于决策会议非常重要。这是我们反复强调的 S&OP 管理的最高境界。

【思考】

你的企业准备开几个会议？

很多企业看了 S&OP 会议体系的"样板房"之后就想自己是否不需要开这么多会议。我们都知道开会是一种信息分享、达成共识和形成决策的形式而已。所以，首先要厘清这些 S&OP 会议的目的是什么，然后与自身企业需求做比对，因为每家企业的组织架构、职能分工是不一样的，并且已经形成了一套自己的决策模式。从实际应用而言，较少企业开五个会议，一般会进行合并，比如产品 + 需求计划评估会议、供应计划评估会议、财务计划 + 决策评估会议。有些企业产品更新周期较长，一季度或者半年一次的产品计划评估会议也是可以的。财务部分也是看企业具体情况，仅仅拥有财务核算职能的企业是没有能力开这个会议的，只有管理会计相对成熟的企业可以增加这个部分。但也有一些企业只有一个产销会议，这也是不行的，起码需求计划评估与供应计划评估会议必须分离，要想方设法提升需求预测质量。向前管理、向上管理永远事半功倍。

8.4.3 S&OP 会议内容的设计

一旦会议框架设计完成，就需要设计会议的具体内容，不仅包括会议中的内容，还包括会前的准备。我们同样以该案例为标准分享相关内容供大家参考。所有的会议都包括三部分：输入信息、输出信息、会议议题。由于S&OP 会议是着眼中长期，所以其议题都是固定的，当然，遇到特殊情况，可能有一定调整。

1. 产品计划评估会议

这个会议是非常重要的，也是 Oliver Wight 体系的首创，它将产品对整个业务的影响进行了定位。产品复杂度管理、产品组合管理以及新老产品的上市下市管理，是企业发展到一定阶段后必须进行管控的环节。我们前面强调过，复杂度对企业运营效率的影响超过了预测偏差的影响，并且更加隐蔽。产品计划评估会议核心内容参考表 8-2。

表 8-2 产品计划评估会议核心内容

目标：	输入：
● 理解产品组合与变化	● 每个事业群的产品发展通道与标准
● 优化已售 SKU 数量	● SKU 复杂度和 SKU 组合评估信息
● 通过产品组合管理达成 AOP（年度目标）	● 市场指标评估，比如趋势、份额、政策变化等

（续）

目标： ● 提升库存周转率和客户满意度	输入： ● ABC 品类区分的计划策略 ● 不活跃、报废和慢动库存评估信息
议程： ● 回顾上次会议以来的显著变化 ● 回顾新品介绍、预测和 NPI（新产品导入）阶段，以及对现有产品需求的影响 ● 回顾逐步开始至结束的项目 ● 回顾产品分类 ● 回顾 SKU 对于目标的贡献 ● 回顾不活跃、报废和慢动库存每月处理结果 ● 回顾每个事业部的目标进展 ● 对下一步行动达成共识	输出： ● SKU 优化方案建议 ● 将在一年内推出的新产品的每月上市预测和跟进信息 ● SKU 层级的客户服务战略 ● ERP 系统需更新的信息 ● 库存与订单交付率评估信息 ● 不活跃、报废和慢动库存的处理方案

2. 需求计划评估会议

大部分企业不仅没有独立的产品评估环节，也不愿意单独评估需求计划，认为预测反正都是不准的，难以评判，而这恰恰是 S&OP 最基础的部分，没有高质量的中长期需求计划的支撑，S&OP 就是无本之木，但是 S&OP 流程也会倒逼需求计划进行改善。需求计划评估会议核心内容参考表 8-3。

表 8-3　需求计划评估会议核心内容

目标： ● 产生无约束的一致性预测，并检查库存策略	输入： ● 基于统计技术的基准预测 ● 投入的市场与销售资源 ● 批准的产品组合方案 ● 项目型需求 ● 仓储、运输利用率评估信息
议程： ● 回顾以前会议的行动日志 ● 复核绩效和假设 ● 评估产品组合的合理性 ● 讨论预测的调整建议 ● 复核及认同一致性预测 ● 对下一步行动达成共识	输出： ● 一致性预测 ● 被认可的销售与市场计划 ● 对假设条件的记录和说明 ● 对风险与机会的解读信息 ● 明确责任者的问题 / 下一步骤

3. 供应计划评估会议

这个会议是大家最熟悉的，也是最擅长的，"天下武功，唯快不破"是很多企业的最高追求，但是代价越来越大。随着企业的利润压力增加，应急式反应、投机式决策已经不再适合当前的市场环境以及竞争形势了。供应计划评估会议核心内容参考表 8-4。

表 8-4 供应计划评估会议核心内容

目标： ● 通过供应端的优化运行，解决需求计划出现的问题	输入： ● 需求计划 ● 历史的供应能力 ● 供应商的供应能力约束 ● 粗产能规划
议程： ● 回顾以前会议的行动日志 ● 复核供应指标的性能 ● 回顾粗能力计划 ● 复核库存计划、安全库存水平和过期的订单积压 ● 复核关键供应商计划和对需求的响应 ● 同意采取计划以解决因能力、库存和供应商所产生的问题	输出： ● 拟议供应计划（以及备选供应计划） ● 在管理层决策会议前解决供应 / 需求问题 ● 解决与供应商相关的问题

4. 财务计划评估会议（Pre-S&OP）

这个会议是大部分企业没有的，这也是一个更高的目标，从追求数量上的平衡到追求财务和战略目标的达成。这个会议就是评估企业是否盈利，是否挣了该挣的钱，是否花了该花的钱，以及是否符合企业的财务原则。同时也就前面会议没有解决的问题做出决策。财务计划评估会议核心内容参考表 8-5。

表 8-5 财务计划评估会议核心内容

目标： ● 解决从需求和供应回顾引出的问题，以及确保最终计划与企业业务和财务目标一致	输入： ● 需求和供应计划评估会议的关键产出，需求和供应评估中未解决的问题，以及分析与备选方案（What If）
议程： ● 回顾以前会议的行动日志 ● 评估关键绩效指标（KPI） ● 分享最新财务观点 ● 复核在需求 / 供应计划评估会议上提出的尚未解决的问题 ● 复核当前和预计的库存情况 ● 解决在此周期和议中出现的问题 ● 就管理层决策会议上需要决策的问题达成共识	输出： ● 足以解决问题的行动，区分需要在管理层决策会议上提出的问题

5. 决策评估会议

这是最终的决策会议，如果前面的决策都很清晰，那这个会议就很短。这个会议主要聚焦前面会议没有解决的问题，以及从企业整体和战略高度去检查目前是否一切运行正常，也是管理者洞察整体业务状况的一个绝佳平台。决策评估会议核心内容参考表 8-6。

表 8-6　决策评估会议核心内容

目标： ● 回顾商业表现，解决突出问题，确保所有职能目标一致	输入： ● 财务计划评估会议的输出信息
议程： ● 回顾执行情况 ● 回顾收入 / 利润 ● 回顾客户满意度 ● 回顾需求、供应与库存执行情况 ● 回顾新产品执行情况 ● 评估品类级别的可选解决方案 ● 做出决策 ● 分析主要变化趋势，包括内外部	输出： ● 达成共识的计划，以及其他需要决策的备选方案（What If）

【思考】

你的 S&OP 准备覆盖哪些内容？

笔者经常被问到某个业务决策是否需要放到 S&OP 会议上去讨论。比如，是否加班也要在 S&OP 会议上讨论？ S&OP 到底管得有多宽？我们前面说 S&OP 是立体管控，横向要评估研产销平衡，纵向要监控财务目标和战略落地。但是具体到一些细节活动，这个范围的确不好定，建议抓住主要矛盾。

8.4.4　S&OP 中的 KPI 与 What If 场景模拟

前面我们阐述了每个会议的目标、输入、输出以及议程，再往下走一步挑战就来了。该用什么内容支撑这些议题呢？只有 KPI 是不够的，面对一堆 KPI，决策者是无法做出理性判断的，最核心的决策支撑是 What If 场景模拟。高质量的决策必须是多方案下的选择，让领导的智慧和经验在选择中得到体现。而事实是，大部分企业没有能力做出多个决策方案，领导基本没有选择权，只能说可以或不可以。所以，S&OP 在大部分企业就变成了信息分享、汇报和训话会议。

1. 支撑 S&OP 会议的主力军：KPI 及其评估基准

由于缺失 What If 场景模拟支持下的多决策选项，KPI 成为会议内容的主力军。出现了各种视角和各层级的 KPI 分享和解读，以至于很多企业的高层看到聚焦各种 KPI 的产销计划监控平台就认为是 S&OP。KPI 计算体系也是容易自我搭建的，而比较有挑战性的是 KPI 的评估基准。想要从大量的数据中找出问题所在，就需要定义怎样算好的 KPI，怎样算差的 KPI，以及应该在哪个层级上进行评估，是否进行差异化设计等，这都是我们在设计 KPI 评估基准时需要考虑的。案例企业将不同 KPI 设置了红色预警、黄色预警，但这个评估基准就没法参考了，只能结合企业自身的实际情况去设置。

2. S&OP 的天花板：What If 场景模拟

"装修"到 KPI 这个阶段，已经是一件压力巨大的事情了，但是还没有完。除了给领导列示一堆描述历史绩效的 KPI，S&OP 还需要提供面向未来的高质量的决策方案选项。S&OP 非常强调 What If 场景模拟，但由于大部分企业连集成供应链计划体系都不健全，更不要提算法化的决策模型支持了。部分企业可以提供基于经验下的 What If 场景模拟，也就是基于经验和知识体系的一种 What If 场景决策，但由于严谨度不够，非常容易受到挑战。S&OP 在不同企业中往往呈现两个极端：一种是一片和谐，大家都是走过场；另一种是刀光剑影，反复打压，高层经常挑战计划团队，导致最终议而不决。最后由于时间所限，决策权又交回到一线员工手里。所以，高效而具有强说服力的 What If 场景模拟成了 S&OP 的天花板。

8.5　理念先进的 S&OP 为何在中国成了鸡肋

前面借助案例和大家分享了相对理想化的 S&OP 管理体系的构建过

程，但是现实却是一地鸡毛。笔者曾经在 2021 年发表过一篇文章《尴尬的 S&OP》，引发了业界对 S&OP 的重新审视，在此摘取其中的部分内容来再次反思：为何 S&OP 雷声大，雨点小，并且在大部分企业已经变成了鸡肋？

每家企业不管自己实际上选择了何种产销管理模式，内心都是希望产销协同。听说 S&OP 专治各种不协同，都迫不及待要实施 S&OP，并且八仙过海，各显神通。有的邀请国际知名咨询公司，耗资数千万元；有的招募空降兵，期待独木成林；有的找来各种模板，自我拷贝；有的甚至把自己的一套流程或会议体系直接改名为 S&OP，以表示已经跟上了时代的节奏。可见 S&OP 从理念推广而言是极其成功的。但作为一个多年的 S&OP 体系推崇者和践行者，笔者发现能够真正实施见效的企业少之又少，有些甚至不仅没有见效，反而消耗了大量的管理资源。是顾问公司学艺不精耽误了客户，还是企业水土不服东施效颦？应该都有，但笔者认为都不是主要原因。因为你不能认为实施了这样一套以沟通为导向的流程，开了 N 个会议，分享了很多信息，就真的可以实现横向部门协同，纵向战略落地，风险提前预警，基业必然长青的理想吧？如果你相信，那是你的错！S&OP 的管理理念本身绝对是正确且毋庸置疑的，问题是没有说清楚重要的实施前提，从而误导了很多的企业。让我们结合前面章节中的逻辑概念回顾一下 S&OP 实施过程中的一些盲点。

1. 理念误导：建立了 S&OP 流程就一定能实现产销协同

由于 S&OP（Sales & Operations Planning）经常被翻译成产销协同流程或者产销协同计划，所以大家认为实施了 S&OP 体系就能实现产销协同。很多空降兵去了企业第一个要推动的就是 S&OP，结果几乎是全军覆没，因为管理层期望过高，结果发现事情多出一堆，效果却没看到。大量咨询公司也积极推动 S&OP 项目，但结局也差不太多。还有一些公司自己实施 S&OP，认为多开几个会议，找些其他公司的资料，参加一些培训，就能照葫芦画瓢建立起 S&OP 体系，最后也撑不下去。那 S&OP 在外企就很成功吗？似乎能真正发挥其价值的外企也不多，更多的只是获得了一种自己公司的 S&OP 已经跑了起来的精神安慰。更大的问题是，我们都把失败原因归结为实施失败，或者是企业自身的问题。笔者认为，"S&OP= 产销协同"这个错误认知，既害了企业，也害了 S&OP 自己，让 S&OP 背负上了不该背负的重大责任。

2. 本末倒置：产销协同的主责是供应链计划体系，不是 S&OP 流程

很多公司和咨询顾问都把 S&OP 当作一个计划，因为其英文就是 Sales & Operations Planning，其实它们后面缺一个关键词"Process"。S&OP 不是 Planning（计划）本身，而是企业级的业务优化的 Process（流程）。这种误解尚且算有一定水平的误解，因为它们起码知道产销协同是通过计划算出来的，不是靠流程协同出来的。尽管大部分企业的管理水平仍未达到成熟，但它们所面对的业务环境却已非常复杂：多工厂，多分仓，多路径，工艺复杂，产品又多，需求变动又大，产品保质期还短，技术升级又快。面对这样一个复杂业务，仅仅借助一套管理流程无法实现高质量的产销协同。大家是否发现，以供应链管理为主题的峰会，基本上分享的都是 S&OP 流程，因为这个流程很容易表达，很完整、很规范、很热闹，理念上也可以包装得很高大上，非常讨巧，但很少有人分享计划体系。我们只能看到千篇一律的会议流程体系，因为选择决策的过程（S&OP 流程）有很强的共性，但是制定决策的过程（计划体系）每个行业差异巨大，并且逻辑非常复杂。所以，很少有人会分享这部分内容，大家都在高大上的理论体系中越走越高，却忽视了最关键的底层支撑逻辑。皮之不存，毛将焉附？

3. 基础缺失：不缺执行计划，缺的是最核心的中长期资源计划

如果大家认可前面的论述，那可能会有新的疑问，难道 S&OP 不成功是因为没有供应链计划体系支撑吗？是的！大部分企业不愿意承认自己没有供应链计划体系。事实上大部分企业有的只是短期执行计划，甚至短期计划体系也是不完善的。我们前面已经说过，决定产销是否协同的不是短期计划，而是中长期资源计划体系。当然，每家企业都有资源计划，差别在于是

否体系化、科学化，大部分企业的中长期资源计划是管理层依据经验和拍脑袋决策的。所以，大部分企业缺失支撑 S&OP 流程的核心基础设施——中长期资源计划决策体系。这个体系不仅包括计划模型，还包括各种产销策略和规则的设计（参见第 7 章），因为 S&OP **本身不生产"决策"，它只是"决策"的包装者和搬运工。**

4. 假设错误：流程式 S&OP 是基于理性人假设的管理理论

传统经济学的一个重要假设就是人是理性的，但是这个假设被行为经济学打破了。行为经济学是目前最热门的经济学分支之一，连续出了几位诺贝尔经济学奖得主。《思考，快与慢》是行为经济学理论的经典著作，作者丹尼尔·卡尼曼以其作为心理学家的敏锐性发现，人在大部分情况下其实是非理性的，行为经济学就是基于这一假设创立的，这使得长期以来不容置疑的传统经济学的理性人假设失效。而流程式 S&OP 体系与传统经济学理念有着异曲同工之处。人的决策是充满偏见和谬误甚至自欺欺人的，这是人的思维模式的局限，我们习惯使用直觉思维，特别是经验丰富的人，甚至人的心情、当时所处的环境也会影响大家的决策。流程式 S&OP 体系也有很多理性人假设。表 8-7 列出了 S&OP 体系运行的最重要的假设前提，这些假设均是基于理性人假设而来的。

表 8-7　S&OP 流程中的理性人假设

S&OP 体系成功运行的重要前提	理性人假设解读
玩明手牌：信任和信息透明 （To play with an open hand: Trust and transparency）	产销之间天然是一种博弈关系，信任和透明不能是决策方案的前提而不是结果
只有一种纸牌游戏：在一个地方做决策 （There is only one card game: One place where decisions are made）	内外部环境在不断变化，不可能事事在一个地方做决策，S&OP 到底覆盖哪些业务决策也是大家的疑惑
分到一手烂牌：说出残酷的事实，然后想办法缩小差距 （Dealt a rubbish hand: Tell the brutal truth then manage the gap）	因为领导都想听好消息，并认为讲出真相的人缺乏信心，所以没有人敢提前讲出真相，万一最后实现了呢
按计划出牌：有责任做到自己所承诺过的 （Play the hand we planned: Accountability to do what I say I will do）	没有人认为自己无法兑现承诺，所有的无法兑现都是有一万个道理的，或者这个承诺本身就是不合理的。这个原则等于没说

（续）

S&OP 体系成功运行的重要前提	理性人假设解读
没有王牌：不需要过分猜测和过度裁决 （No Jokers and no trump cards: No second guessing and no over ruling）	严重的层级观念是难以被彻底消除的，这是一种文化。同时，作为人是无法做到完全公平和理性的

试图通过一个 S&OP 项目去改变人性或者说改变文化，那是不现实的。所以，S&OP 体系的倡导者也明确表示，S&OP 实施中 50% 是变革管理（文化），40% 是流程设计，10% 是技术支撑。所以，一个带有强烈变革属性的项目出现较高的失败率是正常的，因为这是在与人性做斗争。

5. 最大挑战：管理层以为是给团队定规矩，没想到首先约束了自己

所谓成也萧何，败也萧何。很多项目都强调是一把手工程，如果仅仅是希望一把手亲自推动倒也算了，而 S&OP 一把手工程的意思是要改变一把手自己，这是所有管理者没有想到的。看似 S&OP 在帮助管理者规范决策机制，其实首先是规范管理者自身的决策行为和习惯（见表 8-8）。

表 8-8　S&OP 流程中对一把手的挑战

约束条件	S&OP 体系要求	一把手的行为模式
会议时间的约束	有固定的开会时间和参会人员（部门决策者）要求	要求下属随叫随到，彻底打乱了 S&OP 会议时间的安排
会议议题的约束	有明确议题，要求大家会前准备，有严格会议时长	习惯想到哪里说到哪里，无时间观念
问题态度的约束	鼓励暴露问题，挖掘根本原因，鼓励争鸣、建设性对话，对事不对人	见问题就打，批评训斥为主，导致隐藏问题，相互掩护，背离 S&OP 最核心的管理精神
决策模式的约束	鼓励根据数据和事实进行决策，并推行集体决策	第一个发言，一言堂，以个人主观经验决策为主
规则意识的约束	强调尊重已经制定的规则	通过特殊审批打破规则，而不是通过程序改变规则
制衡精神的约束	强调良性制衡，控制风险	拉偏架，为销售强势方站台

所以，要实施 S&OP 管理变革，首先不是改变"事"，而是改变"人"，而且还不是一般的"人"，是高层管理团队。这也是 S&OP 项目要求一把手

直接推动的原因，但它没有告诉一把手，不仅要推动改变别人，还要改变一把手自己，这是 S&OP 项目的最大风险，没有之一。这也是 S&OP 为何反复强调"行为改变"（Behavior Change），基层员工行为只要有绩效引导就会很快改变，难以改变的是有着丰富成功经验的中高层管理者，特别是一把手，所以这套体系是抄不来的。

总而言之，S&OP 也好，供应链计划也好，都是讲规则为主的，而最喜欢打破规则的恰恰是企业的高管团队。但是大部分企业明知山有虎，偏向虎山行，它们试图通过一两个空降兵，带着难以直接快速见效的先进理念，去挑战管理团队多年沉积的行为习惯和决策模式。所以，一家企业在供应链管理变革的道路上往往需要牺牲几任供应链总监，经历数次失败，方能获得成功，也就是一般要"吃到第三个大饼才能饱"。

【调研分享】

2022 年 4 月通过对 200 多家泛制造企业的调研发现，只有 30% 的企业把 S&OP 作为防火流程，而高达 70% 的企业不是没有 S&OP，就是流于形式，或处于救火模式（见图 8-7）。但是在 30% 用于防火的企业中，只有 70% 建立了独立的主计划体系。整体只有 21% 的企业真的具备防火能力，还有 9% 的企业是有心无力。

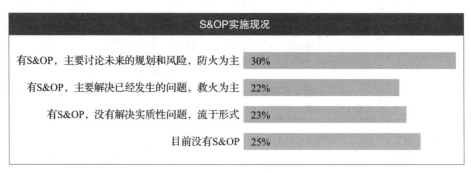

图 8-7　S&OP 在企业中的实施现况

如图 8-8 所示，调研企业对于实施 S&OP 的关键前提的理解高度一致，约 80% 的企业聚焦到专业需求计划、中长期计划以及产销信任关系上。调研企业普遍认为，计划、流程、逻辑设计等因素是 S&OP 实施的关键前提。

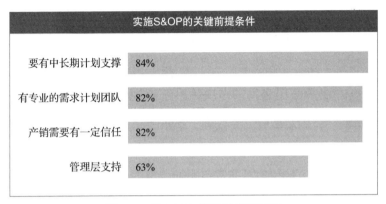

图 8-8　对 S&OP 实施前提的理解

如图 8-9 所示，57% 的企业认为未达预期的主要原因是决策会议缺乏决策选项支持。35% 的企业认为是缺乏系统支持，其次占比较高的选项是管理层首先破坏规则以及与企业文化有冲突。

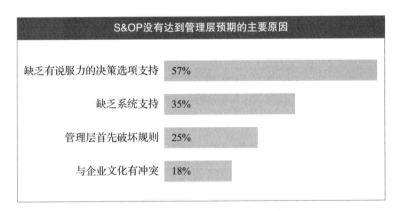

图 8-9　S&OP 失败的原因

8.6　为何仅靠 S&OP 流程无法输出高质量决策

尽管本书并不是谈哲学和科学的，但本书的管理理论却是建立在哲学和科学基础之上的。S&OP 是企业的决策（选择）程序，它和其他决策理论是完全同宗同源的。所以，我们需要理解一个科学的决策到底是如何做出来的。了解了人类决策的行为机制，就知道仅依赖 S&OP 流程无法做出高质量决策的根本原因所在。根本原因（Root Cause）也是 S&OP 流程中使用频率最高的一个词，我们现在来探究 S&OP 本身的决策逻辑。因为，无论是产销决策还是其他科学决策，它们的底层逻辑是一样的。

1. 人类的决策偏见必须通过决策系统来规避

某公司的一位副总裁曾反复提到，某年旺季在 A 产品需求预测已经确定后，他通过行政指令又强行增加了 20% 的量，结果那年旺季该产品果然大卖，他的决策事后也被认为是非常英明的。也因此，该公司需求计划部门的威信急剧下降。但是在私下里，需求计划部门告诉笔者，该副总裁决策失误的次数其实要比成功的次数多得多，甚至那次大卖之后也产生了大量的退货，产品并没有真的全部卖出去。但是大家只选择性地记住了领导的英明决策。

不论是个人依据经验进行决策，还是通过严密的决策体系进行决策，其结果都不能保证每次都正确，但在经过 100 次、1000 次的考验后，系统决策结果一定会取得压倒性的优势，**这里的系统不是信息系统，而是一种机制**。所以，业余的炒股者从概率和长期视角而言基本是完败专业人士的。在上面的案例中，因为一次运气让这位副总裁成功地用个人经验去挑战了系统决策的结果，这是完全有可能出现的情况。但因为系统决策的一次失败就去否定系统决策则是最大的偏见，这被称为"心理偏见"，这种偏见与概率决策认知缺失等心理特质密切相关。

还有一类决策偏见被称为"情绪偏见"。比如，为何上述那位副总裁会选择性遗忘他其他的错误决策呢？因为人往往无意识地将错误的决策归为是环境因素造成的，而将正确决策归为自身的主观能力。比如，现在很多企业家都在为经济环境而焦虑，他们认为目前的失败主要是环境造成的，而经济环境好的时候，他们则认为企业的发展都是自己的功劳。特别是那些成功的企业家，其思维惯性还会加重此类偏见对企业决策的影响。正是因为这些都是人类难以避免的决策偏见，所以专家告诉你，产销协同也需要一个决策系统，S&OP 决策流程就是这个决策系统的一部分。

2. 一个完美的决策系统由两大决策模式构成

前面我们说因为人有不可避免的决策偏见，所以需要机制辅助决策，但仅仅依靠 S&OP 流程来决策是远远不够的。为什么？行为经济学回答了这个问题。《思考，快与慢》这本书开创性的贡献就是把人类的思考模式拆分成快思考和慢思考两个系统。

系统 1 是依赖直觉的、无意识的快思考系统，系统 2 是需要主动控制的、有意识进行的慢思考系统。在人类的决策行为模式中，两个系统都会发挥作用。但是，由于系统 2 的懒惰，很多时候系统 1 会占据主导地位，而系统 1 的直觉式思考模式又存在种种缺陷，容易导致人类决策中的偏见和失误。我们应该有意识地去弥补这种缺陷，也就是用系统 2 去弥补系统 1，用慢思考去弥补快思考，这样才能更好地提高决策质量。

依靠直觉决策的系统 1 往往被用于具象化决策，结果是看得见摸得着的，比如，对于物流、采购、生产等执行部门，直觉决策占据主导；对于计划部门，决策涉及概率、计算、博弈，非常抽象，它们往往更需要启动系统 2，进行理性、深度、复杂的慢思考。再进一步映射到企业的产销协同决策中，又是谁在承担系统 1 的职责，谁在承担系统 2 的职责呢？一个 S&OP 会议短则 30 分钟，长不过 2 小时，在这段不长的时间内往往还包括大量的分享时间，那么在这个过程中，参会者能有足够的时间去启动慢思考进行决策吗？显然是不可能的，所以基于智慧、权威和直觉的经验决策就在会议中占了主导地位，也就是依赖快思考进行决策。而快思考主要用于解决简单、具象化问题，对于复杂的产销协同问题，也就难以给出一个高质量的输出。

如果 S&OP 会议主要依赖系统 1——快思考系统支撑，那谁在承担系统 2——慢思考决策呢？那就是中长期供应链计划体系。在整个产销决策中真正承担慢思考重任的正是它，这一点我们在第 7 章中已经做了深度的阐述。中长期供应链计划体系要将前端多变的需求与复杂多变的后端资源，在兼顾各种约束、隐性成本、长期利益的原则下进行匹配和规划。要足够提前地告诉生产如何准备设备和人力资源，告诉物流如何规划库容，告诉采购需要采购哪些物料，告诉管理层未来可能的库存天数、可能的慢动和缺货情况，甚至还要告诉财务未来的盈亏状况。这些决策依靠系统 2 才能进行，需要有足够的专注力、足够的控制力、足够的思考深度，并和一群高度专业并具有责任心的人反复深入地讨论，甚至还需要依赖算法和技术工具。这个过程不能快，要慢，要深！所以中长期供应链计划体系才是产销决策的主要承担者。供应链计划体系和 S&OP 流程两套决策机制相辅相成，但绝不能本末倒置。

这就是科学决策逻辑在企业产销决策领域中的应用，**供应链计划体系承接慢思考（理性深入，消耗能量）的职责，S&OP 流程承接快思考（感性即时，经验判断）的职责，二者联合就是一个既科学又艺术的完美决策**。这也是很多企业单纯依赖 S&OP 流程进行决策而失败的底层逻辑。不是 S&OP 本身有问题，而是你的认知有问题。

8.7 S&OP 的拓展与延伸：IBP 和 S&OE

S&OP 尽管立意高远，但是其方法论根植于理性人假设的前提，是管理学界的传统经济学流派。同时从决策理论而言，S&OP 也仅属于快思考决策模式。如何打破这个僵局？其实 S&OP 流程体系的创立者也意识到了这一点，他们分别提出了两个补救措施。首先，他们发现 S&OP 流程体系本身无法承载复杂决策的诉求，于是提出了 S&OP 的升级版体系，即 IBP（Integrated Business Planning，集成业务计划），这是 S&OP 进行的向上拓展的探索。其次，他们发现很多中国企业的短期执行计划也非常混乱，难以支撑更高阶的管理诉求。为了应对大家对 S&OP 不落地的抱怨，体系的创立者没有去澄清 S&OP 本身就是不落地的这个定位，而是试图帮助它落地，于是又推出了一个所谓落地的 S&OE，这是 S&OP 进行的向下延伸的探索。

1. IBP 与 S&OP 的区别

S&OP 和现在推崇的 IBP 有何区别？图 8-10 解读得非常好，这是 Oliver

Wight 公司的解读。为了让大家更好地理解其本意，本书把英文版和中文版
放在了一起。

	S&OP	IBP
	Demand Driven with Process 基于流程，以需求量为驱动	Value Driven & Strategy Driven with Modeling 基于算法模型，以价值和战略驱动
	Balance with Demand & Supply on Unit 在数量层面对供需进行平衡	Balance with Demand & Supply on Revenue & Profit 在收入和利润层面对供需进行平衡
	No What If or with Knowledge Base 没有场景模拟或者基于经验模拟	What If with Modeling 通过算法模型进行场景模拟
	One Direction Collaboration 单向协同	Interactive Collaboration 双向协同
	Once per Month 每月运行一次	On Demand 基于需求实时响应
Maturity 成熟度	Phase 4: Integration 阶段4：集成	Integrating all Business Processes with Technology 通过技术手段实现业务的集成
	Phase 3: Automation 阶段3：自动化	Knowledge Based Automation of all Processes 基于经验，通过流程提升效率
	Phase 2: Business Process Control 阶段2：通过业务流程控制	Eliminating Failure in Business Processes 减少流程中的失败事项
	Phase 1: Co-ordination 阶段1：相互协调	Eliminating Unplanned Events—Do Routine Things Routinely 重在减少非计划事项，实现常态化管理

图 8-10　流程驱动的 S&OP 与算法驱动的 IBP 对比（英文 / 中文）

S&OP 体系的发明者深知 S&OP 存在提升空间，特别是因为缺乏技术的
支撑而略显苍白，就提出了应该属于计划管理领域的"Technology"（技术）、
"Modeling"（模型）等概念，因为流程体系最多是在线化而不是模型化。从
图 8-10 中大家可以看到，首先 IBP 要升级大家对协同的认知，也就是协同
不仅仅是为了供需平衡，也不仅仅是为了财务目标，它最终的目标是达成企
业的战略目标前提下的财务目标。其次 IBP 还要求升级协同的手段，不能
仅仅靠流程协同，也不能仅仅靠经验来进行决策模拟，而是要通过技术、模
型来协同，并实现多场景模拟，还要支持更高决策频率的诉求，不能一个月
一次，而是要随需而动，新冠疫情的暴发就对传统一个月一次的决策频率提

出了挑战。IBP 还认为，不能单向从产品到需求到供应，而是要实现双向联动。比如，因为供应资源约束要反向推动销售、产品策略甚至战略的调整。最具挑战性的诉求是，IBP 要求基于模型和算法实现多场景的模拟支持，而不是基于经验。这么多诉求，要如何才能满足呢？技术、模型，这是 IBP 与 S&OP 最大的差异。很多业界专家在解读 S&OP 和 IBP 的区别时仅仅强调从数量平衡走向财务和战略目标的实现，而笔者认为，IBP 已经旗帜鲜明地提出了自己的数字化战略，一个原来言必称文化、流程的管理体系也提出了技术转型的诉求，可以看作 S&OP 的自我变革，也暗合了当今时代的数字化潮流。

被反复强调的"技术""模型"应该应用在哪一个环节呢？真的是用在 S&OP 流程中吗？那当然不可能。技术和模型只能应用到支撑 S&OP 流程有效运行的中长期计划体系的构建中。所以，我们可以理解，IBP 的实施基础就是基于技术和模型驱动的中长期计划体系。计划编制技术升级，带动了 S&OP 的进阶，这是 S&OP 向 IBP 转型的最重要的物质基础。

总之，不管大家愿意还是不愿意，我们的世界已经发生了变化。借助数据和算法来重构产销关系是我们的必然选择，只有在数字化供应链计划体系的助力下，IBP 的梦想才能被实现。数字和算法驱动的中长期供应链计划体系才是产销协同之神，而流程只是产销协同之形。缺失高质量决策体系支撑的协同流程，好比沙地上的高楼大厦，看似雄伟，触之即倒。

2. S&OE 与 S&OP 的区别

缺乏基于技术、模型驱动的中长期计划体系的支撑，IBP 是无法落地的。一些企业号称已经实施了 IBP，但本质和形式均与 S&OP 没有区别，只是增加了更多"财务"相关元素而已。理想与现实的差距还是非常大的，既然向上拓展暂时无法突破，那就需要向下延伸。最近两年，S&OP 体系创立者又发布了一个新的流程 S&OE，希望向下更加紧密地连接执行体系，解决 S&OP 不落地的诟病。在与几位在企业实施过 S&OE 的朋友做了交流后，笔者了解到，S&OE 其实是取代了或者说规范了企业本就有的周颗粒度的短期救火式产销协同体系，也就是我们前面说的以解决问题为主的短期产销协同流程。S&OP 与 S&OE 等的对比如表 8-9 所示。

表 8-9 S&OP 与 S&OE 等的对比

计划层级	计划跨度	目的	明细内容示例	示例描述
战略计划	5 年以上	• 定义愿景和企业战略	• 对战略优先级达成一致	• 供应网络优化，比如开新工厂
S&OP	3 个月～2 年	• 保持需求与供应的平衡 • 保持利润与损失的平衡 • 推动权衡决策	• 评估营收差异，并且通过需求的规划去缩小差异	• 推迟新产品的导入以支持现有产品的生产
S&OE	0～3 个月	• 生产计划 • 分销补货计划	• 设计排产优先级	• 临时资源的分配
运营执行	0～2 周	• 短期的生产任务优先级	• 基于看板进行排产	• 对生产订单进行优先级调整

S&OE 本质上是一个颗粒度更细、更关注短期的 S&OP。S&OP 运行在月颗粒度层面，但是执行体系需要周颗粒度的指导，特别是对于基于预测直接驱动执行的企业，周颗粒度的预测更新就比较敏感。所以我们需要一个周更新的需求预测体系，也需要一个对应的供应计划的承接流程，这就形成了一个周颗粒度的需求计划与供应计划循环的 S&OE 流程体系。这个流程是一个新生事物吗？完全不是。在我们崇尚唯快不破的管理理念下，大部分企业都擅长周颗粒度的产销计划联动，它们后端的计划是不冻结的，随时应对前端波动。所以，在这个细颗粒度的协同领域，大部分企业已经是 S&OE 的老师了，S&OE 倡导的周颗粒度的更新联动反而让企业原有的联动节奏慢下来了。但是，正是因为慢下来了，笔者才要在这里为 S&OE 点赞。很多企业的制造部门一边在快速响应，一边在抱怨它们为各种临时调整付出了代价，但又算不清楚是多大的代价。而前端也从来没算过这种快速响应到底获得了多少价值，客户满意度到底提高了多少，反正已经形成了一种惯性。也因为后端一次次不负众望，前端更加任性，总之，在快速响应这个领域，我们已经不需要任何指导了。但是 S&OE 的出现，迫使大家去思考：为何需要这样灵活？灵活的代价是什么，收益成本如何平衡？是否可以通过一些规范来减少不必要的灵活性？按现在的说法就是避免不必要的

内卷。总之，S&OE 为已有的短期产销协同实践做了一次规范，贴了一个标签。对于重视战略和执行的中国企业，S&OE 还填补了中间承上启下的一个空白。

8.8   从内部产销协同到外部产业链协同

当我们还纠结于企业内部的产销协同时，一部分企业已经开始关注如何与供应商和客户进行协同了。"21 世纪的竞争是产业链之间的竞争"，这是一句耳熟能详的话。在 TFC 供应链橙汁游戏中，每个小组有 3 个外部协同机会，可以选择供应商，也可以选择客户。大部分人下意识地都选择与供应商协同，因为现实中供应商协同更加普遍，或者让人感觉更加有掌控力。但是，请记住一个重要原则，永远先选择和上游协同。谁是上游？不是从实物链角度，而是从信息链角度，从计划决策的角度出发，客户才是上游。另外，和客户协同还能强化与客户的信任关系，提供更好的服务体验，一举两得。

8.8.1   不同主体和层级下的六种协同模式

除了选择协同的外部对象外，企业还要选择协同的层级，也就是除了要选择与客户协同还是与供应商协同，还要选择与它们在哪个层级协同。策略层协同、计划层协同，还是执行层协同？这样就出现了六个宫格的协同模式，如图 8-11 所示。

（1）**与供应商在执行层协同**（Collaboration with Vendor on Operation Level，CVOL）。与下游关键供应商在执行层面协同是最普遍的做法，最主要的方式是与关键供应商实现库存的共享，通过库存共享来减少全链条风险。但是强势的一方往往通过这种模式将库存风险转移到弱势的一方，所以此类模式难以长久。但在汽车行业，该模式非常普遍和成功，因为汽配供应商与主机厂存在长期的利益绑定关系，在其他行业，则成功率较低，或难以长久。

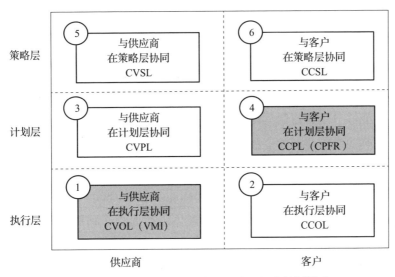

图 8-11 主体企业与供应商和客户之间的协同模式

（2）**与客户在执行层协同**（Collaboration with Customer on Operation Level，CCOL）。这类模式大部分是企业被动选择的，因为大家总认为客户是用来服务的，一旦协作关系建立，不就是要对客户提要求了吗？这与以客户为中心的理念不是背道而驰了吗？但是该模式在消费品制造企业还是有很多成功案例的，因为相对于强势的品牌商，传统渠道下的经销商更加弱势，尽管它们是客户。有一些企业已经意识到和客户协同比与供应商协同收益更大，并且取得了很好的效果。

（3）**与供应商在计划层协同**（Collaboration with Vendor on Planning Level，CVPL）。一旦上升到计划层协同，则对双方企业均有较高的要求，此类计划层协同的案例是比较少的，因为大部分企业的计划管理都比较弱，即便有这个意愿，也没有这个能力，或者理念上以及从安全角度考虑无法接受两家企业的计划团队直接对接。

（4）**与客户在计划层协同**（Collaboration with Customer on Planning Level，CCPL）。这类协同案例更是凤毛麟角，即所谓的强强联手，一般都是大快消与大 KA 或者与大经销商之间的深度协同。双方不仅计划体系很健全，系统支持度高，并且信任度高，都信奉规则导向，有较强的契约意识，能够接受双方的计划团队直接沟通，商务与业务也有很清晰的界限。

（5）**与供应商在策略层协同**（Collaboration with Vendor on Strategy Level，CVSL）。这类协同案例当然更少，双方必须是战略合作伙伴。这种模式在日本公司或汽车企业这种注重长期合作关系的企业更加普遍。双方必须高度信任，并能够分享各自的远期战略，在研发设计阶段就开始同步。对整车厂而言就是与一级供应商建立战略合作关系，这些供应商将提前十年在研发阶段就介入整车厂的产品设计。

（6）**与客户在策略层协同**（Collaboration with Customer on Strategy Level，CCSL）。同样，对于整车厂的一级汽配供应商而言，它们是与客户在策略层就开始协同，而不仅仅是执行层和计划层，正是因为这种长期紧密合作关系，才会出现丰田零库存现象。因为只有在长期利益得到保证的前提下，才会有短期利益的让渡。

【**调研分享**】

2022年4月通过对200多家泛制造企业的调研发现，在计划部门定位低（计划为三级部门）的企业中，25%的企业与关键供应商在库存信息或者计划层进行协同，但在计划部门定位高（计划为一级部门）的企业中，46%的企业与关键供应商在库存信息或者计划层进行协同，如图8-12所示。计划的定位对企业的跨企业协同能力有着重大的影响。

与关键供应商协同水平和计划部门定位关联分析				
	一级部门	二级部门	三级部门或其他	总和
目前没有标准化的供应商协同机制	54%	59%	75%	62%
双方的计划部门实现了直接对接（人工与系统皆可）	26%	23%	10%	20%
与供应商实现了库存共享和自动补货（人工与系统皆可）	20%	18%	15%	18%

图 8-12　与关键供应商协同水平和计划部门定位关联分析

在计划部门定位低（计划为三级部门）的企业中，仅有 22% 的企业与
关键客户在执行层或者计划层进行协同。但是在计划部门定位高（计划为一
级部门）的企业中，有 46% 的企业与关键客户在执行层或者计划层进行协
同，如图 8-13 所示。和前面的供应商协同一样，计划定位越高，企业的跨
企业协同能力越强，协同的比例也越高。

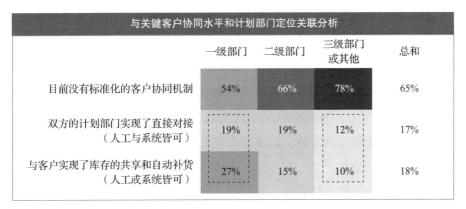

图 8-13 与关键客户协同水平和计划部门定位关联分析

六种协同模式与 VMI、CPFR 概念有何关联？

在业界我们更多听到的是这些名词：VMI（Vendor Manage Inventory，供
应商管理库存）、CPFR（Collaborative Planning, Forecasting and Replenishment，
协同规划、预测及补货）。VMI 站在客户的角度与供应商在库存管理上进行
协同，对应图 8-11 中的第一类协同——与供应商在执行层协同，而执行层
协同主要表现为基于库存信息的自动补货。CPFR 站在供应商的角度认为是
与客户进行了计划和补货的协同，也就是不仅仅是库存共享，预测也共享，
甚至联合预测，不是基于历史的库存驱动补货，而是基于未来的联合预测驱
动补货，同样是自动补货，其驱动逻辑是完全不同的，对应图 8-11 中的第
四类——与客户在计划层协同。所以，我们更多要理解的是协同的本质，不
是一个名字或笼统的概念。

8.8.2 选择加法赋能还是减法赋能

前面我们从协同的对象和协同的业务层级将跨企业的协同模式做了比

较明细的划分，尽管已经有六种模式，但是还没有把事情说清楚。比如你和供应商在计划层进行协同，那谁主导这个协同计划体系的建立和日常运作呢？确切来说，是谁来承担主责，提供基准的计划建议呢？这非常重要，其他模式也一样，双方都需要进行责任的界定。按现在大家对"赋能"的理解，就有了两种模式：一种是我帮你做了，你就不用做了（我主导）；还有一种是我教你，你自己来做（对方主导），提升你的能力。这是两种完全不同的行为，但是都被称为"赋能"。为了区别，前一种我们称为"减法赋能"（我主导），后一种称为"加法赋能"（你主导）。

有些企业希望自己在产业链中承担更多的责任，通过提供更多的服务释放合作伙伴的压力，同时也强化了自身的核心地位，做一种减法赋能。比如，为经销商提供预测支持、订单和库存管理服务，让经销商更聚焦于销售拓展，开更多的终端门店，这也是一种软实力的输出。但是，同样背景下，也有一些企业做了相反的选择，它们也是业界的标杆企业，并有着极强的品牌力，它们可能认为这种责任担当也是风险担当，它们更希望供应商和经销商自我成长，它们倡导加法赋能。它们认为经销商比品牌商更靠近终端，应该承担更多的责任，所以要求经销商提升预测能力，提前一个月给品牌商下订单，这样品牌商就不必做预测了，前端的经销商承担更多责任和风险。面对同样的商业环境，品牌商们做出了不同的选择。

1. 加法赋能实践

尽管一部分企业开始尝试拉通供应商和客户，但是这并不意味着它们已经完全打通了内部管理，它们中的一部分往往是希望借助这种方式转移内部矛盾。但是，如果它们能够走到计划层的协同，说明它们的确已经拉通了内部产销，具备对外协同的能力了。部分家电品牌商是供应商计划层协同的典范，同时这些家电品牌商还是客户执行层协同的典范，但这并不意味着它们要承担更多的责任，反而是这些家电品牌商要求经销商提交预测、主动上单、管理库存等。2019年后电商快速增长，但这些家电品牌商的加法赋能模式无法在电商渠道复制，它们必须自己承担渠道库存，所以电商渠道又回归库存驱动模式。这些家电品牌商充分发挥了核心企业的品牌优势，并随着它们在商业上的巨大成功，其协同模式也成为产业链协同的典范，以至于其他同行也纷纷效仿，但几乎没有成功复制的。这些家电品牌商能够强势落地这种模式，可以说将品牌力发挥到了极致，或者说它们的兜底能力非常强，自身也付出了一定的代价。

2. 减法赋能实践

同样是消费品制造企业，一些外企就选择了另一种完全不同的协同方式，它们选择自己承担更多职责，不要求经销商提供预测。它们有着专业的需求预测团队，不要求经销商上单，而是主动提供补货建议和策略支持，甚至库存都是由品牌商承担，把经销商转型为服务商，让它们去聚焦于拉动终端。它们更倾向于为经销商减负。为此它们还成立了专业的客户供应链管理部门去推动与客户的协同，它们认为客户行为的改变所带来的收益是巨大的，而且它们还认为应该关心客户最本质的诉求，并以此去引导和影响客户的需求，而不是简单机械地满足。因为为了满足不合理的需求而造成的额外成本，最终还会转移到客户方，它们认为这是一种双输的结果。

大部分为业界所熟悉的协同，都发生在快消品品牌商与大型零售连锁商超之间。双方都有较强的供应链计划管理体系，往往直接走到计划层的协同。它们都是领路人，在这个过程中，推动协同的往往是供应商身份的品牌商，并且品牌商承担了更多的决策职责，其强大的计划体系让零售商分享的数据和促销信息发挥出了最大的价值，实现了双赢。

如图 8-14 所示，与上下游企业的协同是改善产销协同的有效路径之一，但是这种协同有着多种组合模式（见图 8-11），需要双方根据各自的能力和意愿找到一种最合适的模式。但不管选择何种模式，都首先要打通自己（构建专业的供应链计划团队）。**在内部计划体系完全混乱的情况下，试图通过联动上下游企业来转移产销矛盾是难以持久的。总之，整个产业链协同是供应链管理的最高境界。**

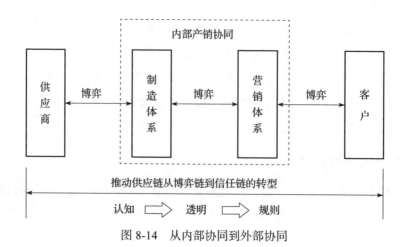

图 8-14　从内部协同到外部协同

总结　▶　SUMMARIZE

神（中长期计划）必须聚，形（S&OP）可以散

是否所有的企业都可以实施 S&OP？其实不是的。我们在第 4 章中分享过产销管理模式的选择，大家熟悉的"产销协同"只是其中的一种管理模式，只有选择了"产销协同"这种模式，才需要实施供应链管理，然后才有基础实施 S&OP 这个体系。如果企业选择了"产销服从型""产销博弈型"和"产销交易型"等其他产销管理模式，那它既不需要实施，也不能实施供应链管理，更无法实施 S&OP，因为这是完全不同的道路。

虽然有所谓普遍适用的规律，但是不同的企业、不同的阶段可以去做各种探索，不一定非要选择供应链管理模式，也更不必选择 S&OP 管理体系。从人性角度甚至从更高的经营目标而言，协同不是时时需要的，甚至有时还需要人为制造冲突，冲突不一定都是坏事，它也是一种生命力的体现，比如阿米巴模式，其效果是立竿见影的。很多企业是多品牌运营，需要保留品牌之间的独立性，这样在后端必然会形成一定的冲突，但从经营目标而言，这就是企业的战略。很多互联网企业也经常进行内部竞争，而不是协同，这些看似不协同的现象，却可能是更高优先级的管理诉求，不同阶段企业的战略目标是不一样的。如果内部信息壁垒过重，相互掩护，掩盖问题，就可以使用产销交易型管理模式去刺激一下，打开这个黑箱。如果数据基础已经不错，团队能力也已具备，那就可以发挥资源整合优势，推动建立集成供应链管理体系，因为这是更多企业已经实践和证明的普遍适用的规律，没有最好，只有最合适。

中国产业的完整性、供应链的复杂度都高于其他国家。我们完全可以形成适合自己国情和企业文化的产销协同管理方法论。产销协同不是"自古华山一条路"，每家企业都有其独有的文化特质，尊重个性化的管理文化，更多借助有说服力的数据、经得起考验的业务逻辑和科学的算法模型去推动产销信任关系的建立才是最务实的选择。如果有高质量的决策选项，那面对一群智慧和经验丰富的管理者，对其选择决策的过程也无须设置这么多繁文缛节。**流程、会议只是手段，达成共识才是目的。我们可以基于不同企业的文化找到更高效的共识达成手段。**

集成供应链计划管理之监控平台设计

没有衡量就无法管理。

——德鲁克

第 6 ～ 8 章介绍的都是集成供应链计划管理体系中的核心模块，但是无论这些业务多么重要，整个计划体系必须与执行体系形成闭环，而闭环的落脚点就是运营指标的搭建、评估和监控，虽然它不是计划本身，但却是计划管理体系必不可少的一环（见图 9-1）。所以，运营指标评估的管理是供应

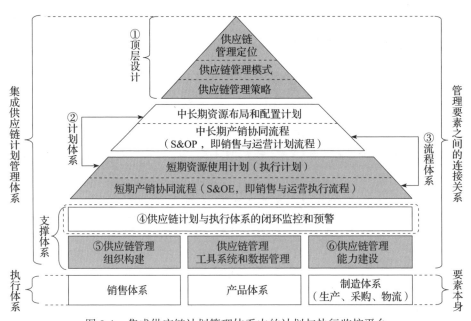

图 9-1　集成供应链计划管理体系中的计划与执行监控平台

链管理部门的职责之一，尽管其中部分指标可能会被定义为考核指标，但是整体的指标设计原则不是为了考核，而是为了发现问题，推动持续改善。从指标的框架体系而言，SCOR 模型提供了比较完整的供应链指标评估框架。但是随着时代的发展，还需要不断推陈出新。本章我们将基于企业的实践来深度探讨如何通过对运营指标的监控和评估来推动整个产销管理体系持续优化。同时，本章也将和大家探讨绩效考核以及指标对标的利弊。

9.1 供应链计划管理评估体系的设计原则

我们在前面反复强调，企业是一个复杂系统，其最终表现是所有部门相互作用的结果，但是大家并不清楚自己的行为对整个系统带来怎样的影响，所以只能跟着指标走。这种基于绩效表现来推动改善的方式是非常普遍的，但是却又有完全不同的深度。如图 9-2 所示，第一类企业只关注财务结果指标，比如销售收入、供应成本（生产成本＋物流成本＋库存持有成本＋采购成本等）、库存周转率、现金周转率、资产回报率等。第二类企业关注支撑财务绩效的业务绩效，这些企业认为仅仅评估财务绩效是远远不够的，无法精准判断问题的根源，比如到底哪个环节出了偏差，哪个品类出了偏差，不利于改善措施的落地。所以，这类企业不仅关注经营绩效，同样关注业务结果和过程，比如预测的偏差、订单交付率、订单节奏、生产节奏、计划执行率、紧急订单的比例等。第三类企业则更向前进一步，它们开始关注跨部门的供应链绩效表现，比如供应链的复杂度、可靠性、响应性、协同性和效

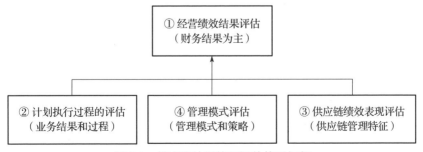

图 9-2　供应链计划管理评估体系框架

率等综合性指标。还有第四类企业，它们不仅仅量化指标，还关注企业的管理模式和策略的选择是否合理，企业的组织架构是否有优化空间，企业的战略是否得到有效承接等。第四类企业的评估方法论是最全面和彻底的，这类企业还有一个特征，就是往往设置了独立的持续改善职能。

9.2　绩效指标主导下的控制塔落地方法

本节我们首先聚焦绩效评估体系的搭建，覆盖经营绩效、计划执行过程绩效和供应链整体绩效。一般这个部分的落地实施分为两个步骤，第一步是指标体系的设计（业务实现），第二步是系统或者工具落地（技术实现），系统或工具落地只是一个执行过程，有各种不同的系统或工具支持，核心还是在指标体系的设计上。大部分企业把这个评估和监控平台称为"控制塔"。

1. 供应链控制塔的业务实现步骤

指标体系的设计是控制塔搭建的核心，很多企业认为它们自己也可以设计，其实这是专业和非专业最大的区别。分析问题能力的最大差异是分析思路，同样的数据，不同的呈现和解读方式，其效果是完全不一样的。所以，控制塔的指标体系设计是成败的关键所在。

（1）业务监控范围和需求梳理：从控制塔的字面意义看，其业务范围是非常广泛的，可以覆盖企业任何业务，即使加了供应链三个字其范围也是非常宽泛的。可以是监控各个部门的关键业务表现，也可以深入细节执行，时间颗粒度也很宽泛。所以，控制塔的最终目的是什么？这些指标能对业务带来何种影响？还是仅仅为了监控、评估？这些都是首先要思考的。

（2）监控指标和统计方法设计：有了业务目标，就需要设置评估指标，以及详细的统计方法，包括统计的维度、颗粒度等。这部分工作需要有较强的业务背景，能够考虑各种业务场景，确保指标设计可落地、可解释，并能对业务改善带来有价值的影响。指标体系的设计有不同的划分标准，还有不同的层级，如图 9-3 所示。所以，取舍非常重要，否则就不是 K（Key）PI。

供应链特征维度		业务模块维度		业务流程维度		指标类型维度		指标层级维度
可靠性		销售		需求计划		考核指标		一级指标
响应性	⟷	市场	⟷	主计划	⟷		⟷	
复杂性		生产		生产计划				二级指标
柔性		采购		采购计划				
成本		仓储物流		物流计划				三级指标
效率		财务		订单				
协同性		……		……				……
库存健康度						度量指标		

图 9-3　供应链管理评估指标的分类维度

（3）底层数据验证和模板确认：这部分工作看似技术化，其实是对现有业务模式的梳理和确认。所有数据背后都是业务模式和行为的体现。所以，需要对所有数据源做出精确的定义和说明，包括数据的获取方式、数据来源、映射关系、字段内容、更新频率、数据责任部门等。

上面三步完成后，我们就得到了一个控制塔的基本框架。一般而言，会设计一个企业级的总塔以及部门级的子塔，一些特别关注的业务也会单独设置监控模块，比如需求计划、库存业务、生产采购，包括对价格变动的监控等，如图 9-4 所示。

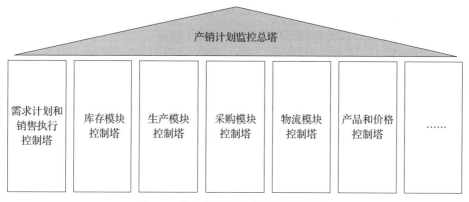

图 9-4　供应链管理控制塔的基本框架

2. 供应链控制塔的技术实现步骤

控制塔技术实现部分有两条路径，一条路径是基于数据库构建整个监控平台，包括将 Excel 中的数据也全部导入数据库中，然后再统一抽取到 BI（商业智能）工具中。还有一种路径是完全基于 Excel 直接进行构建，所有数据均从 Excel 中获取，系统数据也导入 Excel 中。这种方式看似不够专业化，但是上手快，并且灵活。笔者建议先采用纯 Excel 模式，业务需求稳定后再转用数据库链接模式，如果直接使用数据库链接有可能因为业务需求变化而导致工作量增加。下面我们就基于数据库支持下的技术实现步骤做概要说明，如图 9-5 所示。

（1）**第一步：将离散数据加载到数据仓库。**

线上数据的加载：通过 ETL 技术将分散在各个系统（CRM、ERP、MES、SRM 等）中的数据抽取到数据仓库中。这里有两种方式实现，一是抽取对应系统数据库中 ODS 层的数据，该方式工作量大、复杂，优点是后期的操作空间和灵活性大。二是抽取对应系统数据库中的视图，该方式简洁高效，缺点是一旦现有的视图字段不能满足业务需求，需要反复增加视图内容并更新数据。配置好数据更新流程，就可以实现实时的数据更新。

线下数据的加载：把线下的 Excel（计划类数据、主数据个性化特征值等）数据加载到数据仓库中。实际业务运行中难免会有线下的表单需要参与到指标计算和监控中。实施过程中也有两种方案，一是通过提报的功能把相关数据加载到数据仓库中，二是通过 BI 工具直接连接线下表单，但是从效率和便捷性角度而言前者远远优于后者。

（2）**第二步：对数据仓库中的数据进行清理。**如果抽取 ODS 层的数据，相当于照搬其他系统的数据库内容。这些数据业务部门是无法直接使用的，需要基于业务需求对相关数据进行过滤，比如处理掉异常值和缺省值、无效单据信息，以及基于业务分析需要限制组织范围和单据种类。数据清理的同时构建相关业务数据宽表和聚合表。比如，基于对应的主键或者联合主键将销售出库单和销售订单关联、采购入库单和采购订单关联、生产入库单和生产订单关联等。最后将表单按照不同主题划分，便于管理和应用。

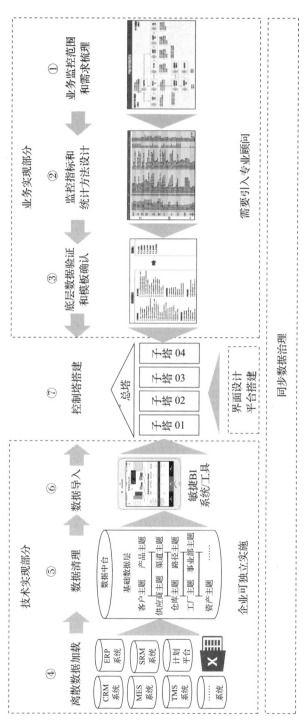

图 9-5 供应链控制塔的实现步骤

（3）第三步：将数据仓库中的数据导入 BI 系统。通过账号权限就可以实现 BI 开发工具和数据库的连接，实现数据更新或者导入。市场上敏捷 BI 工具也可以实现业务数据宽表、单据关系的构建、数据的清理、聚合表的建设。只不过在数据仓库中处理会更加高效，便于统一管理。数据准备完成后就可以进入可视化报表的开发阶段。

【关于数据仓库 BI 建设方案】

①数据仓库建设必须从业务中来到业务中去，无论采用哪种建模方式，核心是业务实体。②数据仓库建设应该把一半以上的精力投入业务设计阶段。③如果控制塔是业务主导，且 IT 部门能力和资源不够，强烈建议以 Excel 或者 Access 作为数据库，项目更容易落地。

【关于数据治理】

随着数字化风潮的盛行，数据治理成为一个热门话题，大部分数据治理项目是由指标体系驱动的，所以控制塔类项目往往与数据治理紧密相连，规范指标体系的过程也正是暴露数据问题的时候。但是仅通过指标计算，无法判断数据本身是否正确。所以，这类由指标驱动的数据治理笔者认为更多是从技术上进行治理，是行为规范为主。除了基于指标驱动，数据治理还有两类业务驱动源，一类是来自流程的驱动，从本书所关注的范围而言，比较典型的是 S&OP 流程，该流程的一个重要环节就是对业务现状的评价，流程涉及了大量的 KPI 指标，也同样会驱动数据治理。这里我们重点要谈的是另一种数据治理的驱动源，即计划决策驱动。为何很少有人用计划决策去驱动数据治理呢？因为计划决策体系的复杂度和重要性远高于数据治理，企业不会因为要做数据治理而顺便启动一个计划优化项目，但是计划决策却恰恰是数据治理最有价值的驱动源，因为通过计划体系你不仅会发现数据问题，还能验证数据本身的质量问题，这是基于指标驱动和基于流程驱动都无法比拟的优势。所以，笔者认为**真正的数据治理不是为治理而治理，而是要"以用代治"**。因此，数据治理也是供应链计划体系优化过程中的一个重要的副产品。另外，关于数据治理笔者还有一个观点，数据治理的结果表现为数据管理的规范，但治理的过程本质上是业务行为规范的过程，甚至是优化的过程，它不是一个技术过程，它不仅从业务始，还以业务终（见图9-6）。因为数据最重要的目的不是评估过去，而是规划未来。**计划决策过程不仅是数据治理的起点，也是数据治理的终点。**

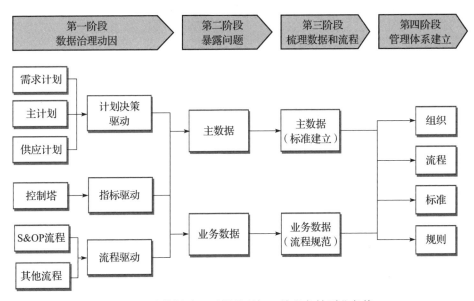

图 9-6　对数据治理逻辑的理解：从业务始到业务终

9.3　基于职能维度指标的选择和统计方法

评估指标一般要比考核指标多，因为需要管控过程。到底哪些指标要放入评估体系？这与大家对指标之间关联关系的理解深度有很大的关系。因为我们的目的是通过评估推动改善，如果这些指标之间的联动不能形成对业务改善的指导建议，那评估就没有意义。笔者给大家提供一个方向性的参考建议，如图9-7所示。这里不对每个指标做赘述，但对于几个比较有争议的指标和大家做一些深入探讨。

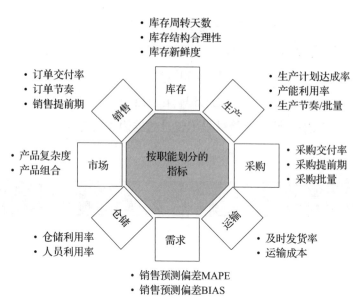

图 9-7　基于业务模块的评估指标参考

1. 如何计算订单交付率

大家都知道有两种订单交付率："订单足量准时交付率"，简称 OTIF（On Time In Full）；"订单交付率"，简称 UFR（Unit Fulfill Rate），也就是不要求准时足量，只要交付即可。有些企业会算一种，有些企业两种都要求，因为要了解是否存在真的"失销"。那所谓的准时的基准又如何评估呢？大家可能会说，不就是客户要求的交付时间嘛，这是部分企业认为的。大部分企业认为这个要求是不合理的，客户千差万别，有的要求现货交付，有的可以接受 10 天后交付。所以，企业内部必须有一个基于实际供应能力的合理的统一交期，这个交期就是"企业承诺交期"而不是"客户要求交期"。但是，有的企业认为这还不够合理，因为产能状况是时时不同的，还有很多阻碍交付的原因不是供应链可以控制的，比如季节因素、研发变更、质量问题等，所以交期也不能一刀切，而是基于对每一个订单评估的结果，所以承诺交期可能次次不同。说了这么多还是只讲了一个如何选择"交期"基准的问题。那还有交付率算法的问题，一种是按订单"行"计算，这是大部分企业的选择；也有比较乐观的企业，选择按订单"数量"计算；当然还有严格的企业选择按"整单"计算，因为有整单齐套交付需求。还有什么问题？还有取数问题。一家企业告诉笔者，实际的交付率会低于这个计算值。因为有些订单被直接关闭或者删除了，因为没法交付，系统里干脆单方面取消了。还有些订单被拆单了，因为不能全部满足，就先交付部分。还有些订单交期被延后了，是客户要求修改吗？有些是销售要求改的，因为要考核订单交付率了。

　　计算订单交付率需要考虑这么多变量吗？不仅如此，还有数据偏差的设置问题。严格要求的同时，也要考虑客观的合理差异，这个差异又是千差万别。这个差异有两种，一种是数量差异，一种是时间差异。有的企业没有设置差异，100% 达成，有的只能提前不能推后，有的数量和时间都有正负偏差。不好意思，还没有完！有些企业由于行业特性，经常会超量交付，甚至产品 A 没有的话可以交付产品 B，客户也是接受的，因为都是类似产品。这个超量交付，以及品项变更又如何计算？最后还要说到有效订单这个概念，什么订单是有效订单？具体标准是怎样的？这经常又是一个模糊地带。所以，订单交付率的计算是一个非常复杂的事情。

2. 如何计算库存周转天数

　　库存周转天数的计算整体比订单交付率的计算简单一点，但库存周转天数的计算方式比较多。大部分企业只有一个库存周转天数，就是财务计算的库存周转天数。其实，除了财务视角的库存周转天数外，还应该有一个供应链视角的库存周转天数。为何需要区分呢？

　　财务意义上的库存周转天数需要遵循严格的财务计算规则，也就是谨慎原则，所以都是取已经发生的历史数据，采用月末月初的平均库存成本除以前 12 个月的平均销售成本的方式进行计算。这个数据是基于全年的销售量来刻画当月库存的周转天数，但这个计算方法对于实际业务改善几乎没有任何意义，因为它计算的是一个整体库存金额值，并且是只取月末和月初的一个平均值，忽略了节奏的影响，不能代表整个月真实的库存水平。它不能反映不同产品各自的库存水平，也不能反映不同品类库存的差异性，更无法反映未来的可能性，因为它是基于历史销量进行评估的。所以，财务计算方法既不能反映真实库存水平（库存的节奏差异），也不能预判对未来的满足率（基于历史销售而非未来预测）。

对于供应链管理而言，我们需要一个真实的、基于数量的、下沉到产品的、面向未来的库存水平计算规则。因此，笔者建议至少取4个点计算月度库存均值，最佳的是取每天的库存，而销量则必须取未来预测，或至少取预测和历史的平均值，而非仅仅取历史平均值。因为对于供应链管理而言，计算库存周转率最重要的目的是客观评估现有库存对未来销售需求的支撑能力。

3. 如何选择慢动库存计算方法

前面我们分享的是如何基于不同的视角计算库存周转天数，但是如何给这个天数的健康度定义一个基准就是另一个事情。这个基准就是慢动库存评估基准。慢动库存有三种算法，第一种是基于库存周转天数评估是否慢动，比如超过90天算慢动，另外两种慢动计算方法与库存水平高低没有关系。一种是食品化工行业使用较多的效期法，也就是不管实际库存是多少，产品只要进入大效期（临近保质期）都算慢动，比如很多企业把超过1/3效期的产品作为慢动产品。还有一种是基于货物所处库位是否移动，比如，3个月没有移动就是慢动，也和库存多少、效期如何没有关系，这种算法对库存的实物管理要求较高，主要是监控库存的出库速度。

4. 如何计算预测偏差

计算预测偏差指标首先要确定的是期间的偏移期。很多专业的需求计划经理会告诉你，他们是按M-2计算预测偏差的。何为M-2？无论计算何种预测偏差，都需要有一个实际值和一个预测值。实际值只能有一个，但预测值有好几个。做6个月滚动预测的企业，每个月的预测需要被刷新6次，所以M-2就是取两个月前的预测值，M-3就是取三个月前的预测值。

除了前面说的偏移期这个前提条件外，还有另一个重要的计算前提是"层次"。首先要说明预测编制的维度，以及每个维度上的层次结构。维度及其层次的组合定义了一个具体的预测编制层次。从实际业务场景而言，一般有五个维度，包括产品维度、工厂组织维度、销售组织维度、物流组织维度以及时间维度。同时这五个维度还有不同层次，比如产品有大类、小类和单品，销售组织有大区和分公司，物流组织有区域分仓和分仓，而时间维度有季度、月和周。所以，你要决策按哪个组合后的层次去计算偏差。最后你还要选择计算的公式，因为预测偏差衡量有好几种方法，如 MAPE、BIAS、TS 等。了解更多关于预测管理的知识，可参考《卓越供应链计划：需求计划管理设计与实践》。

9.4 基于特征维度指标的选择和统计方法

我们再从供应链特征维度对指标进行补充和细分，对比 SCOR 标准，大家可以看到其中两类重要指标在 SCOR 中是缺失的，一个是供应链的协同性，一个是供应链的复杂度。有实战经验的计划管理人士都知道，除了预测偏差，节奏的影响也非常大。此外，复杂度对整体运营效率的影响已经超越了预测偏差，这是因为基于近几十年的高速发展，产品的复杂度已经达到了高峰。产品复杂度管理成为一个新的管理课题，复杂度也成为所有指标之王，但是大部分企业还毫无察觉，或者完全没有去管控。笔者参考 SCOR 体系，并结合企业的实践对其做了进一步的修正和拓展，如图 9-8 所示。

1. 供应链的可靠性评估

供应链的可靠性是供应链管理第一个阶段的目标。主要基于内部承诺来评估各项交付率指标，包括销售订单、生产订单的达成率，同时评估外部供应商的交付可靠性以及需求计划的准确性等。其评估目的在于确保企业内部管理以及与外部交易过程的有序和可控。

2. 供应链的反应性评估

供应链的反应性评估是在可靠性基础上对其快速响应能力的评估。主要评估供应链各项业务环节的交期，以及交期的变化趋势。同时还要评估企业是否有相关的措施去推动和鼓励交期的优化，从管理上确保企业对供应链反应性的主动管理能力，同时也要结合企业的行业特点定位反应性管理的优先级。

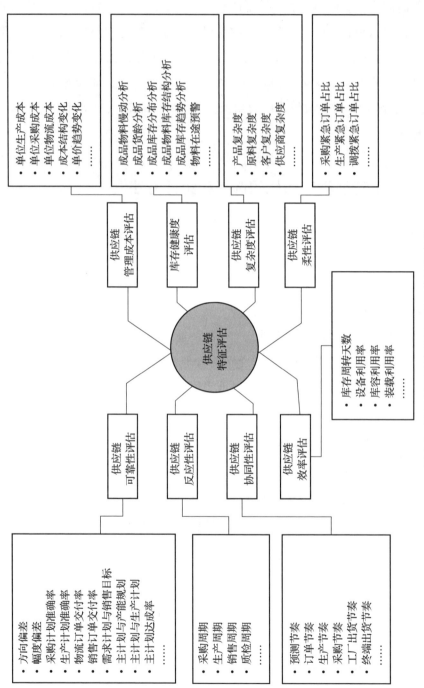

图 9-8 基于供应链管理特征的评估指标参考

3. 供应链的协同性评估

供应链管理改善的方向中大家更多追求灵活性或者准确性，而往往忽略供应链的节奏感。在总体供需平衡的基础上，节奏的失衡往往给后端运营带来不必要的效率损失和管理压力，而这种不平衡并非市场波动造成的。以企业利益为导向，充分利用各种缓冲环节，实现供应链整体节奏的均衡，是产销协同管理的重要目标，而节奏联动就是供应链协同性的具体表现。

4. 供应链的效率评估

供应链的效率是企业的第三利润源泉，是一个结果导向的重要的供应链管理指标。我们将从企业关键的三大效率指标——库存周转、产能效率和资产回报率来评估供应链运营效率，并通过指标的进一步分解，深入剖析影响供应链效率的根本原因，定位企业短期、中期和长期的改善方向。

5. 供应链的柔性评估

供应链的柔性主要表现在产能的弹性管理上。供应链的波动性是客观存在的，无论是外部还是内部的原因造成的。但是库存不是吸收波动的唯一环节，需求预测、延迟交付、生产节奏、预留产能、外包、供应商等都是供应链波动的有效缓冲器。**选择最佳的波动缓冲环节是供应链柔性管理能力的体现。**

6. 供应链的复杂度评估

供应链的复杂度往往是影响供应链效率的最大因素，也是最隐蔽的因素。揭示和监控供应链复杂度的变化是第一阶段，制定规则去推动供应链复杂度的改善是第二阶段，从企业的长期利益视角去实现产品组合的利润最大化、实现交付管理的利润最大化是复杂度管理的最终目的。

7. 库存健康度的评估

尽管库存健康度是管理的聚焦点，但是更多聚焦其整体的库存状况，而忽略其结构的健康。由于分析深度的限制，难以从结果推导出具体改善路径，从而造成眉毛胡子一把抓，结果事倍功半。库存健康度评估建议通过交叉视角来整体展现库存管理现状，揭示库存与其他业务指标之间的相关性，针对不同的场景制订不同的改善方案。

8. 供应链的管理成本评估

供应链管理成本必须采用总成本的概念，包括采购成本、生产成本、库存成本和物流成本，要实现总成本最优。在缺失全局统筹的管控下，各个部门往往以自己部门的 KPI 为导向，寻求部门成本最低。因此，通过评估可以揭示部门之间的绩效冲突，从而达成相互妥协，但是从科学的解决方案而言，要实现总成本最低必须借助运筹优化技术，这部分将在第 14 章"供应链管理数字化转型实践和案例分享"中介绍。

9.5   为何部门绩效很好，而企业绩效不佳

前面我们花了很大篇幅谈指标的定义、统计方法。尽管强调的是评估，但考核是绕不过去的坎。为何弱化考核？其实很多企业已经感受到了指标考核带来的负面影响。**指标考核改变了大家的行为，起到了激励的作用，但同时又强化了内部的博弈，甚至扭曲了真实的业务状况。**绩效考核到底是利大于弊还是弊大于利？这是每个管理者必须了解、思考的问题。本节我们一起探讨绩效考核的普遍困惑：部门绩效很好，而企业绩效不佳背后的原因究竟是什么。

1. 人人好不一定是大家好

常识告诉我们，每个人做好自己，整个集体就好了。可惜这不是放之四海而皆准的真理，在企业的产销管理方面就完全不适用。如果每个个体都相互独立，那就两好合一好，但如果这些人或者事是相互关联的，甚至冲突的，那事情就不是 1+1 这么简单了。复杂事物和简单事物的管理方法论是完全不同的，尽管 4.1 节已经就个体与全局的关系做了解读，但是重要的事情可以说两遍。"人人好，大家就好""责权利对等"等，这些大家认为"放之四海而皆准的常识"是基于"还原论"的，也就是适用于个体相互之间没

有联动关系的简单环境，但这个假设在企业是不存在的，因为企业是一个复杂系统，各模块之间存在此消彼长的强耦合关系。如果企业完全借助绩效牵引来优化管理，就会强化部门之间的博弈，最后还会演变成企业与各部门斗智斗勇，结果每个部门绩效都不错，就是企业整体绩效不好。

（1）为何预测准确性可以很高？因为预测可以快速调整，甚至每周调整一次，预测当然会很准。这对于绩效考核而言结果很好，但对于运营管理的意义极其有限，还付出很多管理成本。

（2）为何生产计划执行率可以很高？因为生产计划与生产执行是一个部门完成的，并且生产计划没有冻结期，所以，往往计划跟着实际生产执行情况进行修改，这样计划执行率当然很高，这对绩效考核而言是有利的，但是对于管理而言是掩盖问题，有害无利。

（3）为何采购计划执行率可以很高？采购计划执行率更是糊涂账，大部分企业根本无法衡量。因为不仅存在批量订单问题，下单行为与实际配送之间更是缺乏提前期等明确关联关系，根本无法评估是否算按计划进行了交付，甚至实际上可能都是正偏差，提前并超量交付，所以交付率当然很高。

（4）为何库存满足率可以很高？为何不是订单交付率？因为很多企业的物流是外包的，或者与生产分属两个职能部门，生产部门认为评估其交付率是不合理的，发运不属于他们负责，所以提出了库存满足率这个指标，并且是按现货来衡量。这个指标也和采购计划执行率一样，不是没满足，是经常出现提前满足、过度满足，所以库存满足率也很高。

（5）为何物流配送率可以很高？物流部门认为它把能装上去的货准时送达就是达标，因为客户信用问题、车辆装载尺寸问题、物流人员甩货等导致的装不到车上的货都不计入配送率，所以配送率也非常高。

（6）为何最终订单交付率也可以很高？应该讲这一路被掩盖的各种问题最终会影响真实交付率，但由于订单交付率是一个敏感指标，关键部门都被考核，所以大家都有动力把它变得更好，导致订单成为一个被严重操控的交易数据。最终不仅交付率成为摆设，订单的真实性也失去了，但整个企业的绩效体系却形成了一个完美的闭环，大家都非常好。

（7）为何最终库存周转率也很高？如果其他指标都是业务部门自己计算，可能存在被操纵的风险，那么库存周转是财务计算的，应该能够反映真实状况。大部分企业的确只有财务计算库存周转，但是有经验的同行都知道，这个指标是业财联合管控的指标。特别是对于上市企业，为了让财报更加漂亮，大家都会自觉地将月末和月初的库存调低，该出尽出，该停尽停，的确是真实指标，你会发现库存周转率也不错，但是并未反映公司真实的月度平均库存水平。

看不到真实现状，更别谈改善方向，以上这些问题在企业是非常普遍的现象，也是集成供应链管理最大的障碍。为何会这样？因为在没有实施集成供应链管理模式之前，企业的计划与执行是不分离的，自然指标都非常好。一旦计划与执行分离，则很多绩效指标就不是一个部门能够控制的了。原来烂在一个锅里的问题就被暴露了出来。这无论对基层还是高层都是巨大的心理挑战，如果企业缺失容错文化，这就是一个巨大的隐患。所以想要引入变革管理，就要先松土，让大家为接下来的改变做好心理建设。或者还有一种方式，就像我们在之前章节中所说的，可以通过先实施阿米巴来激化矛盾，暴露问题。等实施了阿米巴模式一段时间后，矛盾得到了充分的暴露，再转变为集成供应链管理模式，就不会有那么大的阻碍了。一切都在变化，一切都需要与时俱进，每个企业需要基于自身业务实践的成熟度和阶段性的企业战略倾向不断调整绩效牵引的方向。

2. 个体越努力，全局可能越失败

KPI 是每个人最熟悉的工作目标，与其说大家是为企业目标而奋斗，不如说是为自己的 KPI 而奋斗，但是这有区别吗？在绝大多数人眼里是没有区别的，每个人做好自己，企业目标就能达成。在供应链管理人的眼里这完全是不一样的，因为我们每个人的目标不是相互独立的，而是相互影响的，我们在一个复杂的系统内工作，所谓的系统就是各个要素是相互关联的，并且不都是增强回路、相互促进，很多情况下是调节回路、此消彼长。所以，就可能出现局部越努力，全局可能越失败的结果。

　　比如，销售为了提升业绩，希望产品能以最有竞争力的价格、最新鲜的效期、最快的速度、最完美的交付率交付给每一个客户，提升客户满意度。原料在产品成本中的占比很高，采购当然希望尽一切可能降低成本，年年降本。所以，需要进行大批量采购，需要找到更加偏远的供应商，需要适当放宽质量要求。研发部虽说应该致力于产品创新，但是他们更多的创新也在降本，他们也是企业降本的主力军，为了降低产品的成本，他们将聪明才智发挥殆尽，不接受任何冗余。原本是一个产品，基于不同的客户需求变成两个，甚至更多个产品。生产部作为一个成本中心也是当仁不让，精益生产就是利器，他们提升速度，提升批量，提升产能利用率，减少不必要的切换、清洗。物流部门也是用钱大户，最低价中标，满载发货、均衡发货、合并发货等手段也是必需的。最后发现只有市场部门，为花钱发愁。为了让钱花出神奇效果，他们往往突发奇想，临阵换品，打击了竞品的同时，让自己人也措手不及。

　　提升客户满意度有错吗？降低成本有错吗？提升促销效果有错吗？这完全符合企业的利益。我们没有见到过哪个企业说，交付率不能太高，生产成本不能太低。我们都被要求追求卓越，这在精益世界里是完全正确的，在大部分企业管理者的理念里也是正确的，只有一个部门会手足无措，这个部门就是供应链计划部门，一方面要提升交付率、新鲜度和速度，同时又要求降低库存、生产成本和物流成本。如何两全、三全，甚至四全呢？

3. 考核越严，则博弈越强，内耗越大

　　因为大家都在各自发力，导致销售抱怨生产批量太大，计划抱怨采购批量太大，采购抱怨计划批量太小，生产抱怨产品太多，产品抱怨质量不稳定。最终结果是大家各自坚守，或者谁强势听谁的。所以，企业的业绩其实是各方博弈出来的，而大部分管理层喜欢结果导向，导致博弈加剧、内耗加剧，这就是企业业绩不好，而部门业绩不错的根本原因。这不是员工所为，而是绩效考核体系驱使的，是精心设计出来的。更为雪上加霜的是，员工为了绩效好看，甚至不惜粉饰数据，以至于在相互内耗下还失去了真实的业务

数据，或者搞出两套数据。

4. 管理过程而不仅仅是评估结果

如果认为绩效考核是不合适的，那是否有更好的管理方法呢？在这个问题上，管理者需要做一道选择题，就是管理结果为主还是管理过程为主。主流都选择以绩效考核为主的结果导向的管理方式，管理结果比较简单省力，责任也分散。而过程就比较难以管理，所以大家就避难趋易。什么是过程？过程就是业务逻辑、规则、流程等。比如生产的批量、采购的批量、产品的复杂度、客户交付率、新鲜度要求等不是每个部门自己定义的，而是统筹设计出来的，大家在规则下执行，那结果就会自然发生。所谓的管理过程就是要有人统筹设计所有规则，执行部门主要承担其执行率，比如，生产主要考核生产计划执行率、单位产品的生产成本，而非最终的经营结果，比如产能利用率、订单交付率等，这样把计划的责任和执行的责任进行分离，而不是谁执行谁负责。

5. 交叉考核是折中方案之一

很多企业没有能力管理过程，但也意识到了 KPI 对业务的伤害，所以采取了一种风险对冲的方式，比如指标交叉考核，销售也需要承担滞库的指标，甚至现金流的指标，生产和采购也必须承担库存指标，物流部门也要承担交付率指标。但这种模式下指标设置难度也更高，如果交叉考核指标的权重设计不合理，很容易导致部门最后选择"弃车保帅"，丢掉一个不重要的指标，全力去保障另一个权重更高的、更容易控制的指标，这样就又回到了过去的单向评估模式，无法体现制衡的目的。

6. 永远在问题的上一层找答案

要解决指标考核带来的弊端，不能在指标层级找方案，解决问题的答案永远在问题的上一层。指标的上一层是什么？是行为和策略。如何改变行为和策略？谁来改变？这就是供应链管理的价值所在，需要有一个强有力的部门去协同大家的行为和策略。这个事情很难，所以价值很高。本书将在第

14 章和大家深入探讨如何利用 What If 场景模拟的方式来量化策略对业务绩效的影响。

9.6 比指标考核更加尴尬的是行业对标

前面我们谈了绩效指标考核的弊端，但是很多企业不仅要考核，还要对标，甚至催生了一种咨询服务——"行业对标"，并且特别喜欢对标那些能量化的绩效指标，比如订单交付率、库存周转率等，因为对标可以带来改善的动力。笔者在数年前写过一篇文章《行业对标：一个真实的谎言》。

国际供应链理事会（SCC）的一大法宝就是提供行业最佳实践的对标，因为他们手里有着大量企业的数据。"对标"本身是一个非常合理的愿望，榜样的力量是无穷的。我们经常看到国际知名咨询公司出具的对标报告，它们以公司的信誉对报告可信度进行担保，所以小公司根本没有资格出对标报告，因为能够担保报告可信度的只有公司的信誉度，或者品牌的美誉度。

其实你根本无法对标指标本身。我们可以通过企业最核心的两个指标——订单交付率和库存周转率，来解读一下指标对标的挑战。如果你的同行企业告诉你，他们的订单交付率是 92%，你认为凭这样的信息可以对标吗？完全不行。你首先要确认对方采取了何种计算规则，是订单数量、订单行，还是整单，交期选择的是客户要求交期还是公司承诺交期，数据的偏差规则是什么，订单的修改规则是什么，等等，否则同样的数据，计算出来的结果完全是两样的。

库存更是如此，财务简单的月初月末的计算前提是库存没有被操纵，而现实中库存普遍被操纵，因此只有按周或者按天的方式才能反映企业真实的库存水平，但是你还要统一需求量的计算方法，按全年历史销量平均？按前三个月销量平均？按本月销量？按未来的需求量？不同的取数方式也影响最终的结果。所以，你根本无法对标，除非对两家企业的指标计算前提非常了解。

9.7   我们不对标结果而应对标管理模式

因为没有衡量就无法管理，所以我们重视对绩效的评估，但是我们却忽视了支撑这个绩效结果的整个管理模式，也就是我们关注结果，但却没有去思考目前的管理机制是否合理。比如，我们认为库存很高，不应仅仅思考如何降库存，还要思考目前的制造模式是否需要调整，一部分长尾产品是否可以转 MTO 模式，或者需要退市。我们认为生产成本很高，不应仅仅思考如何提升制造效率，加大批量，是否也要思考一下目前所有产品都按订单生产的模式是否合理？我们抱怨交付不好，那合理的交付率应该是多少，要求100% 交付是否本身就不合理？我们的战略是什么，目前的产品策略与竞争战略是否有偏离？我们是否需要一个集成的计划管理部门去承担统筹优化的职责，而不是产销直接博弈？我们不应该仅仅试图在现有管理框架下改变业务结果，还需要思考体系框架是否可以优化。这种框架体系的优化是对业务结果优化的降维打击。

总 结   ▶   SUMMARIZE

过程的规则比结果的绩效更重要

供应链管理就是要处理好两难、三难的博弈和冲突，其中绩效博弈是最难管理与平衡的环节。德鲁克说，没有衡量就无法管理。大家认为考核的一定是结果指标，但是如果只考核结果指标，则马上会强化博弈。我们前面说文化对人的行为影响很大，但其实绩效考核的影响才是最大的，某些时候绩效考核的"弊"早已经超过了"利"，以至于企业开始寻找其他的考核模式，比如 OKR[⊖]等。但如果企业一直纠结于考核，说明还缺失供应链管理的思维。优秀的企业不光看重结果，还更重视过程，通过对规则的建立来淡化对结果的过度考核是更加明智的做法。同时，笔者也认为对标绩效指标也是不明智的做法，因为企业的背景、战略目标、统计方法和数据来源都有差异，这种前提下的对标是没有意义的。所以，我们倡导要对标的是管理模式。

⊖　OKR（Objectives and Key Results）即目标与关键成果法，是一套明确和跟踪目标及其完成情况的管理工具和方法，由英特尔公司创始人安迪·葛洛夫（Andy Grove）发明。OKR 的主要目标是明确企业和团队的"目标"以及明确每个目标达成的可衡量的"关键结果"。一本关于 OKR 的书将 OKR 定义为"一个重要的思考框架与不断发展的学科，旨在确保员工共同工作，并集中精力做出可衡量的贡献"。

第10章 ▶ CHAPTER 10

集成供应链计划管理之组织架构设计

> 一切自发过程总是沿着分子热运动的无序性
> 增大的方向进行，除非有外力介入。

在第7章和第8章我们对集成供应链计划管理体系中的两大核心业务模块——集成供应链计划体系和产销协同流程体系分别做了深入的阐述。在理解上述两大业务的框架和运营逻辑后再来理解集成供应链计划管理组织的构建（见图10-1）就更加容易。组织架构设计一直是大家非常关注的领域，它有很多出发点，无法一概而论何种架构就是最好的架构，而我们这里的出发点主要是基于对供应链管理方法论的承接和落地，更多是从产销管理的科学性维度去探讨组织架构的优劣势。在展开具体的组织架构之前，我们先回顾一下第4章中和大家分享的关于产销关系管理模式的选择，因为产销关系管理模式的选择将直接体现在组织架构上。在第4章我们已经了解到，很多企业并没有选择供应链管理思想下的产销协同模式，取而代之的是产销服从、产销博弈和产销交易等模式，这类企业不会有或者无法建立真正的供应链管理实体组织。本章我们将分享集成供应链计划管理体系中组织架构的最佳实践，并重点深入展开其中的需求计划职能、持续优化职能，澄清物流职能、订单职能与计划职能的关系，澄清集团管理与属地管理之间的利弊，以及探讨职能导向的组织架构与产品导向的组织架构之间的优劣势，最后还将做行业典型案例分享。

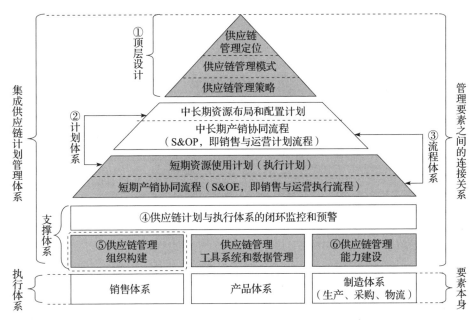

图 10-1　集成供应链计划管理体系中的组织构建

10.1　集成供应链计划组织中的职能设计

　　在第 4 章我们对集成供应链计划组织进行了定位，它需要独立于其他职能部门，并且至少与其他职能部门平级。此外，不管是硬组织还是软协同，这个组织必须发挥统筹优化的作用。本质上这个组织是一个业务中台，不是前台也不是后台。数据中台是一个热门话题，建立产销数字化平台、打通前后端的数据是目前很多企业的诉求，笔者完全认同数据统一、透明和共享的重要性，但是笔者认为业务中台比数据中台更加重要，至少其建立应有先后顺序。在缺失业务中台支撑的情况下，数据中台难以实现价值最大化，而最多是一个数据共享平台，具有可视化的价值。但是，我们知道数据透明解决不了博弈的问题，甚至会加剧博弈，只有通过业务中台，也就是本章要分享的集成供应链计划管理组织，数据中台才能发挥决策优化这种高维价值。基于对众多企业管理实践的调研，图 10-2 列示了作为企业日常运营中枢的集成供应链计划组织应该承担的职能，主要分为三大类：计划类职能、执行类职能和支持类职能，计划类职能是其核心职能。

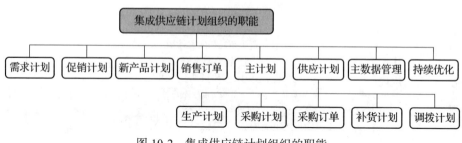

图 10-2　集成供应链计划组织的职能

1. 供应链计划类职能

（1）需求计划：专业的需求预测管理职能，是承担企业日常预测管理的责任部门，但不一定是预测的编制部门。

（2）促销计划：一部分快消企业的特有职能，不是制订促销计划，而是承接市场和销售的促销计划，并协助或主导编制促销预测，以及推动落地执行和反馈调整，是主动参与前端计划、转被动为主动的一种管理理念的体现。

（3）新产品计划：与促销计划类似，该计划也不是负责制订新产品计划，而是承接和落地新产品计划。通过提前参与到新产品计划的制订中来使得后期的供应执行更加顺利，其定位与促销计划类似。

（4）主计划模块：承担中长期资源规划的责任，同时也推动与前端资源和策略的联动调整，属于整个计划体系的中枢。更适用于多工厂多分仓、供应约束复杂、供需网络复杂的集团型业务模式。

（5）供应计划：供应计划下面需要设置多个计划职能，这个职能更多属于管理职能，而非实际业务职能。

（6）生产计划：这个职能通常不负责直接的车间日排产计划，这部分一般企业会放到生产执行部门进行管理。而生产计划职能则主要是承接主计划，基于主计划拆解出到 SKU、产线、周颗粒度的生产计划，给车间排产提供编制基准。

（7）采购计划：该职能则是承接生产计划，将成品计划转化为原料计划，或者基于其他驱动逻辑，比如预测、库存、订单等进行原料计划的编制，其关键输出就是采购申请。

（8）补货计划：该职能主要是针对有分仓，并且采取了自上而下的补货管理模式的企业。

（9）调拨计划：该职能主要是针对多工厂的企业，每个工厂都无法全品项生产，需要在工厂之间进行协调调拨。

2. 供应链执行类职能

（1）销售订单：该职能属于执行类职能，以往在销售端，现在更多在后端，并归属供应链管理部门，将在后续章节做进一步解读。

（2）采购订单：该职能同样属于执行类职能，在寻源管理比较成熟的前提下，大部分企业将其划归到计划部门。

3. 供应链支持类职能

（1）主数据管理：将该职能归属计划部门的情况现在越来越多，因为主数据对计划的影响非常大，并且策略类参数也属于主数据的一部分。计划是企业对于数据依赖最强的部门，特别是在集成供应链管理模式下。

（2）持续优化：该职能属于高阶职能，将计划的日常运营和规则制定进行分离，类似执法和立法的分离，是计划的计划。产销计划执行监控、绩效考核、策略设计、S&OP 流程优化、改善优化等不属于日常运营类的都归属该职能。

还有一部分企业在供应链管理部门增加了库存计划、路径规划、品类优化等职能，总之，向前一步，主动承担更多的责任才能从根本上提升部门的价值，承担起统筹优化的职责。职能的覆盖宽度也是部门定位和能力的体现。

【调研分享】

在 34% 选择了集成供应链管理模式的泛制造企业中，约 92% 的企业设立了需求计划职能，约 84% 的企业设立了采购计划职能，约 79% 的企业设立了生产计划职能。企业对于主计划、订单管理、主数据管理的归属还是分歧较大，仅约 51% 的企业设立了独立主计划职能，仅 55% 左右的企业将销售订单管理纳入供应链管理，仅约 52% 的企业设立了主数据管理职能。最后，约 28% 的企业在供应链管理部门下增设持续优化职能。具体如图 10-3 所示。

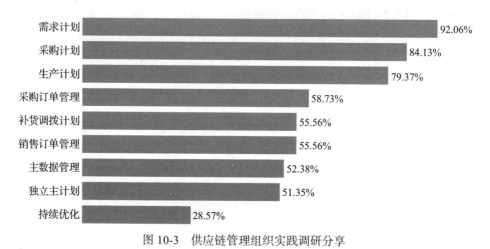

图 10-3   供应链管理组织实践调研分享

10.2   为何需要全职的需求计划职能

为何要单独谈需求计划职能，因为可以从这个职能看到供应链管理组织的演变过程。如何才算有需求计划管理？销售员兼职提报预测算吗？订单员兼职编制预测算吗？还是一定要有全职的需求计划人员才算有需求计划管理？不仅应有全职需求计划人员，并且需求计划是一个独立职能，而不是在供应计划部门增加一个全职预测管理人员。不愿意设置独立、全职的需求计划管理团队，是认知的问题。

大量的供应链管理专家都在致力于帮助企业如何使生产柔性敏捷，使安全库存更加精准。让后端敏捷没有错，但是如果只知道让后端敏捷就是错，因为不知道企业为了让后端变敏捷会付出多大的代价，并且因此而忽视了前端的问题，错失了管控前端的机会。前端无为而治，后端疲于奔命，还美其名曰以客户为中心。大部分客户都是理性的，不是任性的，只需要加以正确的引导。对客户的认知差异也体现在第 2 章"波动吸收派"与"波动管理派"的区别中。但是如果企业过去在需求计划管理方面可以选择不作为的话，今天已经没有这个权利了。因为只有资金雄厚的企业才能任性，才能边瞄准边开枪。现在子弹太贵了，即便不能做到弹无虚发，也不能一顿乱扫。所以，我们必须去学习瞄准（建立需求计划部门）。道理很明白了，区别是主动去做，还是被动去做，是现在做，还是以后做。

供应链管理的全称应该是需求驱动的供应链管理，必须有严肃的需求计划管理。谁更适合管理需求计划呢？销售还是专职的需求计划人员？即使需求计划团队可以做得更准，但是他们也不可能 100% 准，所以他们需要承担不准的责任。因此，在大部分销售强势驱动的企业，只有销售可以承担预测不准的风险，责任的划分比结果更重要。所以，需求计划职能的建立是非常艰难的，夸张地讲，我们可以把企业分为两类：有需求计划管理和没有需求计划管理。在需求计划职能缺失的情况下，建立供应链管理体系是存在着重大的风险漏洞的，或者说建立的是不完整的供应链管理体系，因为你试图在用一套强大的供应体系去满足一个不靠谱的需求，越是强联动风险越大。

【调研分享】

2022 年 4 月通过对 200 多家泛制造企业的调研发现，约 71% 的企业有独立的需求计划职能，但是其中约 37% 的企业依然以销售自下而上提报预测为主，也就是说全职需求计划主要是收集和汇总销售提报的预测，如图 10-4 所示。对于采用销售提报为主的企业，约 54% 的企业的预测长度未超过 3 个月。另外，具有全职需求计划职能的企业中约 65% 是汇报给供应链管理部门的，说明供应链管理越来越靠前。尽管全职的需求计划职能已经非常普遍，但是真正发挥需求计划专业价值的还比较少，实质性的预测工作依然是新瓶装旧酒。

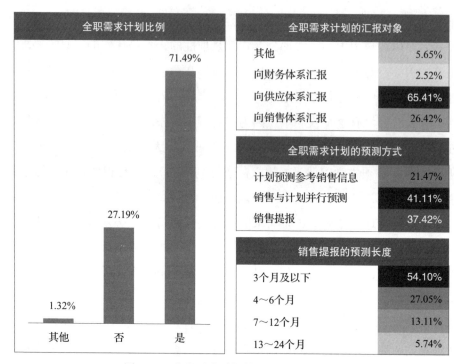

图 10-4　企业需求计划管理实践调研分享

10.3　为何建议将物流与计划体系分离

对这个建议，很多专业人士可能会有不同看法。笔者的观点是不建议将物流与计划放在一起，偏偏计划物流部或者物流计划部是一个非常普遍的职能设置模式，也就是大部分企业喜欢将计划与物流放在一起。基于本书的介绍，大家已经知道，物流属于要素部门之一，而计划是管理要素部门之间的连接关系的部门，也就是计划与物流的关系是统筹与被统筹的关系。物流是具象的、繁杂的，事情都非常急，通常需要快速决策，而非太多深度思考。计划则是抽象而复杂的，需要深度思考，反复权衡。它们是两个完全不同的职能。

1. 计划与物流在一起就可以更接近客户吗

同样，存在的就是合理的，企业也解释了这样设置的理由，其中最具说服力的理由是，计划与物流在一起，可以离客户更近，因为物流直接连接客户，听上去很有道理。企业里面除了销售之外，谁更接近客户？真是物流部门吗？按这样的说法，物流公司的卡车司机应该是最接近客户的。那么还有谁接近客户？订单部门也算一个，他们不是通过实物去接近客户，而是在信息上最接近客户，了解客户的需求，比如库容、资金压力以及下单偏好等。那么这里说的接近是哪一种呢？

工业时代和数字时代下空间概念已被完全改写，沟通不一定非要面对面，一个在上海的计划部门可以为常州工厂排产。真正的沟通是信息的共享，不是非要物理上的接触。一个每天跑街的销售员和一个坐在办公室的销售经理谁更了解市场？谁的信息和数据更全面？谁对数据和信息的解读能力更强？我们需要靠近客户，但不是物理上的靠近。

2. 如何同时有效管理两个行为模式完全相反的职能

试想一下，如果你是部门总监，下面有一个计划部门、一个物流部门，你的时间会花在哪个部门更多？通常来说，基本 70% 在物流部门，你不得不首先应对紧急事务，那还有深度思考的时间吗？最终的结果也许是计划越来越乱，物流越来越忙，成本越来越高，物流团队越来越大，你可能反而因此升任计划物流副总裁了。知名的饮品制造商 N 公司第一次计划系统实施失败的原因之一就是计划物流总监忙得难以配合项目推进，也不理解或者没时间理解计划的复杂逻辑，导致实施难以有效推进。

计划不能太忙，和高层管理者一样，要多用脑，而非手，要给予一定的思考时间。很多企业特别喜欢总经理兼任营销总监，感觉一个全职总经理有点工作不饱和。但是，很多外企还特别给总经理一定的假期，就是为了让他们有时间去思考更重要的事情。计划也是一样，**计划忙则执行必乱，成本必高**，他们的工作方式是完全不同的。一个是慢思考为主的复杂工作，强调冷静、理性、专注和深度思考，强调网格思维、博弈思维和全局思维，强调解决源问题。另一个是快思考为主的繁杂性工作，因为事情的紧急性，强调快速、果敢、雷厉风行。而如何同时有效管理两个行为模式完全相反的职能的课题，还是交给 HR 去研究吧。

3. 一个管理层级较低的职能如何推动统筹优化的工作

大家认为尽管都在计划物流部这个大部门下面，但是计划与物流还是分别在两个部门，应该是互不影响的。尽管从小部门视角，它们是相互独立的，但是对于完全独立的销售、制造和采购等其他执行部门而言，这种设置模式有失公平性，因为对于一个应该着眼于全局优化的计划部门，在这种组织架构场景下，难免徇私护短，做出有利于物流部门而非全局最优的决策。计划职能肩负全局整合优化的使命，不是仅仅负责物流部门的优化，它应该比其他部门有更高的格局和眼界，把它放在二级或三级部门的定位也使其无法承担全局优化的使命。

10.4　为何订单管理要归入供应链管理范畴

前面的章节中笔者说物流属于执行类职能，繁杂而紧急，不应该与复杂而重要的计划类职能放在一起。但是现在笔者却建议将同属于执行类职能的订单（包括销售订单和采购订单）管理归入计划为核心的供应链管理部门，为何此一时彼一时？这就是实践出真知，因为将订单职能划入计划部已经在很多企业取得了极佳的实践效果。供应链管理的核心就是计划体系，但是再重要的计划也无法自己落地，必须得到各执行职能部门的支持。

1. 销售订单管理职能为何要归入供应链管理体系

销售订单管理职能通常也称为客服中心或订单中心，总之，就是客户订单处理部门。大部分企业的订单中心是直接接触客户的，也有个别是对内面向销售的。销售订单管理部门和采购、生产等相比是新兴部门。通常来说，在企业成立的早期，订单都是销售自己处理，或者设置一个销售助理岗位帮助处理订单。随着业务量越来越大，企业成立了独立的订单处理职能，但还是在销售体系内。近 10 年来，很多企业的订单管理部门慢慢从前端转移到了后端，归入制造或者供应链管理体系。归入后端后，订单管理部门首先会和物流部门放在一起，从订单到出货的集成十分顺理成章。但是订单管理部门又要处理付款、退货等，有些企业又将其与财务放在一起。然而越来越多的企业，特别是一些供应链管理体系发展比较成熟的企业，却又将订单管理与计划部门放在了一起。当然，还有企业将订单与销售、供应链管理部门并行设置，使其成为企业又一核心部门。订单管理职能从无到有，从汇报至销售到物流、财务，再到计划部门，甚至成为独立大职能，说明订单管理的价值日益凸显。

2. 销售订单为何走出销售体系

一旦业务规模扩大，销售无法依靠自身能力去及时处理销售订单，企业往往会成立一个独立的订单管理部门，该部门在初期一般归属销售端管理。但是随着对业务管理要求的逐步提升，并且考虑到对人力资源的集中利用和有限货源的合理分配，企业将分散在各分公司的订单管理进行集中，成立了订单中心。但是随着销售业绩压力越来越大，订单变成了业绩的操盘手，很多企业出现了所谓的提前过账现象，也就是实物尚未发给客户，而货物所有权提前转移，并确认收入。这种现象对于供应链管理而言，影响最大的不是收入的提前确认，而是真实的市场需求被扭曲，进而影响对未来需求的预判。当然对于财务而言，这也属于违规行为。所以，很多企业开始将订单管理转入后端，同时也是对前端管理压力的释放。

3. 销售订单为何归入供应链管理体系

（1）真实的订单信息是计划最重要的输入。何为计划？计划是信息资源的整合和决策的过程，而不仅仅是对信息流动过程的管理，**流程不是计划管理业务的核心，决策才是**。计划首先要获取高品质的输入信息，而客户订单和交付信息就属于此列。但是，如果订单归属销售部门管理，则在各种因素下容易被操纵，从而失去真实信息。所以，归属供应链管理其失真的可能性会大大降低。

（2）销售订单交付是多方博弈的结果。销售订单管理部门是企业的一个垃圾桶，它直接面对客户，管理从接单到发货，由于这是交付的最后环节，各种影响交付的问题都在这个环节集中爆发，并且要立即得到解决。这个部门一般整体定位不高，却被要求解决各种交付问题。其实它最重要的不是解决问题，而是有效传递问题，推动相关部门来解决问题，也就是常说的将问题推给别人。它必须这么做，它能直接解决的问题非常有限。而计划则是管理多方博弈的最佳角色。

（3）销售订单行为对供应链管理影响巨大。销售订单往往承接了客户和渠道的交付规则，同时订单还是交付节奏的控制者。谁掌握了订单，谁就掌握了交付节奏，掌控了压货、挑货等行为，甚至可以借此影响订单交期、批量、新鲜度要求等，这些规则对最终交付结果和后端交付成本都影响巨大。所以，切换订单汇报线是一个非常敏感的事情。但就正面意义而言，订单交给供应链管理也是为销售减负。

（4）达成交付是供应链绩效的最重要体现。对于大部分管理层而言，将订单放到供应链管理部门进行管理其实就是为了让供应链保证交付，将交付责任划归供应链管理部门承担，这是完全正确的。供应链管理部门不能一方面说自己计划能力很强，一方面交付不行，交付是最重要的结果指标。所以，**供应链管理部门要毫不犹豫地承担起订单管理工作，因为对订单行为的掌控度将极大地影响最终的交付结果以及交付的成本，也契合所倡导的端到端供应链管理理念。**

4. 为何采购订单也要整合到计划管理体系

在一些供应链管理比较成熟的企业，采购订单这个职能也会放在计划体系内。但采购订单归入计划体系倒是没有像销售订单有这么多复杂的原因，前提是采购寻源必须成熟。在这种情况下，寻源管理和订单管理是完全可以分离的，并且从内控角度也需要分离。对寻源人员的要求与对订单人员的要求是完全不一样的，前者需要具备非常精深的行业知识、对市场的敏锐度和极强的谈判能力，而后者主要负责订单的跟进，工作主动积极，有较佳沟通能力即可。二者分离后将采购订单管理归入计划管理体系的另一个重要原因是，谁急谁催，一旦计划变更，最急的是计划，不是采购订单管理人员。所以，把它们放在一个部门有利于沟通和协调。

5.计划管理不仅需要复杂的决策机制，还需要最短的信息链路

计划需要基于最真实和及时的信息，通过复杂的决策模型进行决策。所以，**信息传递要简捷，决策模式要复杂**，进而实现最精准和高效的资源规划，以减少执行的反复，即所谓的"一次做对"。尽管订单类管理是一个执行部门，但它不仅是计划工作的数据源头，还呈现计划工作质量的结果，缺失订单管理的计划是缺失穿透力和掌控力的。基于以上原则，很多企业把销售订单和采购订单管理归入计划管理体系，让供应链管理部门承担更多的职责。对于销售，可以释放销售压力；对于采购，可以聚焦寻源等高价值工作；对于计划，可以避免因订单被操纵而失去真实信息，也缩短了信息链路，提升了计划变更的响应速度，一举三得。

【调研分享】

2022 年 4 月通过对 200 多家泛制造企业的调研发现，56% 的企业把销售订单管理归入供应链管理部门，59% 的企业把采购订单管理归入供应链管理部门，而非销售和采购部门，如图 10-5 所示。这说明订单是计划管理的重要抓手。

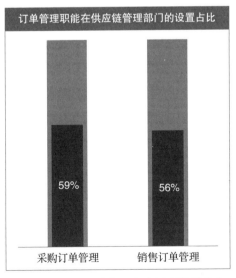

图 10-5　企业订单管理实践调研结果分享

10.5　供应链管理中的持续优化职能

每个职能都要持续优化，为何一些企业在供应链管理组织架构中要独立设置一个持续优化职能？这个职能在有些企业称为 COE（Center of Excellence）或者 CI（Continue Improvement）。这个持续优化职能除了承担持续优化的责任外，一般还会承担绩效评估、主数据管理、S&OP 流程管理、优化项目实施等职责。供应链管理部门的定位已经给大家传达了一个信息，它是负责整合和协同各职能部门的，从前端产品、销售、市场到后端的生产、采购和物流等，或者更直白地说，它是管理博弈关系的。一个优秀的供应链管理职能不能只是调解员，不能只靠沟通解决问题，而是要承担实质性的计划职责。所以它往往是一个企业的另一个数据中心和决策中心，掌握了大量关键信息，作为这样的一个体系如何确保其自身的持续优化就非常重要。

1. 持续优化职能是计划的计划

一些企业会把供应链管理职能分为日常运行以及持续优化两个部分，互为掣肘。日常运营更多是规则执行者，而持续优化更多是规则制定者，但不参与日常运营。从决策顺序而言，持续优化部门制定规则，计划部门基于规则制订计划，执行部门基于规则和计划执行计划。听着有点绕，这就是决策机制的严谨性。一般对持续优化人员的要求是很高的，没有一定的体系框架和实践积累难以胜任。持续优化部门需要从日常的事务中抽离出来，从更高更长远的视角来俯视企业产销管理的现状，并从企业的全局和长期利益出发来优化规则，完善体系。负责日常运行的供应链管理职能，比如各类计划职能，相对更聚焦于利用现有规则解决（短期计划）问题和预防（中长期计划）问题，但是**持续优化部门则更聚焦于规则本身的优化，是计划的计划**。

2. 不能将追究原因与追究责任混为一谈

很多企业为了管理的人性化，或者所谓的对事不对人，或者担心相互推诿延误时机，倡导在问题发生后立即解决问题，不要深究原因。大家表面上均表现出高风亮节，避免给兄弟部门压力，都提出先解决问题，不问原因，其实心里都认为是其他部门的问题。这就给未来埋下了隐患，这次问题是解决了，但是以后怎么办？为了避免所谓的追责，原因也是一锅烩，或者根本不再去深究，大家一次次失去推动体系改善的机会，还自认为是顾全大局。持续优化部门就是要揭开这个锅盖，至少在事后找出异常问题的根本原因，优化规则来避免未来再次发生，这与追责完全是两个事情，也是这个部门的最大价值之一，S&OP 流程运行也往往是这个部门的职责。

【调研分享】

如图 10-6 所示，29% 的企业在供应链管理部门设立持续优化职能，52% 的企业将主数据管理也归入供应链管理部门。

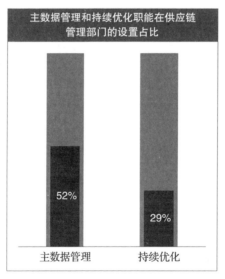

图 10-6　主数据管理和持续优化职能在企业中的实践应用

10.6　如何处理集团与属地的关系

前面我们仅仅从横向的职能维度阐述了供应链管理思想下的组织架构，现在要从纵向维度来谈谈集团与属地的关系如何处理。对于多工厂的集团型企业，在设计供应链管理组织时不仅仅要考虑上述的业务职能规划，还要考虑集团与工厂之间的关系：如何分工？管控到何种颗粒度？也就是如何平衡集团与属地工厂之间的权利和责任？这里有三种模式和大家探讨。

1. 供应链管理下放到工厂，集团承担指导和考核职责

这种模式下，集团的供应链管理部门主要承担指导和考核的职责，最多制定一些框架性的规则，以及工厂之间冲突时承担协调的职责，并不直接管理任何具体业务，不管短期还是长期计划，各工厂各自负责，也就是集团完全结果考核导向，过程管理工厂自负。

2. 集团不仅指导和考核，还承担中长期计划的责任

更加普遍的是集团供应链管理部门不仅承担指导、考核，还承担中长期的计划职责，也就是供应链管理的主要职能放在集团。此类企业不仅仅是计划，其他职能，如采购、物流、生产等业务模块往往也采取了集中管理模式，但是管理层级较高。在计划体系层面主要管控在月或周颗粒度的中长期计划层级上。日颗粒度的日常短期排产和采购计划依然为属地化管理。但是这里就又多了一个选项，也就是工厂的生产排产是直线汇报总部供应链管理部门，还是直线汇报属地工厂？这两种模式的区别在于，前者以以销定产为主导，后者以以产定销为主导。

3. 集团不仅承担中长期计划，还直接管控到执行层计划

最后一种模式是管控最强的，所有计划均集中管理，包括执行计划，极度高效精简。这种模式的实施有很重要的前提：信息必须完全透明、准确、及时，包括产能信息、库存信息、订单信息、各种主数据等。供应链管理部门承担所有重要的经营指标，包括交付率、库存、生产成本、调拨成本等，供应链管理部门也必须有能力承担这种集中管理的重任，还要有系统工具的支撑。整个链条是一种职责上紧耦合、强联动模式，这种模式大部分是在自动化程度较高的流程型企业中实施。

集团与属地关系一直是供应链管理中的敏感点，目前大部分集团型企业

已经意识到计划管理的重要性，并且至少在总部层面建立了相关的职能架构，但是在平衡总部与地方关系时还是差异很大。令人意想不到的是，调研样本中 18% 的企业选择了强管控的管理模式。从供应链管理思想的科学性而言，强管控胜于弱管控，但是从艺术性而言，弱管控胜于强管控。

【调研分享】

2022 年 4 月通过对 200 多家泛制造企业的调研发现（见图 10-7），在选择了产销协同管理模式的企业中，96% 的企业在总部设置了供应链管理职能，其中 16% 的企业总部只做考核、指导，但不负责运营管理。80% 的企业总部直接负责运营管理，甚至有 30% 的企业总部直接管控到日排产颗粒度。这说明尽管大家都选择了产销协同管理模式，但是集中管控的力度的差异比较大。总部供应链管理部门承担指导、考核，以及负责月、周颗粒度的中长期计划是主流。

图 10-7　总部与工厂之间关系的处理方式

10.7　职能供应链还是产品供应链

横向和纵向都说完了，但还有一个新的管理维度和大家分享。近几年，产品供应链成了热门词汇，在搭建供应链管理职能架构时，就又多了一个选

项，是按职能集成，还是按产品集成？我们在前面阐述组织架构时是默认
按职能集成的，也就是按职能合并同类项。但是在现实业务中，却是两者并
存，不少企业按产品合并不同职能，形成所谓的产品供应链管理模式。

1. 按职能集成与按产品集成的差异

从组织形式上，职能导向型供应链是以专业为主、以产品为辅搭建管理
体系，产品导向型供应链则以产品为主、以专业为辅搭建管理体系。比如某
公司有 A、B 两大系列的产品，有两个工厂。如果按职能划分，供应链管理
体系下按 10.1 节中的架构，一级职能以专业为划分标准，而二级职能以产
品、区域、渠道或工厂等其他视角为划分标准。比如，首先按专业分为需求
计划、主计划、供应计划等，然后需求计划部门下面按 A、B 两个品类设置
需求计划主管，供应计划部门下面按工厂设置供应计划主管等，如图 10-8
所示。如果是按产品导向搭建管理体系，则一级职能是按产品划分的，二级
职能才按专业划分，如图 10-9 所示。

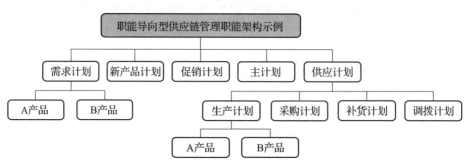

图 10-8　职能导向型供应链管理职能架构示例

图 10-9　产品导向型供应链管理职能架构示例

产品导向型供应链管理模式的主要诉求有两个，一是强化产品为核心，二是提升响应速度。部分企业认为产品是最核心的竞争力，所以希望形成以产品为核心的管理模式。还有些企业认为一旦需求计划与供应计划由同一个人管理或者同处在一个小组内，协同将更加顺畅，借用时髦的词汇就是短链运行。但我们会发现产品导向型模式下缺失了一个主计划，职能都按产品划分了。那问题来了，这些产品从前到后都是完全独立、互不影响的吗？当然不是，在前端与后端都会有大量的资源需要共享。如果发生资源冲突如何管理？只能靠流程协调。

2. 案例分享：知名快消食品公司 Y 历经四年重回职能导向型模式

Y 公司是国际知名的食品制造商，2015 年也提出了以品类（Category）为导向的管理转型，结果除了销售职能，其他所有职能均以产品为核心建立管理体系，产品之间各自为政。Y 公司还有一个巨大的优势是其工厂都是按品类独立设置的，无交叉。在这种情况下，应该说品类导向的管理转型还是容易推进的，但是好景不长，2019 年 1 月 Y 公司正式宣布重回原来的以专业为导向的管理模式，4 年的品类导向管理造成了大量的资源重复投入，但同时又出现了大量的管理真空，沟通成本极高而人员效率低下。

3. 哪些业务场景更适合产品导向型供应链管理模式

- 第一，每个品类规模都很大，企业有品类规模效益支撑。
- 第二，产品之间差异大，产品相对独立，共享资源很少。
- 第三，企业处于快速上升阶段，也就是市场扩张期，产品供应链的灵活性可以支撑业务快速增长，在这个阶段运营效率不是企业最优先的目标。

10.8 集成供应链计划组织案例分享

尽管产品导向型供应链管理组织架构有其长处，但是按照供应链管理的核心思想，笔者更加推崇职能导向型供应链管理架构（专业导向），这也是目前最普遍的管理实践。下面笔者和大家分享两家消费品制造企业的组织架构，因为就供应链管理而言，消费品行业的实践更加领先。

1. 组织架构分享案例一

该案例公司属于消费品制造业，其供应链管理组织在公司内属于一级部门，从横向和纵向看，均属于高度集成型，也就是紧耦合、强联动模式。横向不仅覆盖了供需计划职能，还包括了主数据管理和持续优化职能，同时增加了承接促销计划的独立职能。该公司纵向也是高度集成，工厂的生产排产计划全部由总部直接管理，并且在区域也同样设置需求计划岗位。该公司的组织架构如图 10-10 所示。

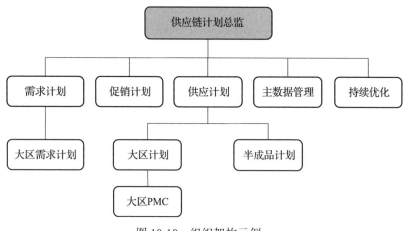

图 10-10   组织架构示例一

2. 组织架构分享案例二

该案例公司是强供应链管理的一个典型，供应链计划职能高度集成，定位也高。生产计划等全部向总部直线汇报，但管控到周。工厂内设置排产计划，也是向总部直线汇报，向生产虚线汇报。补货计划也属于供应计划范畴，实现自上而下主动补货，物流分仓的职能主要是操作执行，无补货决策权。另外还有独立的新产品导入和促销计划管理岗位。同样，订单中心也属于计划体系管理。该公司的持续优化职能在全球总部，实行统一管理。该公司的组织架构如图 10-11 所示。

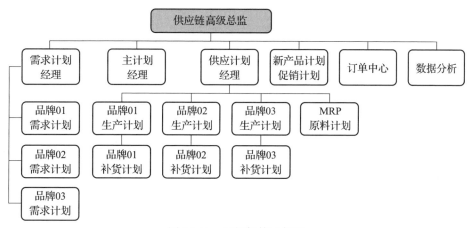

图 10-11 组织架构示例二

3. 不同组织架构传递出完全不同的管理理念

大部分国内企业一路高歌猛进，屡战屡胜，以灵活的执行支撑企业的快速发展。但是一些外资企业却又过于重视风险，把国外谨慎的管理模式带入高速发展的中国。它们认为一定要尽可能确保计划是正确的，计划成本低，可以多计划几次，但是执行成本高，必须一次做对。因此，在很多外资企业计划不仅责任大，地位也高，与民企存在着较大的差异。不同的发展阶段、不同的管理诉求、不同的管理理念下自然会有不同的组织模式选择，但是"合"才是供应链管理所遵循的全局优化理念的落地基础。

总 结 ▶ SUMMARIZE

供应链管理的平台化转型

有些企业还在思考为何需要集成计划为主导的供应链管理组织，以及这个组织到底应该放到哪里，层级如何定位等，然而有些企业已经在考虑如何拉通其他企业了。它们希望这个供应链组织不仅仅协同企业内部的研产销，还要主动协同产业链条上的其他企业，让企业成为整个产业链条上的核心企业。就像目前很多企业把自己的物流能力、采购能力等社会化一样，供应链管理能力也一样可以社会化，企业要决策的是社会化别人（减法赋能）还是被社会化（加法赋能）。如果希望在整个产业链中承担更多责任，成为核心企业，那要选择的就是减法赋能。企业不仅要管理好自己内部的产销协同，还要帮助自己的供应商和客户管理好对方的协同，成为整个产业链条中的资源统筹优化者。

迫使供应链管理能力平台化的压力不仅仅来自外部，更大的压力来自内部。由于互联网的发展，前端的商业模式不断变化，并不断发散。前端的多渠道发散式管理转型将更大的整合压力转移到了后端。供应链不得不直接协同前端多个渠道、多种品牌，并平衡渠道和品牌之间的冲突，甚至直接对接终端客户。看似销售是强势部门，但由于销售通常缺少一个统一的管理部门，所以在多对一的模式下，其实后端供应链才是最终的决策者。这就是一种供应链管理的平台化转型，不仅要服务好内部的销售部门，还要成为供应商和经销商的服务平台，不是提供服从型的服务，而是提供主动支持型的服务。这种平台化的转型将是颠覆式创新时代下供应链管理发展的必然选择。

集成供应链计划管理之团队能力建设

解决问题的第一步是理解人的感受。

——杰拉尔德·温伯格

《咨询的奥秘：寻求和提出建议的智慧》

前一章阐述了如何搭建集成供应链计划管理组织，但是笔者在咨询业务中遇到最多的疑问，不是担心组织，而是担心人的能力。本章介绍集成供应链计划管理体系中的团队能力建设，即供应链管理能力建设（见图 11-1）。很多企业的管理层认为供应链管理能力提升的瓶颈是基层团队的认知理念和专业能力。但是，截至目前，笔者还没有看到因为基层的专业能力不足而导致变革或者转型失败的案例。笔者认为**高层的理念认知和战略定力远比基层团队能力提升要重要得多，决定变革和转型成败的关键因素基本在管理层**。整个企业缺失供应链管理思想能够生存的氛围和环境，管理层认为对销售的绝对服从就是最好的支持，认为大家各自管好自己就是企业利益最大化。如果这样，我们完全不需要"供应链管理"，只需要"供应链"。所以，在谈团队的能力之前，要再强调一遍，中高层理念的共识和战略定力是最重要的。解决了管理层的理念共识和战略定力后，再谈供应链管理团队能力提升才是有意义的。**管理层自己必须先有搭台的能力，才能去要求团队有唱戏的能力。**这出戏的确不好唱，从笔者的经验而言，供应链管理团队所需的能力可以概括成三个方面：抗压力、领导力以及专业力。

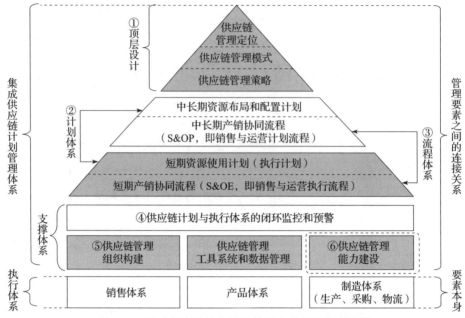

图 11-1　集成供应链计划管理体系中的团队能力建设

11.1　团队的抗压力建设

大家感觉很奇怪，抗压不是最基本的员工素质吗，为何还要强调？因为经常有同行来抱怨，公司或者横向部门要求计划团队解释自身存在的价值，对方感觉因为计划部门的存在，正常的产销业务流程中多了一层信息的传递环节，影响了效率，但没看到什么价值。对于这类问题，笔者经常开玩笑说，让计划部门集体休假一个月，公司就知道他们是否有价值了。

为何大家总是质疑计划团队的价值？因为实际节约成本的是物流、采购和生产，而增加收入的是销售、市场、财务和研发，这些与资金直接相关的部门永远自带光环和权威，质量更是总部直属管控的生命线。而计划团队不仅没有直接可视的贡献，还总是根源问题的制造者，不是预测不准就是不停变更计划给执行部门带来麻烦。雪上加霜的是由于计划业务过于复杂抽象，大部分情况下大家听不懂，或者没耐心听。所以，很多情况下计划团队不得不以和稀泥的方式进行自我保护，长年处于矛盾旋涡的中心，成了两头受气，甚至多头受气的仓鼠，看起来成天加班却碌碌无为，团队士气普遍低落，缺乏成就感。这种情况下，自身的心理素质就非常重要，计划部门的成就感必须来自对这份工作的自信和热爱，不能依赖别人的肯定而工作。所以，心理素质建设是计划团队的首要工作，即使不能刀枪不入，也不必过于敏感而自寻烦恼，因为计划部门的工作性质决定了它不可能让所有人满意。有一位专业人士说得非常好，计划部门和其他部门不一样，没有任何资源抓手，唯一的资源就是老板的信任，而老板的信任又是最不确定的。所以，必须自己内心足够坚强，团队抗压能力的建设非常重要。

11.2 团队的领导力建设

如果前面的抗压力是团队内修的话，那这里要谈的领导力就是外修的能力。领导力本质是影响力，就是如何借助他人来实现目标的能力。任何工作都需要一定的领导力，为何计划管理要特别强调这一点呢？因为计划工作自身不能直接产生价值，必须借助各职能部门的落地实施才能实现价值，所以相比其他部门，**计划部门更需要强化领导力，因为计划是务虚的，别人都是务实的**，计划是以想为主，别人是以干为主，计划的想法必须被其他部门理解和接受才能转化为真正的生产力。很多供应链管理转型项目中甲方管理层都希望乙方顾问团队能够承诺某种量化的成果，其实这是在考验甲方项目经理的领导力。想要做到这一点，需要改变的不仅是供应链管理团队的头脑，还要改变各执行团队的手脚，这谈何容易。

谈到供应链管理的领导力，就不得不谈谈企业供应链管理体系中实际的三个重要领导：供应链副总裁、供应链总监、供应链经理。有些企业没有供应链管理体系，却也有供应链副总裁，副总裁的主要工作就是管理"供应链"，包括采购、物流、生产、质量等，他们往往不重视计划，想得少，干得多。所以，有供应链副总裁，并不能说明该企业对供应链管理的重视程度。

（1）一个优秀的供应链副总裁最有价值的工作是参与企业整体运营策略的设计，并基于前端商业模式的变化不断优化组织架构和绩效体系，确保企业的战略能够得到承接，并为跨部门协同创造良好的氛围和环境。

（2）一个优秀的供应链总监不应专注于具体问题的解决，而应该专注于管理体系的搭建，并借助问题来推动体系和流程的完善和优化。重点是如何预防问题再次发生，而不是如何解决问题，特别是要积极推动跨部门流程的建立和优化。

（3）一个优秀的供应链经理则应更加专注在异常问题的解决和根本原因的分析上，特别是揭示背后体系、流程和规则的问题，并协助供应链总监将解决方案常态化。每月进行帕累托分析，而不是就事论事，并要积极推动管理流程和规则的常态化运行。

在很多企业中，这三个角色都是存在的，但是却经常互相错位、换位或者不作为。一个典型的现象就是供应链副总裁、供应链总监和供应链经理全部积极参与一线救火。**一个优秀的供应链管理者的表现之一就是要做到休假一个月企业供应链管理体系照样运行。强化体系而弱化自己才是正确的选择**，但这也是反人性的选择，所以需要机制去鼓励大家，这个机制就是 S&OP 流程。

管理过亚洲、欧洲和美洲业务的供应链管理专家李洛庆先生经过多年观察认为，中国人在供应链管理领域的专业能力较强，而领导力普遍偏弱。中国供应链管理人普遍属于埋头苦干型，被认为专业度高但不善于交流，或者不善于主动影响他人，不影响他人也就谈不上所谓的领导力了。国人天生具备领导力的人比例相对较低。既然软性的领导力有待提升，我们也可以调用刚性的领导力——绩效力。在企业管理中，绩效也是影响人行为的最直接手段。所以，如果领导力这类软实力一时很难提升，绩效牵引这种刚性影响力也可部分替代。

11.3　团队的专业力建设

供应链管理不是一个纯技术问题，可以在学校里通过学习来获得，也不是一个纯管理问题，可以通过思想实验来验证。它是融合科学界的系统方法论与企业界的管理实践而形成的一种科学实践论。大家是否注意到，各大知名外企极少有供应链计划管理的管培生，有的都是物流、采购、生产等职位，因为 HR 认为供应链计划管理岗位对人要求很高，刚毕业的大学生是无法胜任的。在一个人还不理解这些要素职能本身如何运作之前，如何有能力去整合优化这些要素之间的联动关系呢？所以，必须先去要素部门锻炼。另外中国高校目前几乎没有真正的供应链管理课程，课程主要集中在物流、采购、生产等供应链执行领域。以繁杂实物流、线性执行思维为主的供应链和以复杂信息流、网状抽象思维为主的供应链管理这两类业务大相径庭。

1. 需求计划：七分管理，三分技术（统计预测技术）

尽管互联网十分发达，数据获取的种类、质量也有了质的变化，特别在大数据和人工智能的反复熏陶下，大家以为一切问题都可以用数字和算法来解决，但是从目前现状来看，企业预测能力的差异，本质上主要是管理模式的差异，而不是预测技术和系统应用的差异。特别是在制造业，笔者尚没有发现通过机器学习或者深度学习等 AI 智能算法有效改善预测偏差的案例。

需求计划管理不仅需要建立专业团队、规范预测编制流程，还需要建立与市场、销售、订单以及供应计划的横向合作模式，实现信息共享，推动预测的执行，并获取执行过程的反馈。这是体系化的管理能力的建立。信息系统在体系完善的基础上才会锦上添花，而对于体系缺失的企业，信息系统反倒是一个负担。但是大部分企业对管理体系非常不屑，认为上一个系统或者引入人工智能算法就能解决问题。在变幻莫测的需求计划管理领域其实软性体系能力的重要性远远超过了技术，在这点上，事实与很多人的认知是相反的。

2. 中长期资源计划：三分管理，七分技术（运筹优化技术）

如果把三分技术、七分管理无差别推广到所有计划业务，则是以偏概全。中长期资源计划或者说主计划则是三分管理，七分技术。中长期资源计划的七分技术是指运筹优化技术，三分管理也不是指与执行层的沟通，而是与各部门中高层管理者的沟通。为何中长期资源计划对技术有更多的依赖呢？需求计划管理中销量与各种影响因素之间的关系是不确定的，不能说打 8 折就一定能达成 1000 万销量，也不能说气温在 35℃ 以上就一定能提升 10% 的销量。总之，自变量和因变量之间没有明确固定的逻辑关系，而这也正是机器学习、人工智能一显身手的找规律领域。但是中长期资源计划就不一样，交付率、提前期、节奏、效期、预测偏差、库存、库容、产线效率、工艺约束、优化目标等之间的逻辑是明确而清晰的，并且相互关联。如果说统计预测技术是无序中找规律，运筹优化技术则是规律中找最优。所以，不需要任何人工智能机器学习技术，直接使用成熟的数学方法即可构建寻优模型，并且由于中长期资源计划的时间颗粒度通常在月或者周，也正好规避了数据量和一些非线性关系的风险。本书将在第 14 章给大家介绍中长期产销规划建模方法，也正是这种运筹学算法在供应链管理领域的成功应用帮助企业构建了全新的数智化竞争力——产销资源规划能力和 What If 场景模拟能力。

3. 短期供应计划：见仁见智，存在争议

生产排产是短期供应计划的重要部分，因为短期生产排产到了天颗粒度，要考虑的因素非常多，相互联动关系也非常复杂，并且变数也非常大，高度依赖排产人员的经验，特别是在需大于供的发展阶段，大家认为短期排产成为改善的瓶颈，迫切寻求技术手段提升排产的精度和效率。因此，相对于其他计划模块，专注于短期生产排产的 APS 系统的实施还是非常普遍的。但是，也因为天颗粒度涉及的数据量非常大，因素之间的联动关系也是非线性的，所以 APS 系统只能采用启发式算法进行优化，其结果也只能是次优解，导致系统排产结果非常容易被人工排产挑战，并且由于到了天颗粒度，调整十分频繁，大部分企业自身难以应对天颗粒度产能数据的实时更新，持续应用挑战极大。但是无论是人工还是系统排产，由于短期计划调整过于频繁，对计划人员的沟通能力又提出了极高的要求，需要八面玲珑、随机应变、人情练达，并且沟通占据了其日常大部分时间。笔者做过调研，一个排产计划员，大部分时间不是排产，而是在处理各种突发事件和临时调整，甚至由于短期计划可执行性要求高，很多公司让生产部门、采购部门自己去安排。总之，大家可以看到做短期生产排产、采购计划、补货调拨计划的计划人员沟通能力都非常强。因此，面对短期计划的挑战，一个选择是技术层面寻求解决方案，比如实施 APS 系统（三分管理，七分技术），而另一个选择则是强化人的灵活应对能力（三分技术，七分管理）。没有绝对的真理，不

同的行业也有差异，所以，必须允许相反的观点并存。前文表 7-2 对不同类型计划的人员能力要求做了汇总，供大家参考。

11.4 计划人员的基本素质要求

前面强调了供应链管理所需的三个基本能力——抗压力、领导力和专业力，笔者认为这些能力可以后天培养。但是，还有些能力或者说基本素质后天很难改变，需要一定的天赋，不是每个人都适合从事供应链管理。

1. 自主意识和主动性

供应链计划管理，无论需求计划还是生产采购计划，都属于计划范畴。计划就是决策，需要融合数据、经验和大脑的智慧。不能说计划是个高级岗位，所有工作都是平等的，但是工作的属性是不一样的。作为一般的企业职员，尽管都是坐办公室的，但是大部分工作也类似重复性的体力劳动，如每天处理多少投诉、审核多少合同等。相比而言，计划属于脑力劳动，可能无法去量化它的工作量，但它的重要性不言而喻。这样的岗位不仅需要专业技能，还需要积累的处事技巧、周全严谨以及前瞻性的预判能力。这种方向性的决断需要计划人员具有极高的自主意识和主动性，对人员素质有极高要求。当企业从无到有设立供应链计划职能时，必须聘用经理级以上人员，因为需要大量的创造性工作、极强的主动性和责任心。但就是对于这样一份重要工作，很多企业却推出了"计划员"这样的基层岗位。笔者认为只有当流程和系统建立起来后，计划人员本身的能力差异对工作质量的影响才会逐步减小，可以引入部分"计划员"完成其中执行为主的工作。在这里笔者想强调的是，计划管理人员需要具备一些基本的人格特质、自主意识、自我驱动和极高的责任心，总而言之，就是爱操心的那类人，并且企业需要激励他们去操心，而不是消耗体力。

2. 抽象思维和长链思维能力

除了爱操心，中长期计划岗位还有一个门槛，就是抽象思维能力。这种能力也是与天赋相关，我们不得不承认每个人都有独特的天赋和局限性。有些人语言能力很强，有些人身体很灵活，有些人逻辑思维能力很强，有些人形象思维能力很强。有些人天生积极主动，有些人就是内向谨慎。如果你想从事供应链管理领域的工作，你最好具备较强的逻辑思维能力，特别是抽象思维能力，要能够透过现象看到共性和本质，不被异常特例等噪声所干扰，能够从复杂的关系网络中抽取最核心的逻辑关系，并能够在不同的业务场景下进行复用和优化，也就是极强的举一反三能力，而不是强调特例。

但是对于复杂的供应链计划管理而言，还需要具备长链思维。所谓的长链思维其本质就是深度思考，或称为"慢思考"。我们在第 8 章和大家分享了人类的两大决策系统——"快思考"和"慢思考"系统，而计划管理者必须经常启动"慢思考"系统。

11.5　理念共识和能力训练：TFC 供应链橙汁游戏

是否有较强的自主意识和主动性是非常容易判别的，如何知道自己或者其他人是否具备抽象思维能力就不是很容易判断，需要借助一定的测试工具。笔者要再次提到这款神奇的游戏——TFC 供应链橙汁游戏。该游戏由荷兰 Inchainge 公司开发，用于供应链教学和培训。英文名字是"The Fresh Connection"，简称 TFC。这是一款沉浸体验，脑力竞技，刷新认知，并引人入胜的实战模拟竞技游戏，其模拟场景的复杂度、仿真度和业务深度均远超以往的"啤酒游戏"。该游戏自 2008 年推出以来，不断迭代，每年超过 20 000 人参与该游戏的学习、培训和比赛，全球超过 50 个国家和地区、百多所大学、千家企业使用该游戏作为教学和企业内训的工具，曾经在荷兰、比利时、法国、英国、丹麦、美国、德国、澳大利亚、南非、中国等地举办了游戏竞赛。2020 年的全球 TFC 竞赛冠军来自中国，该游戏也是 APICS 推荐的供应链教辅内训工具。

该游戏全视角生动展示了销售、采购、生产运营与供应链四个职能之间的利益冲突，**量化模拟产销管理中的全局与局部的博弈关系，不仅演绎了何为供应链管理思想，同时也深刻解读了销售、采购、生产运营与供应链四**

个职能的核心运作策略和相互之间的关联逻辑，帮助各职能重新理解各自定位，以及如何配合上下游而形成合力。该游戏对于训练学员抽象思维和结构化思维的能力，以及直观地理解供应链管理具有极大的帮助。

该游戏设定的背景是一家新鲜果汁制造商"The Fresh Connection"，该企业因为巨额亏损而濒临倒闭，企业的产品有 6 款，客户对交付率和新鲜度都有较高要求，并直接与价格挂钩。客户只接受合约约定的保鲜期内产品，超过和低于合约约定的交付水平，则需要接受奖惩。为了提升交付率，除了提升预测准确性，大部分企业的做法就是准备库存，并且是准备成品库存。可惜的是这家企业的仓库库容有限，外借仓库成本很高，企业负债经营，资金压力大，同时大量备库将缩短客户货架期而带来直接报废的风险。那是否无路可走了？当然不是。

大家如果参与了游戏，就会发现最后转亏为盈的团队也有不同的管理风格。一种是保守派，由于交付水平承诺过高可能导致罚款，所以前端会对交付水平进行控制，不承诺高交付，包括高新鲜度、高交付率等。而后端则专心研究如何降低成本，也不敢增加生产线，生产频率也比较适中，减少换线成本。另一种是激进派，前端承诺更高的服务水平和产品新鲜度以获取更高的销售价格，后端也保持同样风格，增加生产线，采取小步快跑的生产模式，同时降低库存。这两类模式尽管盈利能力有差异，但是最终都可以提升企业利润。而往往失败的团队是前后端不一致，一个激进，一个保守。所以，**风格策略是次要的，最重要的是协同**。不能前端快三步，后端慢四步，导致大量库存报废和高缺货并存，也不能前端慢四步，而后端快三步，导致收入没有明显提升，而成本大幅度上升。**只要协同就能盈利的道理在 TFC 供应链橙汁游戏中得到了生动的体现**。

从游戏中，我们也深刻体会到，**每个部门越是试图做好自己，企业的亏损则越大**。因为这种各自为战的策略完全忽略了部门之间的关联关系，而供应链管理就是要管理部门之间的相互连接关系，通过策略的协同来实现整体利益的最大化。在游戏中我们看到了供应链管理的价值，采购的节奏不是由采购决定，生产的节奏也不是由生产决定，甚至还需要供应链副总裁主动发挥更深入的联动作用，协调供应商的选择策略、生产线的增减策略以及物流库容规划，甚至前端销售交付策略，需要有人来承担这样一种"链主"的责任。同时 TFC 供应链橙汁游戏还生动演绎了何为差异化策略，不仅体现在后端的库存设置、生产策略、采购策略中，同时体现在前端交付策略的差异化设置上。

我们经常讲开源和节流，也就是认为增加利润要么增加收入，要么降低成本。从 TFC 供应链橙汁游戏中我们完全可以感受到，前端不惜代价的开源和后端不算总账的降本往往都得不偿失。最终游戏告诉我们，即便前端没有开源，后端也没有降本，我们依然可以通过前后端策略的差异化和协同化，就能给企业带来显著的利润增长，供应链管理是企业的第三大利润源泉。所以，如果你在看了这本书后，对于研产销联动能带来显著收益这个场景还是无法理解，那么强烈建议你去体验一下 TFC 供应链橙汁游戏。

总 结 ▶ SUMMARIZE

高层理念改变必须先行

本章主要阐述了大家特别关心的供应链管理团队的能力建设问题，但是笔者必须强调目前急需建设的不仅仅是基层团队的能力，更重要的是中高层的理念和定力。关于团队能力建设，笔者基于供应链管理的挑战性，提出了抗压力、领导力和专业力三大能力提升建议。同时，笔者也认为有些特质来源于天赋，比如自主性、主动性、抽象思维能力，此类能力更多依赖选择，而非培养。如果你不确定自己或者团队是否具备这些基本素质，那么 TFC 供应链橙汁游戏就是一块试金石。

供应链管理的变革与数字化转型

———

　　读完第二篇的 7 个章节，你可能有两个感受，一是理解了什么是真正的集成供应链计划管理体系，不是车间排产，也不是安全库存计算。二是了解了构建这个大计划体系所需的资源和核心的业务框架逻辑等。掌握了这两点，你也许有一种摩拳擦掌、跃跃欲试的想法。在你动手之前，笔者还是要给你泼一盆冷水，这盆冷水会给你带来一些刺激（失败案例），但这是为了让你更加强壮，同时，笔者也必须给予你激励，榜样的力量是无穷的（成功案例）。尽管第二篇为我们提供了一份详细的实施图纸，但是你还需要提前了解可能遇到的所有问题，基于不同的业务场景和文化背景预先准备几种不同版本的剧本，才能保证演出一次性成功。

第三篇是实践篇，所有的案例均为笔者亲历的真实案例。借助这些案例企业的实践历程，感受什么是供应链管理变革以及什么是供应链管理的数字化转型。供应链管理变革不是采购变革，不是生产变革，更不是物流变革，这些要素部门的局部优化并没有从本质上改变整个组织的基本决策格局，但是横空出世的"集成供应链计划组织"将彻底改变原有的决策模式，带来权力和利益的二次分配，这才是变革。不是每项优化都会引发变革，但是集成供应链计划组织从无到有却将引发一场剧烈变革。如果在变革过程中你能借力"数学"的力量，那你就同步实现了供应链管理的数字化转型。正如爱德华兹·戴明所说："除了上帝，其他任何人都必须用数据说话。"

——

供应链管理变革和数字化转型的挑战、机会和路径

没有痉挛,历史就不能向前迈一步。

——车尔尼雪夫斯基

前面的章节主要分享了集成供应链计划管理体系的整体框架与其中核心业务模块的价值和运作逻辑,从业务视角刻画了集成供应链计划管理的全景立体架构图。这项工作首先需要一个实体组织去承接。这个新组织的出现将打破整个组织的结构,重新切割管理边界,并重构产销管理的决策模式。但是,仅仅进行组织的变革,而管理技术没有根本性的改变,这个变革是很难成功的。因此,供应链管理变革和技术转型必须相辅相成,而数字化发展又给管理技术的升级开辟了新的路径。这两者突然在这个时代能够结合到一起,不得不说是世界的奇妙。互联网技术的发展改变了世界的运行逻辑,带来的好处毋庸置疑。但是,它也给供应链管理带来了极大的挑战,同时叠加新常态经济环境的挑战、疫情的挑战、自然灾害频发的挑战,原生态的管理模式已经难以应对,正好科技的发展又带来了算力的爆发,二者相遇,就催生了组织变革和数字化转型的融合,而**对于以决策为核心业务逻辑的集成供应链计划管理而言,数字化转型的本质就是决策智能化**。本章将对供应链管理变革和数字化转型的挑战、机会和路径做深入阐述,并以华为和联想的供应链管理变革和数字化转型之路为案例来深入探讨为何

供应链管理变革与数字化转型是两件完全不同的事情，相互独立但又相辅相成。

12.1　供应链管理变革和数字化转型的挑战

首先，变革和转型的动力在哪里？笔者认为，第一大推动力是国家整体经济环境的变化，第二大推动力来自一些突发事件，比如疫情、战争、生态环境突变等。有些是永久性的变化，有些是突发性的变化。第三大推动力来自互联网技术的发展，这不仅仅是挑战，同时也是一种机会。但这一切都在倒逼企业去做出改变。

1. 经济环境变化的挑战：从短缺经济转为过剩经济

近几十年的持续增长、满负荷的产能利用率，让我们得以埋头生产，追求更多、更快。就算短期库存失衡，下个月也能卖出去，就算下个月卖不出去，下下个月也能卖出去。我们无须担忧需求计划是否准确，也无须关注各部门是否协同，增长和盈利是硬道理，我们只需要埋头苦干。所以，在那个时代我们更专注于如何提升生产效率（精益生产），如何提升物流效率（物流优化），如何发挥采购的规模效益（集中采购），如何开发出更多的产品（产品创新），如何开拓更多的渠道（全渠道转型）。总之，想方设法生产出更多的东西，找到更大的市场。因为需大于供是当时的主要矛盾。但是这个增长趋势很快出现了拐点，供需矛盾逐步发生了翻转，产品太多了，市场饱和了，产能过剩了。今天我们不仅是世界的制造工厂，也变成了世界的仓库，我们突然发现产能、库存双双过剩，更糟糕的是过剩与缺货并存。**我们不仅要生产更多的产品，更要生产对的产品。我们不仅要提升生产效率，更要实现有效生产。**

2. 突发事件频发的挑战：生态和外部环境的恶化

2020 年初的新冠疫情和 2022 年发生的局部冲突，再加上各种生态恶化引发的自然灾害，又给企业家们上了一课。不仅前端在变，后端竟然也出问题了，芯片荒就是其中之一。在供需两端夹击下，企业的决策程序已经无法按 S&OP 所要求的月度去运行，也无法依赖企业家们的经验和直觉来决策，更无法再依赖沟通、会议和流程等传统手段去协同，而必须精算、细算、快算，随需而动。你必须找到新的管理技术去应对新的挑战，必须能够在短时间内重新高效精准地配置资源，确保企业运行的安全性，也就是所谓的供应链的韧性。

3. 互联网技术发展带来的挑战：从工业化时代转入互联网时代

互联网应时而生，彻底改变了人们的交易行为，也给经济发展注入了全新的活力。第一个"双十一"产生于 2009 年，短短十几年时间，变化最大的不是后端的制造模式，而是前端的交易模式，不是传统意义的渠道拓展，而是基于互联网经济下的商业模式的创新。但是这种创新对企业管理而言也是一把双刃剑，我们先来看看它带来的挑战。

（1）波动性加大：波动性表现在两个方面，首先，互联网交易模式本身就比传统交易模式波动性更大，没有铺货过程，没有区域概念。无须实物货品上架，只要图片上网就立即开始全国销售，完全没有爬坡曲线。其次，不断涌现出的新的线上促销模式，如爆款秒杀、网红直播等让需求变化更加极端。由于新冠疫情的发生，这种波动不仅仅发生在需求端，也对供应端产生了巨大的影响。

（2）复杂性加大：如果说波动变化主要体现在需求端，那复杂性的增加就体现在方方面面。首先是产品更加复杂了，为了避免对线下产生冲击，需要增加线上专用产品。其次是库存管理更复杂了，一旦全国都可以购买，网络规划和库存的分布就非常重要。线上业务属于终端用户直配，物流配送更复杂，并且线上售卖退货率高，对数据统计和实务操作均带来影响。

（3）响应要求更高：出于客户满意度的考量、平台的要求以及商家相互之间竞争等，对后端的交付响应要求反而更高。

综上所述，互联网发展不仅增加了新的渠道，同时导致需求波动性、产品复杂度、网络复杂度、需求响应速度、库存复杂度均急剧增加，并对后端的承接响应提出了更高的要求。互联网技术的应用不仅增加了供应链的波动性和复杂度，同时提高了响应要求。如果传统模式下还没有协同好，那新模式下必定更是捉襟见肘。

12.2　供应链管理变革和数字化转型的机会

在各种挑战之下，企业家们必然会思考，会寻找新的管理模式。比如，很多企业开始设立产销管理委员会。大家意识到各个职能部门的相互联动是非常重要的，是需要去主动管理的，这就是供应链管理思想在潜意识中的体现。但是如果没有合适的管理方法，这种管理模式的转变依然难以落地，因此供应链管理变革项目失败的概率是极高的。但是，上帝关上几扇门，也总要打开几扇窗，这就是世界的运行法则。

1. 互联网技术发展带来的机会：数据资源的极大丰富

凡事有一弊必有一利，互联网对于供应链管理的影响也是一样，尽管带来了更高的复杂性、更大的需求波动、更快的响应要求，但是同时也带来了更大的透明度和更强的可控性。

（1）**终端用户数据的透明**：线上销售虽然波动大，但是数据却非常透明和及时，最重要的是不仅有最终的销售数据，还有过程数据，比如浏览量、点击率、转化率等，甚至可以获取用户的属性信息，所有的信息都是终端信息。这与传统分销模式下品牌商基本无法直接获取终端用户信息是完全不一样的。对于终端需求的掌控一直是品牌商所追求的目标，互联网技术的应用使得这个目标得以实现。

（2）**数据过程逻辑的透明**：掌控数据的目的不是实现可视化，而是预判需求，甚至是引导需求。而互联网恰恰又提供了这种可能。在传统模式下，你只知道卖出这么多，但是到底为何卖出、谁卖出的是不知道的。有了用户行为数据，你就可以知道是用户数增加了还是转化率提升了，是客单量增加了还是价格提高了，是老用户复购还是新用户增加，哪种方式带来了新的流量，哪种方式用户转化率更高，哪种产品用户关注高而购买少，甚至了解你的核心用户是哪类人，即所谓的用户画像。就好比在你面前突然出现一座信息金矿，但你却可能没有挖矿的工具和炼金的能力。

2. 硬件算力发展带来的机会：支持算法的社会化应用

当你突然要面对如此巨大的数据量时，发现此时算力也得到了巨大的突破，使得原本停留在大学讲堂和实验室的各种统计预测技术、运筹优化技术等数学算法竟然在大数据量的压力下也能够轻松地在你的个人电脑上运行了。而一旦算法通过建模技术与大数据发生融合就催生了新的生产力，或者说竞争力——数字化供应链管理。这种算法与大数据的融合给供应链管理带来的新的决策力就是供应链管理数字化转型的技术驱动力。

12.3　供应链管理变革和数字化转型的路径

前面分享了供应链管理变革与数字化转型的背景、挑战和机会。最后必须落地到如何推动变革和转型。从顺序而言，第一件事情是建立集成供应链计划管理体系。从"没有供应链管理体系"到"有供应链管理体系"的这个"从无到有的过程"被称为"变革"。有了基础的集成供应链计划管理体系，如果想要让它运行得更加精准（决策精度）和高效（决策时间），则需要借助一些新的技术来实现，这种借助数据和算法来推动"从有到好的过程"就是数字化转型。因此，我们可以将供应链管理改善分为两条路径，一条路径是供应链管理变革（以建立组织体系为主，以"人"为中心），另一条路径是供应链管理数字化转型（以提升管理技术为主，以"事"为中心）。简单而言，供应链管理变革是组织、流程、职能、绩效的调整，这涉及部门权力、利益的二次分配，从而引发冲突。所以，供应链管理变革项目通常都需要较长时间，有关人的事情就得慢慢磨。如果你的企业已经有了基础的供应链管理体系，则将更加注重如何通过技术手段优化现有工作的逻辑与效率，提升决策精度，那就更多属于数字化转型。所以，供应链管理变革和供应链管理数字化转型是两个目的不同的改善目标，但是它们又往往相互联动，变革倒逼数字化转型，数字化转型又反过来助推变革落地。在实际的业务中，二者可以合二为一，甚至数字化转型先行，业务逻辑先行，而组织架构后动。当然，有些企业既不做组织调整为核心的变革转型，也不做管理技术升级为主的数字化转型，而更多是在组织架构、业务逻辑、管理技术都不变的前提下进行"流程梳理"。所以，基于企业实践我们可以把优化路径再做细分。

1. 对管理体系（人）进行改善

此类改善还可以细分为三小类。

（1）**管理行为常态化**：体现为端到端的流程梳理，规范各个职能之间的工作秩序、规则，增强内部契约精神，实现闭环和常态化管理，这是最基础的优化服务，适用于内部管理还缺失规范的企业。不管规范本身是否合理，先实现管理常态化。

（2）**管理流程优化**：相比规范为主的常态化，流程优化属于更高一级的管理优化。比如，各种业务流程的优化、S&OP 流程优化等，常规的表述方式是八大流程或者十大流程优化，但是，也是在原有的组织框架和关键业务逻辑不变的前提下对流程进行优化。

（3）**体系框架优化**：如果说前面的优化是重新洗牌，这里的优化可能是掀翻牌桌，打破原有的组织框架和业务逻辑，包括组织调整、定位设计、模式设计、策略设计，以及决策逻辑优化。（属于管理变革，这是本书后续阐述的重点。）

2. 对管理方法（事）进行改善

此类改善还可以细分为两小类。

（1）在线化（可视化）：主要借助信息系统将业务过程和结果实现可视化，首先实现信息对称，建立跨团队互信。

（2）数智化（智能化）：供应链管理的核心是信息的整合和决策判断，而不是流程的来来回回。这类改善抓住决策的本质，并借助算法重构整个决策逻辑，提升决策精度，不仅仅是效率。（属于数字化转型，这也是本书后续阐述的重点。)

那是否就意味着必须先实施管理变革，再推动数字化转型的落地？从理论上讲是这样，否则数字化技术也无人承接。但是在实战过程中，你会发现，你必须两条腿走路，否则你的变革成果很快会被推翻，因为你既动了大家的奶酪，也无法证明做大了蛋糕。你的同僚反对你，而你的老板也不知道如何支持你。下一节将通过实战案例来和大家分享，如何兼顾体系变革和技术转型并使其同步推进。

12.4　供应链管理变革与转型的典型代表：华为和联想

上一节我们把供应链管理的优化路径分为了"管理变革"和"数字化转型"两种路径，其实二者经常是以不同的顺序来相互支撑。但是，的确不同的企业在选择上有不同的侧重点或者实施顺序，而华为和联想正好是两种路径的典型代表。这两家企业都是成功民企的典范，它们不仅在过去选择了不同的发展路径，今天在供应链管理领域也同样遵循着一贯的原则，华为继续坚持自主创新，联想继续坚持洋为中用，华为言必称"管理变革"，联想则力推"系统落地"。这两家企业都认为自己成功完成了供应链管理的华丽转型，都以自身为样板积极推动对外的输出和复制，并且它们都先后成立了各自的供应链管理咨询和系统实施公司，但是它们的复制之路却都一样艰难。

12.4.1　华为管理变革驱动与联想技术转型驱动

谈到中国制造业的集成供应链管理变革历史，华为和联想都是无法绕过的。华为全靠硬技术成为中国企业发展的榜样，并且跨越风口持续高增长，这些硬技术也包括先进的管理实践。华为不仅在产品上不断突破，超前发展，而且在管理上自我规范，通过请 IBM 做老师来超前自我约束，ISC（集成供应链管理）就是最典型的成果之一。

联想则通过收购 IBM PC 快速成为一家国内少有的全面国际化的公司，

外界甚至认为这是一种蛇吞象式的收购，但是这就是联想的目的，它最终就是要成为"象"，并且它也做到了，而且全方位地向 IBM 这头"大象"学习，包括在供应链计划管理领域。

1. 华为力推变革，做了 IBM 的学生

我们来简单回顾一下华为的变革历程。华为 1997 年从固网领域转战到无线领域。同年，任正非带领高管到美国考察。1998 年，华为与 IBM 以 20 亿元签署合作协议，其变革聚焦于 IPD（Intergrated Product Development）和 ISC（Intergrated Supply Chain）为主导的八个模块。1999 年的华为是什么样子的？ 1999 年，华为营收 120 亿元，员工 15 000 人，尽管这是 20 多年前的 120 亿元，但是相对其人数和一些业务指标而言，其运营效率非常低下。2003 年，华为再次投入 20 亿元与 IBM 开启下一轮变革。前后支付了 40 亿元天价学费，华为在 2020 年营收达到 8914 亿元。变革之初，许多创始元老对于这个天价咨询完全无法接受："中国人为什么要穿外国人的鞋，IBM 虽然很成功，但他们的理念不符合中国的国情和华为的实际情况。"但任正非下了死命令："谁不配合，谁就下岗。"任正非认为，企业缩小规模就会失去竞争力，但是扩大规模不能有效管理也要面临死亡。IBM 高管陈青茹（Arleta Chen）是 IBM 变革咨询首任负责人，她认为："华为与 IBM 自1998 年开展管理咨询合作项目以来，双方投入了大量的人力、物力和财力，从小项目开始，逐步向大项目、核心管理流程变革推进，尤其是通过 IPD和 ISC 项目，IBM 顾问们为华为走向国际化发挥了巨大作用。"任正非对此非常认可："IBM 教会了我们怎么爬树，我们爬到树上就摘到了苹果。我们的老师主要是 IBM。"

再来聚焦我们要重点探讨的华为 ISC 变革，华为 ISC 的第一次变革发生在 1999 年，IBM 的第一次辅导阶段。华为成立集成供应链计划管理部门，并且在 2003 年与 IBM 签署第二次合作，2005 年集成供应链计划管理部门成为公司的一级部门，总裁直接管理，并且该部门可以列席公司最高层级的会议。8 年后的 2013 年集成供应链计划管理部门与供应链执行部门合

并，2015 年华为再次启动 ISC+ 变革项目，围绕"把供应链建设成为华为核心竞争力之一"的战略诉求，借助数字化技术建立以客户为中心的、成本最优的主动型供应链计划体系，对 ISC 再次升级。很多企业都声称把供应链管理作为企业的战略，作为一种新的竞争力，但是大部分停留在口号上，而华为就是少有的成功实践者。

2. 联想借力并购，成了 IBM 的同事

联想一直以来奉行的贸工技的战略路线使得联想特别强于技术的应用，也特别善于学习西方先进的管理实践。联想很早就非常重视供应链管理，2001 年联想在并购 IBM PC（2004 年）之前就实施了集成供应链计划系统 JDA，时间上与华为 2002 年的 JDA 系统实施（在华为变革之后）几乎同步，之后联想的供应链管理能力随着 2004 年并购 IBM PC 业务后更是如虎添翼。JDA 系统的实施，叠加 IBM 供应链管理能力的输入，开启了联想供应链管理一路高歌猛进的势头，2013 年联想开始入围 Gartner 全球供应链 25 强排行榜，之后连续上榜 9 次，2023 年取得了第 8 名的好成绩，联想也是中国唯一入围的制造企业。华为也参与了 Gartner 的排名，最好成绩是第 26 名。笔者不认为 Gartner 排名完全真实地反映供应链管理能力的高低，但是整体而言具有较高的国际权威性，所以从这一点看，联想在供应链管理领域的成就得到了国际上的认可。尽管联想和华为有很多不一样，但在管理认知上是完全一样的，都认为随着企业规模的扩大化和复杂化，管理和经营一样重要。只是联想更多倾向借助外部力量构建管理体系，华为更加倾向先学习，后自主。

联想和华为都借助国外系统支撑起了各自的供应链计划管理体系，但是二者的最大区别在于联想不是借助外部咨询公司的力量，而是借助并购的契机直接把 IBM 变成了同事，自学了 IBM 的管理能力。联想明确提出，并购 IBM 不是让 IBM 变成联想，而是要让联想变成 IBM。我们可以推断，这次并购也给联想的供应链管理带来了巨大的变化，因为供应链管理思想和实践均源于西方工业化土壤，通过并购两家文化背景完全不同的企业做了全方位

的融合，而供应链能力的提升也助力了联想的国际化深度。所以，笔者认为联想更多是借助 IBM 并购和供应链计划系统，在潜移默化之中完成了供应链管理的数字化转型落地，这也为联想后续借助系统将供应链管理能力内生外化打下了基础。

12.4.2　殊途同归，都从学霸变成老师

虽然华为和联想的供应链管理转型路径不一样，但是它们在自身企业实践中都取得了巨大的成功，并且最终将自己的供应链管理能力进行了社会化输出。两家成功企业在各自主营业务高歌猛进的同时，都不忘社会责任，希望带动中国制造业供应链管理能力共同提升，更加有意思的是，它们师出同门——IBM。

1. 华为：内拉外推成为 IBM 的同行

2006 年左右国内开始学习华为，2019 年美国开始打压华为，随着打击力度不断升级，国内学习热度也不断升级。华为业务因为美国的打击而受到影响，但华为的咨询业务却蓬勃发展，从华为离职的员工以及华为官方都做起了咨询业务，输出华为管理实践，满足全国各行各业强烈的学习意愿。最著名的就是 IPD、ISC 和铁三角等耳熟能详的方法论，其中铁三角为华为分公司的发明成果。目前看，推广得最多的是铁三角，无论哪个行业，是否项目制的管理模式，是否需要现场安装的交付模式，都纷纷建立铁三角。找出三个角色，重构联动逻辑就是铁三角，甚至还出现了铁四角，该方法论的学习门槛最低。其次是 IPD，无论研发规模大小，研发何种产品，产品数量多少，研发资金投入多少，大家都积极引入华为庞大复杂的 IPD 模式，反正各个部门形式上都提前参与研发过程。但是，大家是否发现，学习对标华为 ISC 的好像比较少，更不用说成功案例了，形似都很难（笔者通过各种途径尚未找到一家，欢迎大家举证推翻这个判断）。但是普及率最高的铁三角在缺失 ISC 这个金三角支持的情况下，其实是难以奏效的，因为铁三角是一种执行层的协同，而目前企业真正需要的是计划层的协同体系，缺失计划

层的协同体系 ISC，执行层的铁三角只能停留在救火效率的提升层级。为何不先上金三角 ISC？因为 ISC 很难，大家自然避难就易。为何 IPD 和铁三角大热？IPD 是关于产品研发的，铁三角是关于客户交付的，这是企业最关注的两个业务。而 ISC 呢？不仅和产品、客户无直接关系，如本书所述，其管理理念和传统思维也相去甚远，价值更加隐性，而学习门槛却很高。但是，难以被模仿的能力才是企业最核心的竞争力。华为供应链变革管理实践的输出依然任重道远。

2. 联想：惊艳战绩转行 JDA 系统实施商

尽管联想自身的供应链管理非常成功，但是转行做老师却是在 2020 年，联想不谈变革，而是低调走技术路线，成为 JDA 系统的实施商。联想是一家真正的跨国公司，笔者认为联想是在 IBM 潜移默化的影响之下，不知不觉地完成了华为花费 40 亿元特意请 IBM 咨询团队帮助的情况下才落地的管理变革。所以，联想自身可能没有感受到，或者说起码外界没有感受到联想惊涛骇浪般的管理变革历程，并且联想也的确没有对外高调宣传变革，还将供应链管理能力提升归功于强大的系统。可能联想的确认为其供应链管理领域的成就与先进的供应链计划系统是密不可分的，这让笔者想起供应链网红"收音机小姐姐 Radio"的肺腑之言，当她去了一家民企之后，她深切地感受到所谓的体系、流程、文化其实就是空气，当你身在其中时，你是感觉不到的，但是当你离开后才感觉到空气的宝贵。所以，笔者推断联想的国际化倒逼了规范化，规范化必然会弱化人的因素而强化体系的存在，而体系的完善又极大地助力了系统的落地，因为标准化、规范化是系统实施的前提。所以，这也是联想认为系统在供应链管理中发挥了巨大作用的原因所在。但是华为却是大张旗鼓地搞变革，也可以推断在那个阶段华为的管理是比较混乱的，也就是华为尽管也实施了同样的供应链计划系统，但是可以想象其系统应用效果是未达预期的，尽管华为并未对外直接表达。也因此，华为一直高谈"变革"，因为其深受管理混乱之苦，最终成就了大把的变革经验。

前面笔者认为华为在对外复制 ISC 变革的道路上是非常不顺利的，那联想的技术复制路径是否略微轻松一些？因为联想是在 2020 年才开始对外提供供应链计划系统实施服务，时间所限暂时也难以提供经得起时间考验的成功经验。但是，中国制造业普遍强调灵活敏捷，这对于对标准化和规范化要求较高的系统而言是一个巨大的挑战。笔者从其他供应链计划系统实施服务商的经历中可以推断，联想面对的也将是一条崎岖小路。

12.4.3　为何学霸的作业不好抄

两个学霸亲自做示范，结果大家发现学霸的作业不好抄，问题是在学霸辅导不力还是学生学习无方呢？自然双方都有原因。笔者将华为与联想在供应链管理领域的演变历程做了对比（见表 12-1），供大家参考。

表 12-1　华为与联想在供应链管理领域的演变历程对比

	华为	联想	对比说明
利益分配机制	全员持股	常规公司化运作	华为的土壤非常特殊，天赋异禀，而联想更像是一个普通人
国际化深度	立足中国，面向世界，国际化运营	中美双总部，国际化程度更深	联想通过并购 IBM PC 实现全面国际化，而华为相对更像是本土企业
企业战略	自主创新为主（技工贸）	应用与创新兼顾（贸工技）	这两家企业都是高科技企业，但是华为的专利数量要远超联想
供应链管理评价体系 /Gartner 排名	未上榜 Gartner25 强，最好名次第 26 名	截至 2023 年，连续 9 次上榜 Gartner25 强，最高排名第 8 名	联想因为国际化，管理更依赖体系，运行机制得到国际认可
供应链管理改善路径	外部辅导为主，1998 年开始总共花费 40 亿元请 IBM 提供咨询服务	自学成才为主，2004 年通过 12.5 亿美元并购 IBM PC，把 IBM 变成同事直接学习	华为以 40 亿元请 IBM 做老师，联想以 12.5 亿美元并购 IBM PC 进行直接渗透
供应链管理能力内生外化	2006 年左右，（离职人员和官方）开始提供管理咨询服务	2020 年正式成立公司，对外提供系统实施服务	二者都主动承担社会责任，推动自我复制。但华为言必称"变革"，联想言必称"系统"，前者受益于"人"的改变，后者受益于"事"的改变

（续）

	华为	联想	对比说明
供应链计划系统实施	2002 年实施美国 JDA 系统（变革之后），但是目前正在开发自己的计划系统，未来可能也将提供计划系统实施服务	2001 年实施美国 JDA 系统（并购之前），2020 年成为 JDA 的实施服务商，正式对外提供系统实施服务	两家企业几乎同一时间导入国外计划系统，华为在 IBM 变革咨询之后，联想在并购 IBM PC 之前。同时，它们的系统策略与战略也完全一致，华为极少谈 JDA 系统，最终还是坚持自主开发全新计划系统，而联想在机制的加持下系统应用效果好，最终成为 JDA 实施商
对外输出的成功案例	尚未了解到，欢迎推荐	尚属于早期推广中	尽管对标华为成为流行，但是 ISC 成功案例尚未发现，联想尚处于系统推动的前期。二者均未发现经得起时间考验的成功案例

1. 学生的原因

（1）大部分企业更加重视产品、销售，而非隐性的供应链管理体系。尽管学习华为、对标华为蔚然成"疯"，但是真正想做出改变，特别是在非产品、非销售领域改善的是极少的，因为它们并不真正了解供应链管理的价值所在，无法想象为何供应链管理是第三种利润源泉，为何供应链管理可以通过兼顾既要又要还要来为企业创造价值。利润提升并不是只有"开源"和"节流"两种方式，"协同"是第三种利润来源。即使个别企业真的希望改善供应链管理，也是聚焦在库存的优化和排产的优化等低层次上。基于这样一种大背景，即使华为、联想"软硬兼施"，部分企业家们也软硬不吃或消化不良，或者附庸风雅而已。但是这个大环境在变化，随着利润压力日益增加，将有更多的企业会真正试图改变。

（2）"学华为"是一个典型的群体效应事件。在学习华为的企业中相当一部分是被裹挟的，是一种盲目跟风。大部分企业都很在意行业特点、体制差异等，但是说到学习华为，大家都可以找到共同点，可以跨行业、跨体制地学习。高科技企业学习,消费品企业也学习,民营企业学习,国有企业也学习,并且不是学习"精神",而是真枪实弹学习其"实践"。大家都不再强调行业的差异、文化的差异,以至于消费品企业也出现了交付经理,营收规模十几亿元的企业也实施 IPD,极度追求市场占有率的企业也要求实施 ISC。如此多的企业都在学习华为,但是大多得不到华为的真经,这种学习更多情况下是一种自我安慰,避免自己显得落伍。群体效应是对于个体而言,实际上企业间也有极强的群体效应。供应链管理是一种管理思想、一套经过抽象后的业务逻辑,它的落地需要基于企业实际业务进行定制化设计,不是简单拷贝某个企业的具体实践(实例),但是有多少人能有机会和能力去理解和解读华为运营表象背后的根本原因,大部分只了解表象和其中的一个部分,所以,最终只能照猫画虎。

2. 老师的原因

(1)学霸们天赋异禀,成了学习的最高门槛。集成供应链管理这个名词在中国广为人知要感谢华为的引领,但是华为成功的底层逻辑其实不是产品技术和管理方法论的先进性,而是其独特的利益分配机制,机制比方法论还重要。《华为人力资源管理纲要 2.0》提出"华为成长和持续发展的关键驱动要素是人力资源管理,需要提醒的是,人力资源管理不是驱动要素'之一',而是唯一"。也就是华为和其他大部分企业是成长于不同的土壤之上的,没有比较的基础,就好比一个孩子天赋异禀,而其他孩子则智商平平。但是,联想倒更像是一个普通孩子,有不少普通孩子的毛病,如果说要学习,那联想倒是一个更加接地气的榜样,但是联想在 IBM 的影响下形成的管理规范化是另一道门槛。

(2)无论华为还是联想,都不是集成供应链管理的最佳实践者。业内人士都知道,无论 IPD 还是 ISC 都不是华为、联想的独门绝技,很多跨国公司早就是 IPD 和 ISC 的优秀实践者,它们积累了比华为和联想更多的实践经验。特别是 ISC,最强实践者也不是如华为、联想这样的高科技类企业,而是消费品制造企业,特别是同质化竞争激烈并且低利润的快速消费品制造业。Gartner 就是 ISC 学霸排行榜，几乎常年被 2C 的国际快消巨头亚马逊、宝洁、麦当劳、联合利华、高露洁等垄断。

（3）学霸转行做老师需要时间和跨行业的沉淀。学霸学得再好，做老师就是另一回事情了。我们都知道，老师是需要广泛的跨行业实践沉淀的，老师要输出的是一种经过提炼的方法论，而不是某一家或几家企业的实际操作，仅仅熟知几家企业的实践很难支撑普适性的需求，何况大部分人在一个庞大而分工精细的企业中，只能知其然而不知其所以然。从学生到老师是需要经过一定时间积累的，甚至要经历很多挫败案例，才能提炼出底层的管理逻辑和体系框架。华为和联想或者从华为和联想离职转行咨询业的专家们都正在经历这个过程，对于整个中国制造业这是必须缴纳的学费，华为和联想以各自的企业实践来为中国制造业的供应链管理转型努力探路，它们都是值得我们尊敬的先行者。

在信息垄断基本被打破的今天，无论个人还是企业都必须有能力建立一种难以被复制的能力，供应链管理就是这样一种致力于管理复杂事物，并难以被复制的能力。这也是本书成书的根本动力，因为难，所以供应链管理是一个非常值得被深度探讨的课题。

12.4.4 因为难，所以更有价值

2021 年 10 月波士顿咨询的执行董事陈果（也是本书的推荐序作者），在其公众号发表了一篇文章《很难做系列：供应链计划系统在中国更难做》。陈果认为："SaaS、BI 在中国很难做。在这两个领域中，不管怎么说，无论是资本还是软件创业公司都还算活跃。然而，在欧美企业应用系统领域里相当普及的供应链计划系统，在中国，相比 SaaS、BI 的命运，那是更难做——国产企业应用软件头部公司几乎没有涉足这个领域，创业公司举步维艰，投资不热，偶有企业实施这类系统，但成功率极低。并不是中国企业没有切实的系统实施需求，在制造业、消费品和零售行业的供应链管理体系里，供应链计划起到了'提纲挈领'的作用，而在供应链执行层的 IT 应用方面，ERP、MES、LES（OMS+WMS+TMS）等信息系统为计划系统提供

了支撑，在中国企业中已经有普遍应用。"陈果作为一位企业管理的跨界专家型顾问，他的结论是非常客观的。所以，**复杂、个性、多变是供应链计划管理的标签，更是一种挑战**。

深耕中国 30 年的 SAP，重磅推出了新一代的供应链计划系统——SAP IBP，一款俯下身去模仿 Excel 友好界面的大型计划系统，也在实施落地中屡屡碰壁。联想本身是中国企业中少有的成功案例，但是在推广过程中，联想也遇到了各种挑战，因为大部分企业的"身体素质"（组织架构、数据质量等）和认知理念（专业知识、业务能力等）都与联想差距甚远，一时半会难以全方位适应。联想也不得不从完全的技术路线切换到系统落地和轻咨询兼顾的模式上。为何到了计划管理领域事情变得左也不是，右也不行？这就是供应链管理变革与转型的魅力所在。华为和联想的成功路径各自有侧重点，华为因为任正非的个人魄力可以以变革直接切入，而联想作为国际化程度极高的公司，必须是机制化运作，它的规范化特别有助于系统的推进。但是当它们准备把这个管理能力做社会化输出时，发现外面的世界更多彩，它们的成功路径是无法被直接复制的，它们必须在经历各种挫败和挑战之后才能沉淀出和它们老师同样的能力。但也正是因为难以模仿，难以速成，供应链管理才成为企业新的竞争力，无论多么创新的商业模式终究需要经受时间的磨砺才能成为真正的王者。

总 结　▶　SUMMARIZE

管理变革和数字化转型相互独立又相互成就

本章对管理体系的变革和管理技术的转型做了区分和深入的阐述，并且以华为和联想两家企业为样板，而它们恰恰实践了两条不同的路径，并且都是成功实践者，但是当它们准备把各自的成功路径传授给中国的其他企业时，却都遇到了巨大的挑战。华为以管理变革切入，联想以技术转型切入，之后华为也开始研发自己的计划系统，联想也不得不导入咨询服务，它们同步做了调整，最后殊途同归，都走到了管理变革与技术转型必须兼顾的实践道路上。华为和联想有着很多的不同，包括不同的战略定位，但是在集成供应链管理领域，它们最终走到了一起，变革管理和技术转型一个都不能少。它们不同的探索路径为还在摸索的广大中国制造企业带来了光亮，并且它们都愿意以自身的光芒点亮整个中国制造业，探索一条中国式的集成供应链管理之路。但是华为和联想都是非典型性的企业代表，都是企业群体中出类拔萃的少部分特例，都有着异于常人的独特体质，特别是华为。所以，下一章要和大家分享四家普通的企业的案例，看看它们如何实现集成供应链计划管理的变革和转型，如何让科学的集成供应链计划管理实践飞入寻常企业家。

第 13 章 ▶ CHAPTER 13

供应链管理变革实践和案例分享

凡在理论上必须争论的一切，那干脆用现实
生活的实践来解决。

——车尔尼雪夫斯基

上一章中，我们认为管理体系的优化有三种路径，第一种是管理行为常
态化，第二种是管理流程优化，第三种是改变组织框架和业务逻辑，也就是
所谓的管理变革。本书不谈管理行为常态化和管理流程优化，而是聚焦第三
种最有挑战的改善路径——管理变革。下面将分享四个变革实践案例——两
个失败案例、两个成功案例，给大家提供一个全面客观的视角。大部分情况
下，供应链管理变革必须先失败然后再成功，甚至要失败几次后方能成功，
但是也有极少数企业实现了一次性变革和转型的成功。在分享案例前，先
和大家分享笔者所理解的五大变革挑战，以及推动供应链变革成功的六大对
策，希望在案例阅读时引发大家更多的思考。

13.1 供应链管理变革的五大挑战

笔者认为供应链管理变革就是从无到有建立集成供应链计划管理组织的
过程，目的是从组织形式上先保障实施供应链管理方法论的物质基础。我们
在前面第 10 章已经就集成供应链计划管理的组织架构做了深度的阐述。基
于企业实践有两种模式可以选择，一种是硬组织，一种是软协同，前者直线

强管控，后者虚线弱管控，主要区别是管理深度的差异，但是它们都必须有一个实体—— 一个三不靠的独立、集成和分层的供应链计划组织进行统筹管理。无论选择哪种模式，集成供应链计划管理组织从无到有的过程都将会面临如下五大挑战。

1. 理念认知转变带来的挑战

尽管大家都在大谈供应链管理，但其实一部分人是不知道供应链管理的真相的，还有一部分人则是叶公好龙。大部分管理者难以理解集成供应链计划管理下的这种新的决策模式，因为以往的决策模式在过去二三十年的发展过程中得到了反复的成功验证，突然要把简单有效的模式搞得那么复杂是让人难以接受的，严重的惯性思维和路径依赖让人难以自拔，过去的成功反而是今天的思想包袱。比如，不少企业无法理解为何在制造和销售之间还要增加一个所谓的供应链计划部门，难道产销直接对接不是更高效吗？无法理解为何还要增加一个所谓的需求计划部门，而不是让销售承担全部的预测责任，需求计划部门听不见炮火声，不接触市场客户如何做预测？大家也无法理解为何让供应链计划部门去管理订单执行，更无法理解为何产品复杂度管理是供应链改善首要的突破点。大家认为对于所有产品和客户都需要一视同仁，交付就应该100%，并且越快越好。这种思维的碰撞往往是变革面临的第一个挑战，这就是理念的松土。所谓的松土要半年并不是一句夸张的话，大部分变革项目就失败在前期的理念共识达成上，理念的冲突会在项目过程中得到充分的暴露。

2. 行为习惯转变带来的挑战

比理念改变更难的是行为模式的改变，世界上最远的距离就是从"知"到"行"。供应链管理倡导基于数据和规则进行决策和协同，但是很多企业决策和协同靠的是权威、经验和刷脸，个人英雄主义和家长制模式十分盛行。有的高层管理者甚至已经习惯了众星拱月、一呼百应，养成了一种决策随意、朝令夕改的行为模式，一旦要基于数据和规则进行决策，就挑战了他的权威，伤及他的面子，因为这会弱化他的价值和影响力，从理性和感性层面他都难以接受。当然，这里也有例外，一些管理者因为长期在一线救火，工作压力大，已经到了极限，他们就非常欢迎这种新的决策模式，它可以给管理者减压。但是安全感较低的管理者，则更倾向于维持原有模式。即使愿意改变，行为习惯的改变也不是一朝一夕的，改变自己不易，改变别人更难，要改变成功的管理者则难上加难，所以，这种转型基本依靠的是管理者的自我觉醒，外因很难起到作用。

3. 权力格局重构带来的挑战

改变理念难，改变行为更难，但这都不是最难的，权力格局的改变才是难上加难。供应链管理转型如果说得直接一点就是出现了一个新的决策中心，或者说决策支持中心——集成供应链计划管理组织。比如，原来的产品优先级、批量设置都是由生产部门来决策的，采购批量是由采购部门来决策的，物流部门的配送规则也是由物流部门来决策的，销售部门的订单要求、交付率、新鲜度等也是由销售自己来决策的，但是现在突然出现一个新的部门，来干涉各个部门的决策，权力模式发生了转变。我们来看下面两个例子。

某企业缺货和滞库并存的状况愈演愈盛，并出现库存结构性失衡问题。新上任的供应链总监取消了分公司要货为主的分销模式，将之前的分公司要货改成总仓主动补货，要求分公司及时分享所有库存和出货数据，由总公司的需求计划部门基于出货数据来编制各分公司的预测和补货计划，将自下而上的要货改为自上而下的补货。应该讲这是一个非常正确的方向，也是对分公司仓库管理人员压力的释放，但这样的改变却不受分公司的欢迎。分公司认为自己被剥夺了货物的选择权，它不能够想要什么就要什么了。因此，在执行中分公司就消极应对，甚至放大问题，反馈一些负面声音。最后在供应链总监离职后，新成立的需求计划部门也重新回到销售运营部门，不再是一个独立的职能部门，补货模式回到原来的要货模式，权力重回分公司。对于这种调整，公司的解释是"分公司责权利对等，你要货你负责"。听起来也有道理，好比"谁主张，谁举证"一样。但经过这样的折腾后，问题依然在那里。因为，不是谁想负责，谁就能负责，负责也要有负责的能力。

另一个权力惯性的故事发生在一家公司的生产领域，公司没有集成的计划体系，采购计划与生产计划完全不协同。当公司宣布要成立独立的供应链计划部门，并将车间周排产汇报线归属到新成立的计划部门时，权利的惯性再次出现，车间主管很难接受这个改变。车间排产工作其实对于一家采购计划和生产计划完全脱节的公司而言是一件耗神之事，所有计划基本是反应式，只能依据物料库存情况排未来1～2天的计划，而不是看客户需求来排。物料不齐套导致的库存堆积如山，同时客户还缺货。但就是在这样一种场景下，车间主管依然奋不顾身要保护这种权力，不愿意透明化、规范化排产规则。

上述两个案例涉及的主人公均属基层，可以想象如果发生在中高层人员身上会是怎样的一种场景。这种权力变化所引发的冲突远超过了对理念认知和行为模式的改变。

4. 部门绩效冲突带来挑战

决策模式的改变或者说权力格局的改变与绩效考核的改变相比又是小巫见大巫了。权力的改变往往连带利益的改变，改善前大部分企业执行与计划不分家。在粗放的管理模式下，各种计划执行率都接近100%，订单交付率也是95%以上。为了不让管理层焦虑，下面部门选择了最善意但不真实的表达方式。管理层看到最终结果还是赚了钱，那过程也就不重要了。但是，一旦计划职能被剥离出来，长期被内部消化的矛盾就会被激发，长期被操纵的指标就会受到挑战，长期被关照的个人或部门绩效在新的决策模式下被修正。新的供应链管理组织马上四面楚歌。虽然理解暴露问题才能解决问题这个道理，但各种负面的噪声还是会给高层带来巨大的心理压力，这就到了考验管理层定力的时候，但是很多管理层通常难以顶住这样的压力。

5. 快速见效的心态被挑战

前四项挑战基本已经让人有了缴械投降的心,如果结果(改善的收益)又是难以量化的,更难以快速见效,这个事情还如何推动?大部分领导都需要一个量化的投资回报结果,好像他们压根不知道存在隐性成本和长期利益一样。计划和决策这种思维性活动本身不会带来任何直接效益,其落地需要被动了奶酪的各职能部门的配合,否则一切结果无从谈起。但即使有了结果,比如紧急采购减少,生产更加有序,物流成本降低等,这些功劳也会首先记在各执行部门的账本上,计划起到多少作用就全靠领导个人的洞察力。

最终,即使管理者明知山有虎,偏向虎山行,这种人事交织的变革能够快速硬着陆吗?即使技术上可行也不能这样做,因为组织的惯性之大是超越任何人的意志力的(即使最高管理者也难以短时间内改变)。变革必须软着陆,所以很多专业人士一直强调供应链管理转型必须 2 ~ 3 年,而很多企业家则不以为然。他们往往高估自己的认知和魄力,快速硬着陆缺失定力,逐步软着陆又缺乏耐心。

某食品制造商的董事长把公司的供应链管理变革称为"翻烙饼",因为他们这张"饼"已经被翻了三次了。很多家族企业决策快速,每次成立供应链计划部门时信心满满,雷厉风行,但是一旦矛盾被暴露和激发,则立即回撤。某照明设备制造商,在库存和交付同时出现问题后,于 2013 年前后连续空降四任外企供应链总监,但也均在六个月内离职,公司管理层鼓励尝试,但只给六个月时间,要求快速见效。所以,常见的成功路径是,在经历一任又一任"失败"的供应链总监,经历一个又一个失败的供应链改善项目之后方能取得成功,真正验证了失败是成功之母这一真理。就像吃大饼一样,往往在吃到第四、第五个大饼时才算吃饱,那前面几个大饼呢?它们就是供应链管理变革必须付出的代价。

13.2 供应链管理变革的六大对策

打破原有的平衡,一定会引发短期混乱。但是如果不打破,就永远在黑屋子里转圈。捅破这层窗户纸的可以是外部的顾问，但是要彻底打破原有的权威和经验导向的博弈型决策机制，还是依赖企业的担当和决心。这种决策模式的改变，是生产型思维与供应链管理思维博弈的结果，是个人利益与部门利益、部门利益与企业利益博弈的结果。人性不喜欢改变，但改变却是必需的。不从内打破，就要被人从外部被动突破。基于上述五大挑战，笔者结合以往的实践积累对变革和转型的经验做了总结，再结合案例分享可能感悟更加深刻。

1. 第一大对策：变革必须理念先行，并明确承接组织

这段时间要鼓励暴露问题，鼓励相互博弈，不要过度救火，甚至必要的时候还要主动点火。从领导开始形成"自以为非"的气氛，减少大家自我改变的精神负担，实在不行可以借助阿米巴去彻底翻土。集成供应链计划部门的职责就是整合优化，它希望市场部门能够管控一下产品复杂度，但是这和创新有矛盾；它希望销售部门能够管控一下促销和节奏，但是这干涉或妨碍了销售的工作模式；它希望生产和采购的批量得到控制，但是这影响了生产和采购的成本；它希望物流不能过于成本导向，要平衡时效和准交率，但是这影响了物流部门的绩效。那怎么办？供应链计划组织首先想到的是高层的坚定支持，可惜的是，多数情况下高层自己也没想明白，在各种利益掣肘之下也举棋不定。所以，一个办法是开展各种培训，进行宣传贯彻，另一个办法是先实施阿米巴模式，进一步激发冲突。大家打够了，力气打完了才能坐下来谈判：是继续这样对打，还是找一个第三或第四方来建立一套规则，实现共赢。最后大家一起出人、出钱组成一个"临时联合政府"——集成供应链计划部门（硬组织）或者供应链管理改善项目组（软协同），产销冲突问题才算终于有了个"归宿"。

2. 第二大对策：兼具突破和平衡的人才提前准备，最好新老搭配

"临时政府"必须先建立起来，但谁来负责运营呢？初期阶段基本上是谁去谁"死"，因为博弈中生存的概率比较低。以需求计划这个职能为例，如果要证明这个职能的价值，首先就需要比别人做得更好，但是在前期与销

售部门的信任还没有完全建立起来之前，需求计划一时半会很难做得更好，这对要求投资必须快速见效的企业来说是不能接受的。其次，即使需求计划的确做得更好，但由于过去企业没有这方面的衡量统计，缺乏对比，也难以证明自己做得更好。最后，即使需求计划终于证明了自己做得更好，但是预测不会 100% 准，依然会有偏差，这个偏差造成的后果谁承担？以前对于所有的后果，强势的销售部门都可以承担，现在要需求计划部门来承担。这一切在短时间内足以压垮这个孱弱的新部门，最后还是谁能够承担预测不准的责任，谁预测，对于员工而言，厘清责任比结果更加重要。当然，部分企业在这个时候往往会去找专业的空降兵。如果是成建制空降还好，但如果是单兵独斗的话，无论是总监还是副总裁，都要做好两年内自我牺牲的准备，空降兵的使命就是去搅局，去打开这个潘多拉魔盒。所以，笔者也会在案例中给出答案，最好是心态开放，兼具突破和平衡，并深得管理层信任的经验人士搭配专业且没有思维惯性和包袱的空降兵。

3. 第三大对策：高层的支持必须坚定，噪声越大效果越好

如果你有幸担当了变革的操刀者，那首先要争取的是所有高层的支持。以集成供应链计划为核心的全新的决策模式中，这个供应链计划组织如果要真正履行使命，注定是一个无法讨好所有人的角色，它在初期一定会遭到各个执行部门的反对。如果一个企业管理者仅仅将各执行部门对供应链计划的意见作为评判该职能工作能力的标准的话，那这个组织肯定很快会被拆分。管理者必须明白，如果这个新组织发挥作用，就一定会有很多噪声。如果没有反对声，那这个组织一定是在粉饰太平，掩盖问题。同时，作为管理者，在这个阶段必须为弱势方站台，并且适当放开指标考核，弱化博弈，设立变革窗口期。管理者最大的价值就是维护开放、宽容的变革环境。

4. 第四大对策：同僚的支持必须争取，共享改善成果

管理层搞定后，还需要搞定同级职能部门。几乎所有的企业都是先有各执行部门，如采购、物流、生产以及订单中心等，然后基于效率的提升而设

立了独立的计划部门。因此，基于先来后到的权威性和职能的成熟度而言，计划部门往往比较弱势，其计划结果往往也不能得到各职能部门的认可与执行，因为没有哪个人或部门愿意放弃控制权，即便这个权力可能早已是压力大于利益。在这个转换和博弈过程中，各执行部门在问题出现时往往将责任推给计划，而在日常操作中又以各种理由不执行计划。这样计划部门就很容易被架空。那怎么办？全员分享变革成果。华为就是一个榜样，将变革后带来的成本节约以及交付率的提升等转变为量化收益，然后将收益与参与变革的各个部门进行分享，充分调动和激发大家的积极性，其作用甚至超越了KPI 的牵引，同时也极大地凸显了供应链计划组织的价值。

5. 第五大对策：变革过程需借力外援保护自己

即使上述四项都能落地，供应链计划部门还是有牺牲的风险。这个时候就需要外部顾问来分担风险。外部顾问一定能帮助企业成功吗？大部分情况下，外部顾问只能以他们的失败来帮忙背锅。因为这个过程必须有人去捅破窗户纸，那就让外部顾问去做。所以，这也是为何很少听到供应链计划或者产销协同项目有成功的。甲方在寻找咨询公司的时候也要想清楚，咨询公司首先要专业，其次要有突破力，而不应该是人云亦云的讨好型顾问，这样才能真正带来一些改变，即使项目最终没有达成所有预期，至少也能够撼动一下这棵大树，为未来的成功进行"松土"。

6. 第六大对策：变革成果的保持——核心能力数字化

前面提供了这么多方法也只是帮助供应链计划部门能够初步立足，但如果部门本身的能力不足以承担这个整合优化的使命，无法持续显现这个部门的存在价值，那终归也是逃不掉被放弃的命运。靠山（管理者）山会倒，靠人（外部顾问）人会走，供应链计划部门一旦渡过了变革窗口期就必须靠自己了。能否算清公司大账？能否算清博弈的后果？能否为企业提供更多科学并有说服力的决策选项？能否把企业战略诉求进行落地，最后还能做到高层、中层、基层三方都满意？**数字化供应链管理方法论的落地是最重要的抓手，因为这是供应链计划部门最硬核也最持久的核心竞争力。**

13.3　供应链管理变革案例分享

前面总结了供应链管理变革的五大挑战和六大对策，应该说这些总结更多是来自各种失败案例，因为我们都更容易从失败中吸取教训，而把成功归于自身的能力。但是经历了失败后再回顾成功，则是对经验教训的再次验证和修正。

13.3.1　失败案例一：供应链管理变革演变成一场职场斗争

1. 项目背景

该公司属于饮品行业龙头企业，长期高增长，有深厚积累，像一辆巨大的战车，惯性极大。但是 2012 年公司开始进入波动期和下行期，董事长转入后台，交权于职业经理人，聘请了某外资企业总裁来执掌帅印。基于市场环境的压力以及外企对 S&OP 体系的推崇，新的集团总裁亲自发起了 S&OP 产销协同项目，同时也开始在总部层面引入更多的外企空降兵，包括 S&OP 变革项目的项目总监和项目经理，希望能够构建起理想中的 S&OP 产销协同管理体系。

2. 数次启动失败，项目变成新旧团队斗争的战场

集团最终选择了 A 事业群来作为变革的试点，A 事业群总裁选择了华东区作为变革试点，并选择了某知名咨询公司在华东区开始进行现状评估，为 S&OP 项目的实施进行前期准备。但在评估报告出来后就遭受到华东区的巨大挑战，以至于要求更换咨询方。在各方压力下，由 A 事业群组织了第二轮的供应商筛选，第二家咨询公司经过多轮竞争，得到试点区域总经理的认可，项目再次重启，同时集团特别招聘了一名来自知名外企的供应链副总裁以及一名供应链总监来领导此项目。

结果第二轮项目还未正式启动，好不容易被说服的华东区总经理又被调离，新来的总经理则对项目发起了更加猛烈的挑战，要求选择其他区域试点。总之，掌握实权的各区域总经理并不欢迎这次变革，他们认为这是对他

们多年奋斗成果的窃取，甚至是对他们的否定，项目再次陷入困境。在集团压力下，A 事业群总裁无奈重新选择试点区域，这次选中的是华南区，这是业务规模最大、最复杂的区域，为何选这个区域？因为这个区域的总经理是唯一有外资背景并留在公司的，理念上更加容易接受。项目最终移到华南，并迎来了更加温和开放的总经理。但是仅仅过了一个月，该区总经理又被调整，并且华南区被一分为二，新调任两个区总。新区总一个同样强烈反对，一个相对温和理性，最终将项目限定在了相对理性的区总之下。启动半年后，项目才真正进入实施阶段。

3. 缺乏高层共识，开始即注定失败

所谓良好的开端是成功的一半。这样多灾多难的开端也注定了项目的波折。大家可能认为过程中的人事更迭是一些巧合，其实回过头发现一切都是必然的，因为 A 事业群主管销售的副总裁是不欢迎这个项目的，拒绝参加所有的项目会议。为何总裁发起，副总裁可以拒绝？因为董事长、集团总裁、事业群总裁、各副总裁，以及各区域总经理之间并没有一个达成理念共识的过程，老团队认为这是空降兵借所谓的项目来削弱其力量，是新旧团队的权力交接。同时大家也可以明显看出，最高控制者并不完全是变革的支持者，最多是一个中立者。新来的集团总裁估计也缺失经验，在内部管理团队未能达成共识的情况下强推项目，导致出现了严重的内讧。而且这是一家超级自信的行业龙头企业，外部咨询方就连给他们"洗脑"的机会都没有，最终空降兵几乎"全军覆没"——项目尚未完全结束，项目总监、项目经理均已被迫离职。

4. 以为是一次转型，其实是一场斗争

新来的集团总裁也许并没有杯酒释兵权的意思，笔者认为他完全是基于公司未来的长远发展而出发的，可能一帆风顺的外企经历让他轻视了这次项目的艰险，没有充分认识到这种转变不是一次业务流程和逻辑的优化，而是决策模式的改变，影响到了原有的权力结构和利益模式。千辛万苦打下江山后，创业者们发现要守住家业又是另一个挑战：原来打江山的模式可能与建

设江山有所不同，甚至需要不同的人才。但打下江山的创业者们可能并不这样想，他们认为既然我们能打下江山，一定也能建设好江山。所以，如果试图通过空降兵来改变目前的管理模式，则冲击了原有管理团队的安全感和成就感。转型项目就成为新旧团队斗争的舞台，最后一定是难以善终的。

5. 除了新旧团队冲突，还有文化冲突

该公司是典型的家长制管理模式，层级观念严重。大部分管理者作风强势，个性鲜明，与S&OP所倡导的开放平等的公司文化氛围完全相反，所有S&OP流程要求的约束都难以履行，比如时间约束、议题约束、会议行为约束、对待问题的态度、对规则的尊重以及产销部门之间的相互尊重等。坦白地说，对于很多创始人掌权的民营企业，S&OP也是一场"权力交接"，最高管理者是否真的准备将决策权移交给一种"机制"去履行，是否真正有耐心和意愿投入资源去建立这样的"决策机制"，培养未来的"职业经理人团队"？所以，供应链管理转型和产销协同是很难在第一代创始者手里成功的。该项目最终由于整个过程缺乏共识，项目后期董事长竟然也提出了简化管理的建议，似乎他认为S&OP把管理复杂化了，以至于鸡飞狗跳。所以，缺乏共识的风险是极大的。

6. 案例总结

从该案例中我们可以看到，在这家公司的变革中，六大对策中五个是没有做到的。核心团队缺乏共识，最高管理者不支持，同僚也拔刀相向，项目总监和经理又全是空降兵，数字化手段更无从落地。唯一做到的就是找外部顾问分担风险，可惜风险太大，外部顾问也没有顶住。

13.3.2　失败案例二：产销交易最终替代产销协同

1. 项目背景

本案例公司也是细分领域的龙头企业，如果前一家案例公司还算主动变革，那么本案例中的这家公司则属于相对被动的。公司2016年开始出现"三高"症状，但还属于间歇性发作，直到2018年变成了持续性发作，一

边交付率只有 70%，另一边爆仓频发，大量临期库存出现，产销冲突愈演愈烈。总裁终于开始关注内部协同的问题，并积极从外企引入人才，在空降管理者的助力下开始启动供应链管理改善项目。

2. 理念转变挑战：成功是成功者的包袱

如果说前一家案例公司是空降兵直接带着先进的理念和方法论想要去扭转乾坤而引发新旧团队冲突的话，那么本案例中的这家公司则是另一种挑战。负责供应链管理转型项目的副总裁不是空降兵，是公司的元老级资深副总裁，不仅有行政权力，还有个人威信。但是新有新的挑战，老也有老的包袱，并且越是资深包袱越重。这些需要转型的企业往往都是经历了足够的发展、有着一定沉淀和规模的成功企业，甚至是行业标杆。突然让一个成功企业去进行转型，也就是改变其原有的管理模式，是非常困难的，因为要改变的不是一两个人，而是一群成功人士。公司的中高层都需要改变，只要其中一个关键岗位的领导理念没有转变，转型过程就将是坑深路远。

而对于案例中的这家公司，这次被任命为供应链管理转型项目总监的资深副总裁本身也没有被完全说服，或者说前期的共识达成也不到位，只是例行公事承接项目。作为一家由创始人家族直接掌控的公司，理论上由公司总裁直接推动项目应该会比较顺利，实则不然。因为无论供应链管理转型多么重要，也只是公司众多事务之一，并且需要各职能去承接落地，如果其他关键领导不能被说服，过程中还是会激发各种冲突，噪声一大，大部分总裁还是难以坚持下去。该项目同样没有进行足够的预热和共识达成，大家表面风平浪静，内心翻江倒海，包括项目总监。因此项目启动之后就出现了有趣的现象，与其他项目不同，该公司不是要求快速推进，扩大项目范围，而是故意延缓进度，试图缩小项目范围，极力控制沟通和信息分享，令人百思不得其解。事后才了解到，原来项目总监自身也不理解这个项目，甚至希望自己来解决问题，而非借助不明就里的外部顾问。

3. 复杂事情简单做，相互伤害

在这种情况下顾问的各种建议很难得到认可，被要求按项目总监的思路进行调整，而这个思路简单到只有油门和刹车。多了踩刹车，少了加油门，快速切换，很简单。但简单的背后，大家知道被伤害的是谁吗？就是制造部门。剧烈波动的生产节奏、大量紧急采购或者退货、频繁的调进调出，人员也在短缺和冗余间快速切换，生产成本、物流成本都难以控制，甚至质量也受到影响。更大的冲突是，公司在项目启动之前成立了集成的供应链计划部门，生产计划从制造部门转入了独立的计划部门，这种执行与计划的分离让制造部门感觉更加被动。同时，这种计划与执行的分离还打开了另一个潘多拉魔盒，账实不符、采购准时交付率很低、生产计划达成率很低、BOM 不准、产能数据不准、生产和采购批量过大、采购提前期混乱、实际客户订单交付率更低等问题都被暴露了出来。因为分离导致出现相互制衡，混沌世界一下子天地分明，大家一时间难以适应，原本是一家人的生产和计划立刻对立了起来。这个时候谁扮演开天辟地的盘古谁倒霉，这个新的计划部门也被推到了风口浪尖。

4. 实施过程引发冲突，定力不足

该项目范围较广，包括需求计划、供应计划以及产销计划闭环监控平台等。前端引入统计预测技术，后端引入运筹学建模技术，实施的力度和深度均较强，项目过程中交付率、库存周转均出现了较大的改善，以至于一个三年没有缺货的产品，出现了缺货。对于一家冷冻食品企业，一个产品三年不缺货，达到 100% 交付是一种什么样的场景？可以想象它需要多大的库存代价和紧急生产的代价来支撑，是否需要 100% 交付呢？缺一点货到底是好事还是坏事，大家颇有争议。但是对销售而言，他们认为所有的缺货都是要检讨的，并且因为一时的缺货而给总裁施加压力，导致总裁给项目组施加压力，要求放缓推进力度。这就是对管理者定力的考验，在转型过程中即使出现一些偏差也需要包容，矫枉应该允许过正，但是，这对于大部分一把手而言都要求过高了。

5. 产销交易最终替代产销协同，项目失败

而更加戏剧性的是，在项目快要结项之际，突然出现了高层的更迭，新

的家族接任者认为部门之间的行为不能去管控，应该建立市场化的自我调节机制，希望推行类似阿米巴模式的产品小组制。各品牌、各销售渠道、各生产车间之间均采用内部交易模式，于是出现了二十多个品牌小组、十多个生产车间小组、多个销售渠道小组相互内部交易的热闹场景。总之，大家各自竞争，双向选择，让市场之手去替代统筹管理机制。博弈严重的时候，为了确保自己的产品可以及时生产出来，产品经理甚至亲自去蹲守产品线。集成的供应链计划管理部门彻底沦为内部交易的记账部门、吵架时的协调部门，最终被迫解散，因为记账也可以让财务去做，计划部门彻底失去了它的价值。这个就是先供应链管理，后阿米巴模式的典型结局。在这种顺序下供应链管理模式将被彻底颠覆。

6. 案例总结

项目期间第一任管理者选择了集成供应链管理中的硬组织模式，方向正确，但手段偏硬，而自身又定力不足，家族权力交接缺乏传承。同时，该案例与第一个失败案例一样，也存在理念共识达成不到位、同僚反弹博弈的问题。与第一个失败案例不同的是，项目总监包袱极重，尽管采用了效果显著的数字化实施技术，但过程中出现一点噪声，管理者便出现退缩。更糟糕的是，在项目尾声，出现高层更迭，继任者竟然选择了多元产销交易模式，该模式成为压垮集成供应链管理的最后一根稻草。

13.3.3　成功案例一：供应链管理变革如何借力数字化技术成功落地

1. 项目背景

本案例公司是一家百亿级的生物科技企业，以大宗物资交易为主，2B与2C模式并存，大客户直销和渠道分销并存，供应网络复杂，属于多基地和多分仓模式，产品工艺复杂且不稳定，并属于重资产、高能耗、低利润运营模式。该公司和很多企业一样面临着供应链管理变革和数字化转型的挑战，于是选择借助外部力量启动了供应链管理变革项目。2020 年项目上线后，该公司不仅实现了供应链决策技术的智能化转型，同时也实现了集成供应链管理从无到强的一次性成功变革。历经三年磨炼，S&OP 流程从 25 天缩短到 7 天，需求预测准确性提升了 100%，库存周转天数下降了 30%，订单交付率提升了 20%，特别是在产销规划决策模型的帮助下三年中给公司节约了近 1 亿元的物流成本。

2. 现状分享：精准打击，空杯心态

项目实施的第一个环节是现状调研，这个环节不仅要做到对根源问题精准刻画，还需要建立起问题之间的联动框架，精准打击，一剑封喉。该公司的现状分析和诸多公司一样，不仅要访谈，也要数据分析，并且同样遇到大量数据问题。比如，账实不符，线下线上两套账，主数据不统一，数据存于多个系统等。最后的结论性评估彻底颠覆了大家的认知，打击了大家的自信心，当然这也是管理层期望的结果，建立空杯心态，才能激发改变的动力。这里也必须说明，大部分企业是难以接受这种"核打击"模式的。因为，存在的就是合理的，即使不合理，背后也有一堆合理的理由。所以，进行调研评估时需要花费很多时间去对现状的历史原因进行理解和共情，对大家进行鼓励安慰，时时刻刻要关照上上下下的自尊心，不能提出激进的评估结论，但反过来企业却又对变革项目有着极高的期待。不愿意接受对现状的否定，但又期待出现巨大的改变。最终就会出现一种在设置项目目标时贪多激进，但在项目实际改善过程中又投鼠忌器的矛盾场景。但是，该公司的高层则是极其难得的包容和开放，无须瞻前顾后，只需加油干。

3. 方案设计：晓之以数，动之以利

方案设计是项目实施过程中最核心的环节，这个解决方案没有使用传统的 PPT 为导向的流程梳理模式，而是基于该公司的业务场景构建产销规划决策模型，并借助模型算法将各种业务场景下的决策结果进行了动态的模拟，新的决策模式对大家产生了巨大的冲击。不仅对公司的管理理念产生了巨大的影响，对管理模式和管理手段也带来了深刻的变化，特别是通过算法

建模实现了产销规划寻优，对比历史的运营状况，成本节约不仅量化，而且十分显著。项目不仅带来了很多隐性的改变，同样让大家看到了显性而量化的收益，打破了计划项目效果隐性并难以快速见效的魔咒。

4. 借助多场景 What If 模拟支持 S&OP 决策选择

2020 年初新冠疫情突发给公司的整体运营带来了重大的影响。公司的计划部门需要在短时间内做出不同场景下的模拟选项来支持管理层的决策优选。这些场景包括：

- 不同预测版本下的场景模拟（比如乐观预测、中性预测和悲观预测）。
- 不同基地关停或负荷调整下的场景模拟（比如，临时关闭某一基地多少天，减少某一基地负荷至 80%）。
- 不同内外销产品不同比例组合下的场景模拟（比如降低外销的销量占比，增加某些产品的内销比例）。
- 不同期末库存目标下的场景模拟（比如，原来期末库存保持在 20 天左右，现在要进行调整，增加或减少）。
- 需要增加一些特殊约束下的场景模拟（比如内销和外销不能互发的场景、某些包装规格进行限制的场景）。

最终公司借助自身力量为主，在 15 天内模拟了 22 种场景，为管理层最终决策提供了丰富的可参考的方案。同时，精准科学的测算让管理层决策更简单，把中高层的时间从大量低效讨论中释放出来。

5. 实施过程：高层参与，决策高效

很多公司都在推行供应链管理变革，但是真正理解供应链管理变革，并且能够正确定位的还是比较少的。大部分企业管理层都是表面重视而缺乏实质性的行动。既没有给予合适的定位，也没有匹配的岗位激励，项目实施过程中管理层的参与更是蜻蜓点水。该公司的供应链管理变革项目取得了巨大的成功，成功的重要因素除了包括上述原因以及咨询公司本身的专业能力外，最重要的一点是甲方管理层对方案的深度参与，比如阶段性汇报和重要研讨核心管理层全部参加，唯一一次董事长无法现场参加也要通过远程电话

进行讨论。管理层非常重视细节，并且积极推动各个方面的配套调整，确保整体方案的落地。

6. 先阿米巴经营，后供应链管理

失败案例二是先供应链管理，后阿米巴经营，但是本案例则完全相反，先阿米巴经营，后供应链管理。该公司在阿米巴实施的前期的确取得了显著的效果，但是后期则博弈越来越激烈。阿米巴的实施依赖理念（利他）加算盘，但是算盘关联着利益，导致各部门完全只顾自己的利益，并且是短期利益。比如，为了部门降本可以拒绝为其他部门提供服务，在资源紧张时抢夺各种资源。阿米巴经营先是内部挖潜，最后互挖墙脚，冲突愈演愈烈。但是，这个过程也充分暴露了各种问题，并激发了对协同的强烈诉求，为后续供应链管理变革的实施做了完美的铺垫。

7. 案例总结

该项目的成功遵循了六大对策中的五个，项目采用了新老搭配的双项目经理制（对策二），前期的共识达成非常充分（对策一），也因为共识达成充分，高层心态开放，深入参与，坚定支持（对策三），而高层的态度也直接影响了同僚的态度。尽管没有设计成果共享机制，但基于算法模型晓之以数，动之以利，而不是基于晓之以理、动之以情的实施方法论，获得了各部门极大的信任（对策四）。大家清楚地看到了公司的最大利益所在的时候，一定会接受部门利益的让渡，当博弈透明化时，问题也就迎刃而解（对策六）。

13.3.4　成功案例二：数字化转型如何反向倒逼组织的优化

1. 项目背景

该公司是知名的风电制造企业，属于项目型和配置型制造模式。行业受政策影响大，项目周期长，项目地点分散，过程变数极多，产品个性化需求强，供应网络复杂，齐套性要求高。如何基于总成本最低、齐套性最大化等优化目标将分散在数百个项目地点的风机与数十个加工地点、数千条路径，

在考虑部分原料指定供应商等特殊需求的情况下，进行供需动态匹配，是对计划部门的巨大挑战，其复杂度和数据量都是人工所无法承受的。每月主计划编制不仅耗时长、精度低，并且无法实现多场景模拟，更难以应对各种需求和供应的突发变化。因为人脑很难处理过于复杂的事情，大家要一个一个约束进行考虑，如果有冲突再重复平衡，往往是按下葫芦浮起瓢，难以两全，最终只能接受一个妥协后的可行解。于是，该公司于 2019 年启动了供应链计划一体化项目。

2. 从"人工"智能到"算法"智能

如何以总成本（生产＋采购＋物流）最低（而非某个成本最低）和齐套最大化，基于数千条路径约束，把 N 个项目分配到 N 个工厂生产，并算出 N 个部件需要从哪个供应商采购，是该行业的产销决策挑战，甚至还要考虑关键原料的供应能力约束和指定品牌约束，以及供应商配额限制等。不知不觉中，复杂度越来越高，我们能做的就是不断增加人手，不断延长计划编制的时间，不断牺牲计划的精度来平衡时间的成本。

但是作为行业的领军企业，公司希望寻求更加高效的产销规划技术，将算法与业务进行融合，并利用算法引擎实现决策精度和效率的质的突破。与前一个成功案例一样，该公司同样应用了运筹学技术，借助高度定制化的数学模型对复杂的产销规划场景进行寻优，不仅过程是白盒，结果也完全可以被验证。项目上线后，公司参与主计划编制的人员从 12 人变成 2 人，时间从 14 天变成 0.5 天，并且模型规划和人工经验规划相比，在成本上每年可节约 3000 万元，业务响应时间也极大地缩短，对于客户体验以及库存的影响更是巨大的。这就是算法的神奇之处，不需要 AI，只需要一点运筹优化技术，算法模型的应用让供应链管理见证了数学的魔力。

3. 实现从"顾问赋能"到"自我迭代"

在项目上线一年后，开放式定制化建模的优势有了进一步的显现，公司项目团队利用项目过程所沉淀的技术能力，完全依靠自己的力量，借助算法引擎的优化（从零代码到低代码），将模型每次的运行时间从项目上线时的

3.4 小时（204 分钟）缩短到 11 分钟。定制化建模对于甲方公司而言是完全的量身定制，其最大的挑战在于如何随着业务的变化实现低成本和高响应的迭代更新，最佳的路径就是甲方公司的业务团队能够通过知识传递掌握迭代的方法论。

4. 数字化技术又倒逼供应链管理组织的优化

与前一个成功案例不同的是，该公司主要聚焦业务改善而非组织变革。在没有算法支撑的情况下，大家只能基于关键瓶颈对各大部件基于局部生产成本和物流成本最优的经验逐一进行匹配。公司因此把计划编制过程切分为三个阶段，比如收入计划、主计划以及生产排产，本质就是因为各种约束无法统一考虑，所以需要基于不同层级的约束条件将计划编制过程进行切割。但是，在运筹优化算法的支撑下，所有约束可以一次性进行计算，决策的精度和效率远远超过人工分段匹配模式。这种管理技术的应用，突破了现有组织的边界，对组织的直接影响就是三段式计划合三为一了，这反向推动了对计划组织的优化调整。同时由于整个寻优过程是以总成本最低为导向，计划组织需要获取大量的财务数据，包括每个部件不同供应商的采购价格、不同工厂的生产价格、不同路径的物流成本等。财务出于对公司信息保密的考量不愿分享数据而处于两难，但这恰恰反向凸显了数字化技术的穿透力，在算力的支撑下对信息进行了高度的集成，打破了组织之间的信息壁垒，甚至打破了业务和财务的边界，引发大家对数字技术支撑下的决策模式创新导致组织重构的连锁思考。

5. 案例总结

按第 12 章开篇阶段对供应链管理变革与转型模式的定义，本项目不属于变革类，而完全属于数字化转型类。所以，六大对策就不适用于该项目，分享该项目的目的是，让大家体验数字化转型过程中智能化技术的穿透力，以及其反向对组织产生的影响。该项目也验证了我们前面章节中所阐述的供应链管理组织变革与管理技术转型之间的关系。**供应链管理变革需要数字化技术的支撑，而数字化技术又反过来推动组织的变革。**

总结 ▶ SUMMARIZE

数字化技术的应用将极大提升变革成功的概率

本章共分享了四个案例，其中前两个是失败案例，后两个是成功案例。其实在现实中，失败和成功不是 1 : 1，而极有可能是 8 : 2，也就是大部分的变革类项目基本是以失败告终，或者要失败几次之后方能成功。成功案例一这种一次性成功的企业是极少的。原因也显而易见，当你以全局之名行损害局部利益之实时一定会受到抵制，这是人性使然。所以，变革中最大的挑战就是这个新兴的、所谓代表全局利益的供应链管理部门是否能真正算清楚公司的大账和部门的小账，你如何证明你的建议能使公司利益最大化，而不仅仅是在冲突中起到和稀泥的作用，从而导致自身价值的丧失。为何过度降低生产和采购成本就不是公司利益最大化？为何要求更高的交付率也不是公司利益最大化？为何开发更多创新的产品也不是公司利益最大化？这个度在哪里，相互的关系到底如何？这就是每一个供应链管理部门必须面对的灵魂拷问。你的价值就在这里，因为你既不能直接增加收入，也不能直接降低成本，总之，你是个和钱无关的职能，但又要显性化协同的价值。成功案例一能成功的重要原因之一就是数字化技术的应用，通过算法建模量化了不同业务场景下的经营收益，显性化地展示了不同的策略、行为模式下的业绩表现。**这个数字化技术应用不是体现在短期排产上，而是体现在公司中长期的策略和资源规划层面。**成功案例二本身并没有组织变革的诉求，但是数字技术的应用倒过来改变了原有的业务运作模式，不仅改变了业务之间的关系，甚至穿透了业务和财务，倒逼公司去思考数字化转型之下组织架构的优化。

所以，尽管从逻辑顺序而言，我们必须先有供应链管理的组织形式，有了这个物质基础才能进一步推动管理方法的优化，但是有趣的是，如果你缺失具有突破力的管理技术，这个组织又很难站立起来，管理变革与数字化转型相互制衡。所以，管理者必须做出选择，如果管理者定力较强，推荐先建立组织（硬组织模式）。如果管理者顾虑较多，则推荐先通过项目组（软协同模式）的形式推动数字化转型落地。但是这种软协同模式如果得不到相关实权部门的支持，落地也容易受到挑战。下一章，我们就来深入探讨到底何为供应链管理的数字化转型。

供应链管理数字化转型实践和案例分享

> 过去的世界是"神"的世界,今天的世界是
> "人"的世界,未来的世界是"算法"的世界。

既然现在提出了供应链管理的数字化转型,就必然存在一个非数字化的供应链管理模式,也就是说供应链管理可以采用传统的以流程为导向的管理手段,也可以采用新的数字化技术。从表象看二者的区别就是实现手段的不同,但也因为实现手段的不同,技术将完全重构连接关系和协同的逻辑,从而产生了新的决策模式,甚至新的组织架构,导致二者在决策的方法论上出现了质的区别,也就是所谓的管理升维。当企业因为内外压力不得不寻求变革,而变革又非常艰难时,技术的发展给变革打开了绿色通道。如果我们不能量化管理所带来的价值,我们就很难推动变革,而算力的发展则给了我们这个机会——借助技术手段来量化和可视化地解决复杂的决策问题。这也是为何我们倡导管理变革和数字化转型可以同步推进。本章将分享如何通过对业务场景的数学建模来实现场景化决策模拟,笔者将分享两种经典的数学建模技术,一种是决策优化建模技术,另一种是推演仿真建模技术,以及相关的案例实践。

14.1　数字化转型的两个阶段:可视化和智能化

尽管本书反复强调致力于全局性决策的中长期资源计划的重要性,强调

供应链管理数字化转型的本质是决策的智能化，但是在第 12 章还是把数字化转型分为了两个阶段，即可视化和智能化。笔者认为，**可视化只能是数字化转型的一个过渡阶段，而不是最终目标，智能化才是最终的目的**。可视化和智能化，是两种完全不同量级的数字化转型阶段。

1. 可视化往往是供应链管理数字化转型的第一步

在第 4 章我们就阐述过对"端到端供应链管理"的理解，所谓端到端供应链管理就是一种可视化诉求的体现，可视化是企业走向数字化的第一步。要看到全面而真实的业务过程以及结果，使相互之间的业务逻辑、管理标准等透明。近几年来，以可视化为目的的 BI 系统的实施非常流行，各种过程和结果指标的呈现、图示化展现方式对管理层的决策产生了很大的帮助。但是，面对复杂的业务体系，这个支撑作用还是非常有限，因为太多的信息，甚至相反的信息，让人无所适从。可视化平台根本不是导航仪，它会给一堆 KPI 信息。如何分辨它们相互之间的关系，如何对未来做出最佳的决策呢？人脑无法处理海量信息，更无法处理复杂信息，只能基于经验进行感性判断。在第 8 章分享过决策理论，面对一个复杂系统，一个优秀的决策必须融合理性思考系统。所以，认为可见就可决策，在复杂系统中是不可行的。

2. 供应链管理数字化转型的终极目标是决策智能化

通过可视化我们获得了很多信息，甚至信息过载，很多管理者面对数十个 KPI 不知所措。从可视化过渡到智能化是企业数字化转型的必经路径。我们需要通过在线化或者可视化提升联动效率，但是与决策逻辑的智能化、算法化相比，前者主要辅助"眼或手"，后者主要辅助"脑"。决策的主体从"人"变成了"人 + 算法"。甚至很多场景下是算法为主，人脑为辅。如果大家再回想一下 8.6 节中关于决策理论的论述，可视化就相当于系统 1（快思考系统），而智能化相当于系统 2（慢思考系统），底层逻辑都是一样的。

3. 两种技术转型路径正好匹配了两种不同的管理定位

在第 6 章对供应链计划管理的定位做过阐述，尽管两种定位下都有供应链管理，但是它们发挥的价值是完全不同的。一种是传令兵，我们称为"信息传递型"，另一种是参谋长，我们称为"统筹优化型"，这里的区别就体现在主计划环节。如图 14-1 所示，针对上述两种定位，也有两种技术手段相匹配。"信息传递型"定位，匹配"可视化"技术路径，让传递更加高效、透明，但决策的逻辑没有改变。"统筹优化型"定位，则匹配"智能化"技术路径，不仅仅是提升效率，更加重要的是提升决策的精度。**在缺失决策质量的前提下，谈效率是没有意义的，甚至越高效越混乱。**

信息传递型定位	统筹优化型定位
以信息传递为原则，抓住主要矛盾，先不考虑各种约束和优化目标，或者仅仅考虑粗能力约束，通过将需求扣减库存和在途，简单考虑批量和产能得到生产和采购的净需求，其他约束就交给下一层计划去细化。从数学角度，由于因素之间是相互交叉、相互影响的，这种逐级规划的方式只能得到次优解，并更多依赖人的经验和责任心	同样的信息和诉求下，我们还可以采用统筹优化的决策模式，这种模式很难完全依赖人、流程和简单计算来实现，因为人脑能够处理的信息是有限的，所以，必须借助运筹优化算法实现。制造业产销协同管理中的各种资源冲突、相互联动、利益共享的特点也为运筹技术提供了极佳的应用场景

在线化信息化技术（可视化）	运筹优化技术（智能化）
主要通过系统实现，计划的编制过程和结果均借助系统实现全链条的可视化，并提升联动的效率，减少人为偏差	不仅是将现有计划逻辑搬到系统里提升效率，还需要通过数学建模的方式来优化原有的决策逻辑，提升决策精度，提升效益

图 14-1 计划定位不同，对计划的要求也不同

14.2 数字化转型的挑战不在算法本身，而是算法应用

既然要用算法辅助人脑，那企业是否要去开发更多算法？其实，对于智能化决策基本上是空白的制造业而言，我们不需要开发算法，已有的成熟算

法已经超越了目前供应链管理的需求。**企业缺的不是算法，是将算法与业务进行融合的建模人才，是对算法的应用能力。**我们来看看这些业务模块与算法是如何结合的。由于笔者不是技术专家，更多从应用和实践的角度谈技术。

（1）与需求计划业务所匹配的主要是传统预测技术和人工智能技术，该类技术的特点是通过寻找规律来洞察未来的趋势变化。**人工智能技术在企业管理中主要应用于预测领域，解决所谓的不确定性问题。**但是人工智能技术，相比传统的预测技术也有一个被广为诟病的弱项，就是它们完全是黑盒逻辑，这也是导致其难以被信任和推广的原因之一。总之，此类技术是无序中找规律。

（2）与供应网络规划和主计划业务相匹配的则是最经典的运筹优化技术。这类技术不是找规律，而是基于已经明确的联动关系、规则约束和优化目标求最优解或者可行解。和前面的大数据类技术相比，还有一个不同点是，它不需要大数据，而是需要准确的主数据、业务数据，需要清晰的约束和明确的优化目标。这类技术主要应用于权衡制模式下的中长期资源计划，规律中找最优。

（3）传统 MRP 逻辑不需要算法，而是规则，但是新场景下 MRP 则需要借助运筹优化技术。MRP 逻辑基于需求量展开 BOM，在考虑提前期、批量要求、替代料、用量偏差、物料地点等规则下计算出对物料的需求量。整个过程不需要任何复杂算法，规则导向，烦琐为主，是系统最擅长的。但是，环境发生变化后，传统 MRP 逻辑竟然也受到了挑战，因为后端物料出现了短缺，需要基于瓶颈物料逆向推算前端最优的产品组合。甚至由于产品迭代过快，很多产品有多个 BOM 并存，不知道应该用哪个 BOM，需要基于不同的优化目标先来计算如何切换 BOM 才是最优的。这种新场景是传统 MRP 逻辑完全无法应对的，却是运筹优化技术的应用场景。**新的业务场景下，MRP 与 MPS 的边界已经变得越来越模糊。**

（4）与短期生产排程相匹配的则是遗传算法，聚焦可行解而非最优解。由于执行层级数据量过大，规则约束过于复杂，在现有算力支撑下无法快速得到最优解，所以，就采用了另一条技术路径寻求次优解或可行解，这种技术就是遗传算法。我们在 7.4 节做过介绍，遗传算法模仿人的行为，但无法超越人，所以经常被人（计划员）挑战。

（5）预判未来的另一个重要的技术是仿真推演技术。我们不仅仅需要预判未来的销量，还要预判如果销量达成，在目前的资源和各种约束下，未来 N 个月的交付率如何，库存水平如何，产能利用率如何，是否会有慢动，是否会有缺货，如果有，是否可以通过加班或者促销弥补，是否还需要投入外协资源或生产线等。这也是预测，基于计算逻辑推算未来的业务绩效表现，相当于为企业构建了一个线上同步的业务场景，不仅仅是计算 KPI，类似所谓的数字孪生。

上述五种场景涉及四类技术，如表 14-1 所示，第一类技术用来找规律；第二类技术用来在规律之下找最优；第三类是在规律太复杂、数据量太大的情况下，退而求其次，牺牲精度求次优解；第四类技术是基于确定的规则模拟未来场景。该表将业务场景与技术之间的关联性做了对照，供大家参考。

表 14-1　不同的技术适用于不同的业务场景

	统计预测技术 / 人工智能技术（解决未知问题，在不确定性中找规律）	运筹优化技术（解决已知问题，在确定性中寻找最优解）	遗传算法（解决已知问题，在确定性中寻找可行解）	仿真推演技术（解决未知问题，基于已知规则预判未来）
需求计划	主要是预判不确定性。基于大数据寻找潜在的规律和方向。在供应链管理领域主要应用在需求计划业务中，但其中的人工智能技术因为黑盒逻辑，无法解读，应用受到限制	不适用	不适用	不适用

（续）

	统计预测技术 / 人工智能技术（解决未知问题，在不确定性中找规律）	运筹优化技术（解决已知问题，在确定性中寻找最优解）	遗传算法（解决已知问题，在确定性中寻找可行解）	仿真推演技术（解决未知问题，基于已知规则预判未来）
供应网络规划和主计划（SNP/MPS）	不适用	这种场景是整个产销决策最核心的环节，却又是日常管理最薄弱的环节、优化空间最大的环节。在这种场景下大多可以基于运筹优化技术求最优解。但是也存在部分场景下数据量过大、约束规则无线性特征而需要使用基于规则的遗传算法来快速得到可行解		不适用
物料需求计划（MRP）	不适用	当关键物料出现短缺时，则出现了基于有限物料下逆向倒推成品最优组合的诉求，也就是基于多个关键物料约束下的逆向运行 MRP。大部分场景都可以借助运筹优化技术求解，也可能在部分场景需要使用遗传算法去计算		不适用
供应执行计划（生产排产、运输计划等）	不适用	部分场景下适用，对于一些产品比较少或者数量有限的企业，存在使用运筹优化技术进行排产的可能性	遗传算法在短期日颗粒度生产排产领域应用广泛。在该层级上非线性特性多，数据量极大，变化频繁，所以更多基于规则进行优化	不适用
产销策略 What If 模拟 库存计划 What If 模拟	不适用	不适用	不适用	基于当前业务逻辑与业务参数确定的前提，对未来可能发生的事情进行推演，可以应用于库存、库容、业务场景以及策略 What If 模拟等

在第 11 章，笔者已经明确表达，在制造业，需求预测管理主要是一个管理问题，不是技术问题。试图完全借助技术来提升准确性的努力都是缘木

求鱼。技术的价值在于提供基准预测，适用于个别规律性较强的产品。统计技术并不是越复杂越准，人工智能类技术在制造业需求预测领域的应用价值目前看来是有限的，而预测系统的最大价值是提升数据的处理效率，让人的价值更多发挥在业务沟通和数据分析领域，通过提升对业务的理解度和体系的完善来提升预测的质量。需要了解更多人工智能在需求预测领域的应用实践，请参看《卓越供应链计划：需求计划管理设计与实践》。

本章也不展开介绍遗传算法在短期生产排产领域的应用。同样擅长处理大数据的遗传算法，不仅技术成熟，应用也非常成熟，专注于生产排产优化的 APS 系统就是此类技术的最佳应用体现。对于计划优化问题，大家首先可能想到的是生产排产和库存设置问题，认为"三高"问题不是排产不合理，就是库存设置不合理。基于这样的认知，短期排产的算法应用是最普遍的。关于生产排产，相关书籍和专家非常多，APS 系统更是广为人知。基于上述理由，本章不展开介绍短期生产排产。

本章将聚焦于运筹优化技术在中长期资源计划领域中的应用。笔者在第3 章谈到精益派时，阐述过一个重要观点：在高速增长阶段，企业产销之间的主要矛盾是效率问题——如何做得更多更快，如何更高效地发挥生产资源的效率。排产优化是最有效的解决方案，精益管理以及与之相匹配的 APS 系统也因此盛行。但是现在完全是另一种场景，不是要求生产更多更快，而是如何在复杂多变的业务场景下，实现对瓶颈资源的高效匹配和应用，这就是中长期资源计划的使命。**在目前的业务场景下，主要矛盾是如何实现对资源的高效配置，而不是给定资源下如何生产更多，而配置成本不仅仅要考虑生产成本、库存成本，还要考虑物流成本、采购成本以及各种资源约束，所以这是一种真正的全局性决策。**

本章也将分享运筹优化技术在特殊 MRP 场景下的应用。在新的业务场景下，MRP 运行的假设条件被一一打破，包括同一个时间只能有一个BOM，物料供应量是无限的，供应商也是事先指定的，或者设置好配额比例，MRP 运行必须是从成品到原料，需求必须是先到先得，没有约束概念，不能支持寻优计算等。这些都是传统 MRP 的假设前提，也是其系统运行的底层逻辑，无论是嵌入 ERP 系统中的 MRP 模块，还是专业计划系统中的 MRP 模块。但是，新场景下，不同版本的 BOM 并存，关键物料是有约束的，供应商无法事先指定，配额是有数量限制的。在运行主计划时，这些约束条件需要被同步考虑。同时这些需求和约束可能还会随着商业环境而不断变化。

笔者不是简单否定所有传统系统都不能适应新的商业场景，业务的本质并没有发生变化，我们可借力数字化技术在基本的系统逻辑之上构建更加丰富的场景应用模型，与传统计划系统实现联动。传统计划系统的核心逻辑支撑基本业务诉求，轻型算法建模应对个性化场景诉求，才是企业计划系统优化的最佳途径。

本章还将分享仿真推演技术在 What If 场景模拟上的应用。我们花了大量篇幅探讨算法与不同业务模块之间的匹配关系，并且从业务价值和可落地性上选择深入探索运筹优化技术在中长期资源计划领域的应用前景，笔者把这种应用模式称为基于算法驱动的决策优化。但是，除了基于算法引擎的建模方法之外，还有一种非常重要但是无须算法引擎支持的建模方法，笔者称为仿真推演建模方法，通常是用于帮助企业基于当前的业务逻辑与业务参数，对未来可能发生的事情进行预演，从而对未来可能存在的风险与机会进行预警与提前准备，这是计划类业务的价值体现之一。借用时代热词，这就是数字孪生技术在供应链管理领域的一种应用。在日常业务过程中，并不是所有结果都需要通过算法去计算得到，很多的业务结果可以借用逻辑推演来进行模拟。仿真推演模型对于企业业务和逻辑能力的要求相比决策优化模型更高。

14.3　定制化建模是供应链管理数字化转型的捷径

首先我们要对供应链管理到底要解决什么问题达成共识，然后再对解决这个问题的最佳路径应该是什么达成共识。什么是供应链管理已经在第 4 章做了充分阐述。这里再说一遍，供应链管理不是去管理采购、管理生产、管理物流，更不是去管理销售和产品研发，它要管理的是上述要素部门之间的连接关系，它是统筹协同的中枢。

14.3.1 供应链管理的使命是实现场景化决策

一个决策者的完美梦想就是希望有这样一个决策机制，能够基于各种不同的业务场景以及不同的优化目标提供不同的解决方案建议，既能够随着市场环境随需而动，也能够满足管理者"既要又要还要"的管理诉求。如何实现？

1. 复杂性、个性化和多变性是计划管理最大的特点

相对于计划体系，我们的执行体系，包括财务体系都相对标准化。它们有着统一的规则、相似的业务流程，业务逻辑相对简单直接，这正是系统化的优势所在，但供应链计划管理可以称得上是真正的八仙过海各显神通了。在第 6 章我们已经分享过为何供应链管理会有千场千链的说法，下面再通过一个简单的排列组合例子，来体验计划的复杂性和个性化。先将企业不同环节的可能模式进行粗略的分类。首先分为 2B 与 2C，分别对应两种大的渠道类型。进一步，可能有工厂直发、中央仓发货、多级库存发货等三种类型，这样就是 $2 \times 3 = 6$ 种组合。接下来，工厂可能有单一自有工厂、多自有工厂、外包工厂、供应商直发等四种大类，这样就是 $2 \times 3 \times 4 = 24$ 种组合。再接下来，工厂的制造类型按最粗略的方式分类分为离散型制造、流程型制造，这样就是 $2 \times 3 \times 4 \times 2 = 48$ 种。再往前，生产的驱动方式分为 ATO、MTF、MTO、MTS，甚至还有项目型等多种类型，这样就成了 $2 \times 3 \times 4 \times 2 \times 4 = 192$ 种。还要考虑各种能力约束、工艺约束、策略要求以及不同的优化目标诉求。大家可以发现，随着环节逐渐增多，组合数量将膨胀为一个极大的数字，这还是我们进行了极大的简化后的分类结果。这只是横向列举，假如再加入纵向时间维度，组合数量只会更多。所以，计划这类决策业务场景是极其复杂并且个性化的。

同时还不能忽略计划的多变性，执行可以拒绝改变，但是计划必须去勇

敢面对每次变化的挑战。对于以标准规范为基础的系统而言，这种多变性是很难应对的，因为变的不仅仅是一个数值，而是业务场景的变化。比如，后端关键原料有限制，需要增减原料约束；环保有新要求，需要增加废水排放限制；增加了新工厂，需要重新规划网络关系。这种变化需要改变相关的业务逻辑配置。**企业都坚称要拥抱变化，但是首先要具备拥抱变化的能力，而开放且定制化的建模，相比标准封闭系统在应对变化方面有着无与伦比的优越性。**

2. 标准计划系统：以最大集去解决个性化问题

大家应该已经感受到这种排列组合的可怕之处了，环节越多，排列组合的数量就越大，即便是在同一个行业中的两家体量相近的公司，其计划逻辑也可以是相去甚远。所以，供应链计划管理可以说是一个个性化极强的领域，基本无法找到两家计划管理逻辑一模一样的企业，而这就对计划管理系统的提供商提出了极大的挑战，因为个性化是商业系统开发最大的敌人，系统化的前提是有统一的最佳实践。

假设有一家公司希望开发一个能够覆盖大多数行业和企业的计划管理系统，那么它就需要将绝大多数行业与企业的个性化特点都放进系统里，首先全面地收集此类信息就已经是一个基本无法完成的事情了，就算真的收集到了，后续面对的也是天文数字一般的开发量，这也是市面上的计划管理系统价格高昂且复杂的原因，行业技术壁垒非常高。商业化系统供应商为了尽可能提高自己的行业覆盖率，内置了大量可以应对不同行业逻辑的框架与模板，系统复杂度极高。制造企业即使能够支付高昂的个性化开发费用也难以达到自己的要求，就像装修房子一样，软装风格我们可以随意修改，硬装的话也可以通过砸墙、隔断等方式调整房间布局，但整个房子的架构以及关键的承重墙是无法变化的。所以，即便是可以进行个性化开发，受限于系统本身的架构与底层逻辑，开发的空间往往也十分有限，并且成本极高。也就是说，标准系统试图以一个极大的冗余去满足企业的个性化需求，最终结果是双方筋疲力尽。

14.3.2 实现场景化决策的核心是个性业务与智能算法的融合

从企业实践来看，越是复杂的计划场景、越是个性的计划逻辑、越是频繁的业务变化，基于算法引擎的开放式定制化建模的优势就越明显，并且随着这种建模能力完成向企业业务团队的传递，支持业务人员对模型进行自我迭代，企业才真正拥有拥抱变化的能力。

1. 为何可以对复杂多变的业务场景进行建模

很多人不敢想象，这么复杂的场景、这么多要考虑的因素、这么大的业务范围，能通过算法进行决策吗？尽管供需两端都变化如此之快，但其实变化的是供需两端的各种要素，不变的是各要素之间的联动逻辑。即使出现新的场景，但是场景内各要素之间的联动逻辑依然是清晰的。要透过表象看到本质，尽管各种信息纷繁复杂，但是关键要素没有变，它们之间的联动逻辑也没有变，这就是复杂产销管理体系之所以可以被管理的底层逻辑。这样我们就可以用一个模型来呈现这些要素之间的联动逻辑。我们可以把产品、销售和供应看作三团毛线，供应链管理并不是要厘清这三团毛线本身，而是要厘清这三团毛线之间的相互关系，这就出现了第四团毛线，也就是这三者的联动逻辑的组合，也就是我们要建模的对象。通过模型，任何一个要素变动对整体产生的影响就可以被计算出来。好像为现实世界同步了一个虚拟世界，这就是传统的主计划编制方式与算法支撑下的主计划编制之间的巨大区别。前者的联动靠经验，分散、低效、粗放、滞后。后者的联动靠算法，紧凑、高效、精准、动态。规则逻辑的清晰只是建模的关键条件之一，能够使用运筹优化算法还必须有另一个前提条件——合适的颗粒度。中长期计划的时间颗粒度为月或者周，线性规律容易出现，运筹约束特性占比高，而规则特性少，并且数据可信度也高，也就是在这个层级，复杂问题可以得到一定程度的归纳和简化，为优化技术的应用创造了极佳的条件。

2. 定制化建模的挑战在于业务的抽象化和数学化表达

在这个过程中，大家最关心的两点是如何将业务场景转换为模型逻辑，以及如何利用低代码工具快速搭建起一个可以运行并可落地检验的模型。首先需要依靠企业中熟知业务逻辑，并具有较强数理逻辑的计划骨干协助实现，快速将业务逻辑进行抽象化提炼。图 14-2 就是某企业对促销业务场景的抽象和提炼。该企业希望在给定的产能下，基于不同的促销提前期与促销量，对最终促销完成结果进行模拟。若产能不足，判断能否通过加班、外包等方式满足促销，并将该方案付出的额外生产成本与不执行该方案所产生的缺货成本进行对比。同时要求引入预测偏差，对高预测、正常预测、低预测等不同情况下可能造成的缺货、积压等场景进行模拟计算。

定制化开放建模可以使用复杂的系统，但也可以采用 Excel 或者运筹学算法引擎（比如 Matlab、Python、CPLEX 等）的实现方式。这些数学分析工具将作为优化计算的算法核心。建模工具为何会优先选择 Excel，最主要的原因是它是使用最广泛、上手最容易的模型搭建工具。由于定制化开放建模是一种以业务为主导的建模方式，我们鼓励业务人员直接参与到模型搭建过程中的每一个环节。而 Excel 就是一款业务人员也可以直接学习的零代码模型搭建工具，业务人员可以直观地看到不同的业务逻辑在 Excel 表格当中是以怎样的形式进行数学表达的，如图 14-3 所示。企业业务人员也正是因为深度参与到了模型的搭建过程中，并掌握了建模的方法，才能自信地驾驭模型，并从容应对业务变化而同时促进模型的升级。

3. 定制化开放建模：基于企业个性化业务量身定制

定制化开放建模并不是要直接开发一个系统，而是利用灵活的数据编辑工具再搭配开源算法引擎，基于企业的个性化业务诉求构建决策优化模型，是一种低代码甚至可以说是零代码的建模方式。其过程主要分为六个步骤。

（1）业务调研：对企业当前的业务逻辑进行详细调研，了解企业当前业务的主要运营特点、关键痛点、核心业务诉求等，形成本次建模优化的主要需求方案。

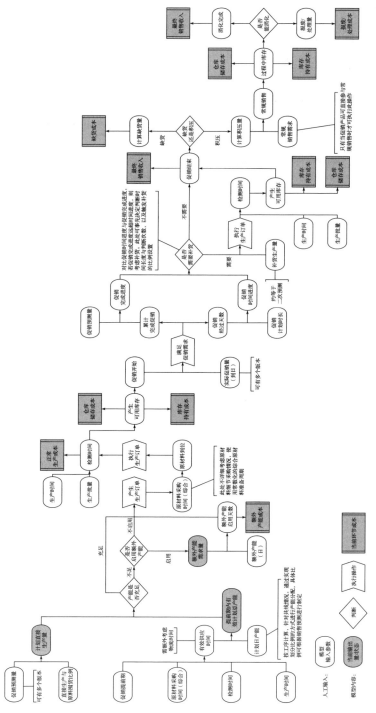

图 14-2 场景模型化过程示例

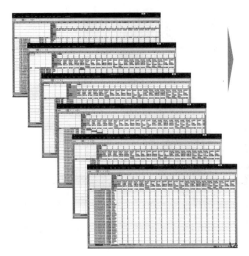

形成各模块计算文件

各种模型计算的表格、矩阵　　　　　进入Matlab进行优化计算

图 14-3　模型算法化的过程

（2）场景确认：明确本次建模的具体优化场景，以及相关个性化诉求，确定优化方向，以及需要考虑的各关键决策点，并梳理相关决策逻辑以及各种约束条件和优化目标。

（3）模型设计：将场景转变为模型结构，根据场景逻辑以及关键决策点的决策逻辑编制构建相关模型逻辑，实现业务场景的模型化，并利用零代码或低代码建模工具，实现模型的搭建。

（4）数据收集：对于模型决策所需要的数据进行收集，并确定数据质量与可用性、颗粒度与样本量是否符合要求，对于暂时无法获得或者质量难以达标的数据进行模拟化处理或者调整模型结构与计算逻辑。

（5）落地试运行：将搭建完成后的模型借助算法引擎进行求解和结果输出，与之前的手工编制方式同步运行，两者保持同样的数据输入，并要求进行同样的数据输出。通过这样的方式对模型进行进一步的优化与调整，并验证是否达到了最初的设计目标。

（6）人才培养：通过培训及深度参与建模过程，实现企业业务人员对建模技术的完全掌握和自主优化，并同步完成供应链管理专业知识和建模技能的转移，为企业打造数字化团队，让企业真正拥有拥抱变化的能力。

通过以上六个步骤，最终可以搭建一个符合企业个性化业务场景的决策优化模型，经过 1 年以上的实际业务验证后，再将模型进行代码化封装，确保其应用效率与迭代灵活性的平衡。个性化定制模型复杂度低而适配性高，并且与业务团队一起搭建完成，支持企业基于业务变化自主优化。

4. 定制化建模是个性化业务与算法引擎的完美融合

众多标杆企业的成功实践已经证明了定制化开放式建模是制造企业数智化转型的捷径，越是复杂并且变化越快的企业其优势越是明显。大量的个性化管理诉求，通过这种从零搭建起的优化模型，可以得到更加充分的表达与实现。为何大家一边高喊数字化，一边又以不确定性和模糊性怀疑复杂业务的算法优化可能性？运筹优化专家何仁杰先生做过一个生动的比喻，做技术的人员与做业务的人员中间隔着一条河。两岸上的人观看对面都会产生一种幻想、猜测，甚至因为不了解而质疑，但是很少有人主动从河的一边游到另一边。如果技术人员走进业务，主动游到对岸，并且开始理解业务，会擦出很多火花。同样业务人员如果主动游到对岸，也会产生很多新的创意。当业务和技术深度碰撞时就会出现新的思路和方法论，这种方法论就是技术思维、数据思维和业务思维融合的成果。但我们很少有人真正游到对岸，业务人员抱着流程不放，技术人员坚持算法至上。在这个时代，我们更需要在业务和技术之间来回穿梭的人，充分发挥业务和技术各自的优势，并将它们完美融合。基于运筹优化技术驱动的定制化建模方法就是这样一个新生事物，因为尽管两端都在变，但是它们之间的联动逻辑却是不变的，这是模型发挥作用的前提。这个新生事物不是一种远景，已经是一种成功实践。下面我们就两类建模方法（决策优化建模和仿真推演建模）借助案例分享做进一步的展开。本书不仅帮助大家构建框架体系，也为大家开启智能决策的实施路径。

14.4 基于算法引擎的决策优化建模实践和案例分享

下面我们通过四个真实案例深度演示运筹优化技术在供应链计划和产销

协同管理领域所显现的魔力，这四个案例涉及消费电子、机械装备、生物发酵以及精细化工等行业，同时覆盖离散制造模式和流程制造模式。

14.4.1　案例一：消费电子，离散制造

1. 业务场景和关键诉求

某手机制造商公司，拥有多品牌多工厂、400 亿元规模，SKU 达到上万种，物料数量同样达上万种，其供应链是名副其实的超高复杂供应链。公司在 2020 年之前并没有感觉到有何协同压力，因为产能充裕，物料充裕，销售需求基本都能满足，整体也处于增长趋势，利润尚佳。但是 2020 年后供需关系发生了反转，全球爆发了芯片荒，这种变化立即引发了内部品牌之间对资源的争夺，公司不得不成立了产销协调委员会，其主要工作就是分配货源，做好战略储备。但由于产品结构过度复杂，只能凭经验做资源分配预估，然后与前端通过反复沟通来确认，过程模糊无法追溯，结果因人而异、因时而异，缺失标准，难以优化。最终公司希望在全盘考虑各种约束前提和优化目标下借助算法建模实现有限资源的最优分配，特别希望分配过程规则清晰、透明，并支持量化的优化和调整。

2. 关键约束和个性规则

在建模过程中所需考虑的约束和规则如图 14-4 所示，一共有 10 项。为了便于大家理解，下面对其中 3 项关键约束和规则做概要阐述。

（1）**瓶颈物料约束**。传统 MRP 的逻辑专业人士都非常了解，无论是 ERP 自带的 MRP 功能，还是专业计划系统的 MRP 功能，都有一个重大前提：物料的供应是无限制的。但是新冠疫情的暴发导致全球出现各种缺货，芯片荒是其中最著名的缺货，企业的采购提前期已经达到了 9 个月以上。在此种情况下，已不能按照传统 MRP 逻辑基于成品需求推算物料需求，而需要基于已有的芯片及其他物料的供应能力，倒推能满足多少市场需求，同时还要考虑不同产品的战略定位以及利润水平，以收入或者利润目标最大化来精心规划整个资源分配，类似一种以产定销的逻辑。我们需要把这种关键原

料的供应能力看作运行主计划的一个约束条件，也就是主计划的约束条件不仅仅是我们熟悉的产能约束、供应网络约束、工艺约束，还增加了关键原料供应能力约束。

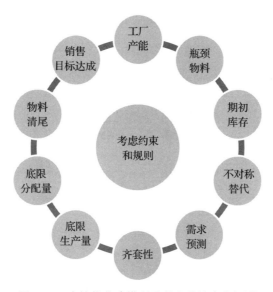

图 14-4　决策优化建模所需考虑的约束和规则

（2）**齐套性约束**。通常来说，逆向计算并不是一件困难的事情，只需要基于原料供应数量生产对应数量的成品即可。但作为一家离散制造型企业，齐套是一个关键的考量因素，尤其是在多种物料均出现短缺的情况下，极易出现产品甲有 A 缺 B、产品乙有 B 缺 A 这样的错配情况，所以需要在逆向匹配过程中，遵循最大化齐套的原则进行分配，避免资源错配带来的浪费。

（3）**不对称替代约束**。手机作为一种高度模块化的电子产品，即便是同款成品，也可能会有大量的可替换物料存在。同一款物料，对有些成品来说是专用物料，对有些成品而言只是可替换物料中的其中之一。若不加注意，极有可能出现：产品甲可使用 A、B、C 三种型号的摄像头，而产品乙只能使用 A 型号摄像头，但产品甲在匹配资源时将 A 型号摄像头提前使用殆尽了，导致产品乙无料可用，只能缺货。但其实只要产品甲使用 B、C 型号，两种产品均可实现正常生产。这种对不对称替代的规划能力在物料短缺的情况下将对产量产生巨大影响。

3. 优化目标

该公司存在多目标优化诉求，包括齐套最大化，缺货最少，总利润最大化等，如图 14-5 所示。公司希望在每次优化时，都遵循这样一个多目标优化的顺序，"既要又要还要"，而运筹优化技术可以完美承接这个诉求。

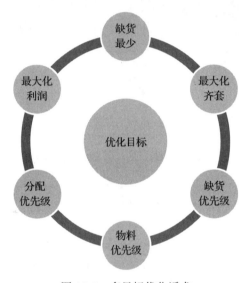

图 14-5　多目标优化诉求

4. 优化效果

关键物料约束再叠加齐套性和不对称替代约束下运行主计划是个极具挑战的任务，这种复杂的逆向寻优诉求让主要基于正向逻辑，并不支持运筹优化计算的传统 MRP 系统无所适从。最终，基于运筹学线性规划算法为核心的高度定制化建模帮助这家公司成功解决了这个复杂的逆向优化问题，将原来依赖人的经验和沟通能力的黑盒计划变成了逻辑清晰、透明量化、可优化可扩展、支持多场景模拟，并且决策效率和精度大大提升的白盒计划。

14.4.2　案例二：机械装备，离散制造

1. 业务场景和关键诉求

某公司主营风机主机制造，有 400 亿元规模，自有和外协工厂达到 50 多家，属于项目型配置型行业。一台风机需要将多个大部件运输至项目现场组装而成，而每个大部件需要事先在各个工厂由零部件组装而成，有些大部件是供应商直供，甚至还需要指定供应商。由于风机制造的复杂性，后端的工厂 / 直采供应商数量加起来多达 50 多家，分别负责风机不同大部件的组装与供应，这是供应端的情况。而对于需求端，也有别于快消品、大宗物资等标准化较高的产品，每一个风电项目都会有一些个性化、定制化的需求，不仅产生了 40 多款机型、80 多种配置，需求管理也需要细到具体的项目维度，而平时每个月一般会有 200 ～ 300 个项目在同步进行。所以，前端有数百个项目，中端有 80 多种机型配置，后端有 50 多家工厂 / 供应商，项目到工厂 / 供应商存在 4000 多条路径，整个供需匹配关系异常复杂，如图 14-6 所示。并且由于叶片、轴承等关键部件供应能力紧张，以及叶片、发电机等大部件的产能节奏问题，在进行供需匹配时，还需要考虑零部件的齐套性以及不同月份产能的均衡性，产销匹配的工作量更是直线上升。传统做法是由十几个计划人员，用开会的方式，按顺序一个个地对每个项目的大部件供应地点进行确认，人工考虑齐套性与产能均衡性，往往耗时近半个月才能完成，质量更难以保证，且假如前端需求有变化，后端也很难进行同步更改。

该公司决定引入算法辅助决策，希望在进行前端项目与后端供应能力匹配的过程中，除了考虑物料供应齐套性与产能均衡，还引入成本因素。由于不同工厂与不同项目之间的物流成本不同，且不同工厂 / 供应商生产同一部件的生产 / 采购成本也不尽相同，该公司希望通过对供需路径匹配关系的优化，实现全局成本寻优的目标，同时还要求满足项目优先级、指定供应商等特殊要求。

2. 约束和规则

该公司共需要考虑 8 项约束和规则，如图 14-7 所示，下面对其中的 4 条关键规则进行概要解释。

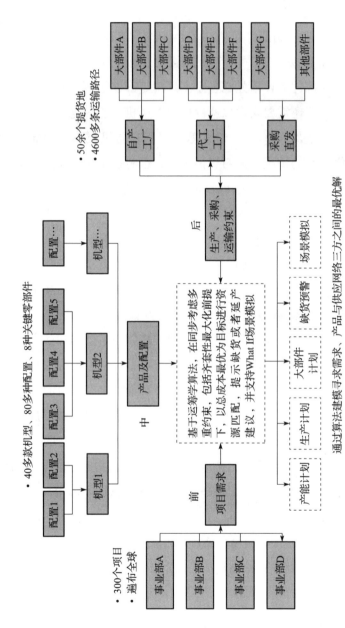

图 14-6　产品与需求和供应相匹配

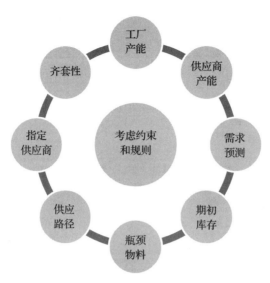

图 14-7 决策优化建模所需考虑的各种约束和规则

（1）**齐套性**。基于齐套性的要求，在模型进行匹配的过程中，会基于 BOM 计算出各大部件以及关键零部件的需求量，再根据大部件组装产能以及采购所提供的未来各关键零部件的供应量进行齐套性匹配，以齐套数量最大化为目标，避免错配造成资源浪费。

（2）**指定供应商**。项目型交付中对关键部件指定供应商品牌是非常普遍的行为，所以也必须在资源规划时进行考虑。

（3）**工厂产能**。基于产能均衡性要求，落实"前二后一"的原则，即对于某个月的需求，如果当月产能不足，在关键部件供应没有问题的情况下，可以最多提前两个月进行生产，如果前两个月的产能都不足，或者关键部件供应尚未到位，也可以延后一个月进行生产，通过这种前后平移的方式对产能均衡进行调控。

（4）**供应路径**。由于过去并未进行过系统性的成本计算，物流与生产成本几乎都未形成结构化的数据，而 300 个项目外加 50 多家工厂 / 供应商，理论上会有超过 15 000 条路径，数据量极大。物流部门在经过三个月的梳理之后，汇总了 4600 多条有效路径的运价信息，为优化计算打下了数据基础。

3. 优化目标

该公司的目标优先级是先确保齐套最大化,在此基础上考虑项目优先级和缺货最少,如果产能不足,先考虑提前生产,实在不行再提出延后的生产建议,如图 14-8 所示。运筹优化技术承接了这种逐级寻优的诉求。

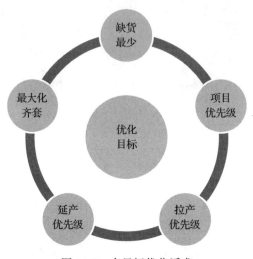

图 14-8　多目标优化诉求

4. 优化效果

经过两年的实践,经过公司财务确认,数字化管理技术的升级帮助公司实现了每年 3000 多万元成本的节约。除成本外,更加明显的则是效率提升,过去要 12 个人 14 天才能完成的计划,现在只需要 2 个人半天即可完成,人天效率和时间效率均得到极大提升。而效率提升带来的并不仅仅是人力的释放,更是整体计划周期的缩短,使得库存周转也超目标完成。不仅真正实现了从"人工智能"到"算法智能"的转变,也为公司整体的运营效率与成本节约带来了显著的改善。

14.4.3　案例三:生物发酵,流程制造

1. 业务场景和关键诉求

某公司隶属于典型的重资产、高耗能、高污染行业,有 150 亿元规模,

多工厂多分仓模式,利润率非常低。为了能够改善当前高成本的运营现状,公司不仅在生产与库存端花了大力气进行降本,也提出通过引入优化算法对供需资源的匹配逻辑进行优化的诉求。公司后端有三个制造基地,而前端则基于地区、出口港口等层级进行需求汇总,大约有 30 多个需求点。由于是大宗物资,产品复杂度较低,产品大约分 5 大类 15 小类。所以,整体供应网络匹配的复杂度较之前案例要低很多,但真正有挑战的则是各种个性化约束条件。

2. 约束和规则

该公司共需要考虑 10 项约束和规则,如图 14-9 所示,下面对其中的 4 条关键规则进行概要解释。

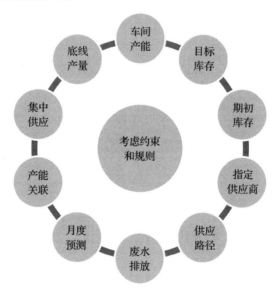

图 14-9 决策优化建模所需考虑的各种约束和规则

(1) **产能关联**。该公司属于生物发酵类行业,不同于离散制造,生物发酵不能明确地控制产出物,同一批次发酵产品当中可能会含有多种产品。例如,公司有两种主要的氨基酸产品——98 赖氨酸与 70 赖氨酸,数字代表浓度,在实际的赖氨酸生产中,并不能做到只产出 98 赖氨酸而不产出 70 赖氨酸,反向同理。所以,98 和 70 的赖氨酸总会以某种比例产出,而这个比例会有一个上限和下限，在这个范围内，可以通过工艺进行调整，而超出范围就不行。这一点在公司的另一个主营产品味精的生产中尤为明显。所以在进行前后端供需匹配时，需要将不同小类产品生产时的产量关联关系也一并纳入考量。

（2）**集中供应**。除了上述产能关联比例的约束以外，还有集中发货的诉求，同一个省份的同类需求，例如不同小类的赖氨酸需求、不同小类的味精需求等，都需要由同一个工厂进行配送，而不能拆散由不同工厂配送，否则会增加运输成本。

（3）**底线产量**。由于是流程式，并且是高能耗制造模式，必须保持生产连续性，每个车间都必须遵守一定的底线生产量用于确保不停工。

（4）**废水排放**。此外每个工厂还需要考虑环保指标，也就是废水排放限制。需要基于不同产品生产时所产生的废水进行工厂之间的需求匹配，只有在计划编制的过程中，将这些约束条件都考虑进去，才能确保最终的计划是实际可操作、可落地的计划。

3. 优化目标

该公司成本敏感性极高，要求以生产与物流总成本最低为首要优化目标，并且在这一基础上确保缺货最少，如图 14-10 所示。如果缺货，执行缺货优先级规则。

4. 优化效果

项目上线后，基于运筹优化的产销规划模型在三年中直接给公司节约了 1 亿元的物流成本，库存周转天数下降了 30%，订单交付率提升了 20%。在新冠疫情期间，利用模型灵活快速决策的特点，在 15 天内完成了 22 个 What If 场景的决策模拟，为公司提供了丰富的高品质的决策选项，极大提升了管理层的决策效率和质量。

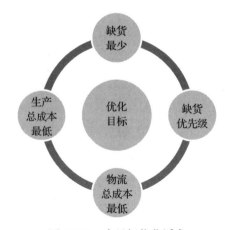

图 14-10 多目标优化诉求

14.4.4　案例四：精细化工，离散流程兼具

1. 业务场景和关键诉求

某公司属于美妆制药行业，有 50 亿元规模，有数百个 SKU，多工厂多分仓，高速增长，利润率高。随着外部大环境的变化，供需两端均出现较大波动，库存居高不下，叠加产品的快速迭代，给产销管理带来了更大的挑战。公司开始启动供应链计划管理体系建设，其中包括主计划管理体系的建立，希望通过引入主计划建模来提升目前的产销决策质量与效率。

该公司在全国有 5 个自有工厂、多家外协工厂、300 多个 SKU，部分单品 SKU 需要组合成套装进行售卖，所以也存在齐套性需求。在物料方面，影响生产的瓶颈物料基本都是包材，所以在进行主计划匹配时，还需要考虑包材物料的满足能力。并且在化妆品行业，SKU 经常进行包装版本的升级迭代，同一 SKU 有多个 BOM 版本，所以还存在对 BOM 版本的优选诉求。

2. 约束和规则

该公司共需要考虑 10 项约束和规则，如图 14-11 所示，下面对其中的 3 条关键规则进行概要解释。

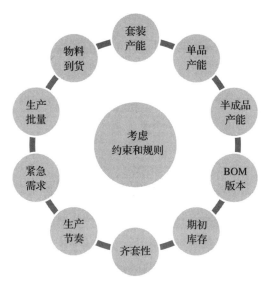

图 14-11　决策优化建模所需考虑的各种约束和规则

（1）**齐套性**。化妆品行业经常会推出各种各样的套装进行组合销售，所以需要进行套装产品的生产。套装通常由其他的单品产成品组合而成，所以在套装的生产中需要符合齐套性要求。并且在此基础上，由于套装的组包生产也需要时间，相关单品必须在对应套装生产时间的前一周完成齐套生产，所以在进行主计划匹配时还需要注意两者的时间差。

（2）**BOM 版本**。BOM 版本也是化妆品行业的常见场景，很多化妆品其内容物并未改变，包装却会经常推陈出新。内包、外包、花盒等物料均有可能变化，于是带来 BOM 版本的变化，同一 BOM 的不同版本的差别基本就在一些包装物料上。所以在进行主计划匹配时，还需要关注不同包装物料所对应的 BOM 版本。

优先级是该场景中的核心复杂点之一：由于 BOM 版本的存在，所以需要优先生产旧版 BOM，将旧版物料全部消耗掉之后，再切换到新版 BOM。不同的 SKU 在不同工厂有相应的生产优先级，每个 SKU 都有一个主生产工厂，通常需要优先在主生产工厂生产。但是，在次生产工厂有相关 SKU 的物料库存时，则需要优先安排在次生产工厂生产，优先消耗次生产工厂的物料，避免物料一直积压，从而产生报废。除此之外，还需要考虑工厂产能、次生产工厂物料不齐套、只有部分物料等多种场景下的优先级顺序。

（3）**生产节奏**。在主计划匹配过程中，由于需求是给到月颗粒度上的，而最终的输出则需要到周颗粒度，所以需要将需求在当月各周之间进行分配，而分配时需要遵守一定节奏，不能全月需求都放在第一周或者最后一周上，比如，按照 3322 的方式进行分布。

3. 优化目标

由于该公司利润率较高，产品属于高货值产品，对于运输成本不敏感，所以模型中并未引入运输成本与加工成本。公司对于物料成本较为关注，所以除了在主需求层面要求最大化满足需求外，对于 BOM 切换的齐套匹配场景，允许为了消耗旧版物料采购其缺少的配套物料，并按照齐套后剩余物料金额最少的方式去进行匹配，从而最大限度地减少物料的报废，如图 14-12 所示。

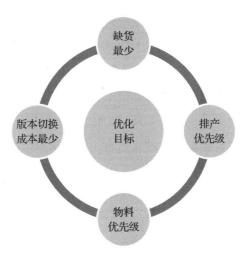

图 14-12 多目标优化诉求

4. 优化效果

首先，模型落地后，成功地将主计划编制逻辑打通，将过去分段分布在不同流程、不同职能中的主计划相关职责，统一归口到了计划部主计划职能下，完成了主计划管理职能的初步构建与有效整合。其次，过去名义上的主计划只做到月颗粒度，具体周计划由各工厂 PMC 进行编制，现在则通过主计划模型直接输出周颗粒度的主计划，给工厂 PMC 提供了参考，提升了整体计划的精度和效率。试运行 3 个月后，MPS 的准确率达到 85% 以上，MRP 的准确率达到 90% 以上。此外，在 BOM 切换模块引入成本最优决策机制，为物料齐套切换提供了更加高效经济的最优切换方案。

14.5 基于推演技术的仿真推演建模实践和案例分享

前面分享了何为基于算法引擎的决策优化建模，现在和大家分享另一类模型——仿真推演模型。**如果说决策优化模型是提升计划决策的效率和精度，那仿真推演模型则更多是对决策结果进行全方位的量化评估。**比如，决策优化模型给出了关键的决策建议，要准备多少条生产线，生产什么品种，生产多少天，何时采购关键物料，关键设备的使用天数，仓库租退建议等。

仿真推演模型就是基于这个决策，结合现实的业务场景和逻辑对未来业务表现进行模拟，提前预判如果实施了上述措施后，未来各个方面的绩效表现会如何。比如，在决策优化模型输出的一系列决策实施后，未来的订单交付率、产能利用率、库存水平、库容利用率、可能的缺货或者慢动会怎样，这是对决策优化模型结果和逻辑的一种延伸推演。特别强调的是，这个决策结果和量化评估都是针对未来的，而非历史，这与本书第 9 章提到的控制塔是两个完全不同维度的预警。前者是基于对未来绩效的预判，后者是基于对历史绩效的评估。

与决策优化模型相比，仿真推演模型并不存在一个核心算法，因为两者的目的不同。决策优化模型的目的是输出一个符合条件的最优化结果，只要数据不出错，信息收集完整，执行结果到位，那最终的结果就是最好的。简单来说，**决策优化模型会基于算法给出最佳方案**。而仿真推演模型则不然，它的目的是通过模拟当前的业务运营逻辑，虚构一个抽象的业务模型，从而告诉使用者，假如初始条件设定是这样的话，那么按照公司当前的业务逻辑，未来结果会是怎样。简单来说，仿真推演模型只负责给出结果，但结果的好与坏还是需要决策者自行判断，这是两个模型最大的不同之处。

正因如此，两种模型的搭建方法也有较大的差异。虽说都是模型，但决策优化模型由于需要借助算法引擎进行求解，所以对数据收集的格式、类型及搭建结构会有一定的要求。而仿真推演模型则几乎可以说没有特定的格式，只要能够还原实际业务场景的逻辑即可。

通常来说仿真推演模型都可以由一个最简单的模型发展而来，而这个最简单的模型就是我们熟悉的"进销存"模型。假设这样一个场景，期初库存有 100 件，接下来每天会发货 20 件，同时每天还会有 25 件产品入库，那么 10 天之后，库存会变成多少？答案很简单，第 10 天的期末库存会变成 150 件。我们其实就是在搭建一个仿真推演模型最基础的框架，也就是基本的进销存逻辑。接下来我们试着丰富这个模型，假设还是 100 件的期初库存，但每天的发货件数变成了 10 到 30 之间的随机数，而生产逻辑也变成了再订货点驱动的模式，当前一天的期末库存低于 80 件（也就是我们设置的再订货点）的时候，就触发生产，将库存重新补到 80 件。这样一来，再问一下大家：第 10 天的期末库存是多少？就算将每天的随机需求明确为一个个具体的数字，是不是也没那么容易一下子就算出来了？

再进一步，假如现在整个周期从 10 天变成了 3 个月，共 90 天，需求呈现出 1234 的月度周节奏，也就是每月四周的发货量会分别占全月的 10%、20%、30%、40%，每天的需求订单会提前 2 天给到后端，由仓库安排发货，仓库在发现库存低于再订货点之后则会向制造提交补货订单，制造的生产周期为 3 天，并且都是按照固定的生产批量的倍数进行生产，并不是随意数量。在生产完成后，还有 1 天的质检时间，然后才能入库并用于发货，并且生产每天能够使用的产能是有上限的，如果超过产能上限就只能隔天再排产。那么，如果我们想要知道这 3 个月过程中具体的库存情况、产能使用情况，以及需求的及时满足情况，就只能搭建一个仿真推演模型。上面展示的就是一个简单的仿真推演模型的搭建过程，基础架构是进销存，我们要做的就是不断丰富这个场景，给"进""销""存"分别赋予不同的、越来越复杂的运营逻辑，添加越来越多的影响因素，如图 14-13 所示，让它们与实际的业务逻辑越来越接近，从而更好地为我们未来的决策提供有效的参考与帮助。

在使用这个模型对未来进行规划之前，我们也有必要先使用历史数据来对这个模型进行验证，验证其吻合度，以及是否缺失了一些重要因素，并对模型做进一步的完善。然后再使用这个模型对未来进行推演，而这个推演也需要基于其他产销策略的假设，比如各种提前期、各种执行率、各种批量规则、新鲜度要求等。下面我们通过四个真实的业务场景来体验仿真推演模型的业务价值。

14.5.1 场景一：借助库存仿真推演模型验证库存策略设置合理性

很多企业都想知道自己的库存到底多少才是合理的，除了不知道基准外，它们还有一个重大误区就是认为合理的库存是一条水平线，它们往往在库存周转天数分析图上画一条水平直线代表期望的库存水平，殊不知这个认知本身就是错误的，合理的库存水平不可能每个月都一样，特别是有淡旺季的企业。库存推演过程是合理的库存水平计算的过程，由于产能波动，淡旺季提前囤货等影响，这个期望库存水平是一个动态的值，如图 14-14 所示，这也是为何需要通过建模来推演。

类别	参数
财务参数	财务费率
财务参数	人工成本占比
财务参数	成品每月每托成本
财务参数	成品优惠价
财务参数	成品零售价
财务参数	成品转储价

类别	参数
市场参数	缺货损失率

类别	参数
决策参数	推演开始日期
决策参数	促销开始日期
决策参数	促销完成日期
决策参数	最后可交付时间
决策参数	备料启用时间
决策参数	促销量
决策参数	原料备货比例

类别	参数
采购参数	最小起订量
采购参数	最小采购批量
采购参数	阶梯价格数量
采购参数	原料采购价格
采购参数	正常采购周期
采购参数	加急采购周期
采购参数	到货准时率
采购参数	到货合格率
采购参数	损耗率
采购参数	生产合格率
采购参数	收货处理时间
采购参数	原料期初库存
采购参数	原料在途库存

类别	参数
生产参数	常规产能
生产参数	加班产能
生产参数	常规人工成本
生产参数	1.5倍额外加班人工成本
生产参数	2倍额外加班人工成本
生产参数	常规单件成本
生产参数	工作日历

类别	参数
物流参数	箱转换率
物流参数	每个托盘存放的成品数量
物流参数	单品重量
物流参数	箱重量
物流参数	件托转换
物流参数	中间品库存
物流参数	运输价格

类别	参数
计划参数	库存天数
计划参数	促销前日均销售量
计划参数	促销后日均销售量
计划参数	物流方式
计划参数	采购方式
计划参数	高版预测
计划参数	中版预测
计划参数	低版预测
计划参数	保质期
计划参数	剩余效期要求
计划参数	计划周期
计划参数	实际采购周期
计划参数	原材料质量判定周期
计划参数	生产周期
计划参数	成品质量判定周期
计划参数	干线周期
计划参数	配送周期
计划参数	供应周期
计划参数	全国成品合格库存天数
计划参数	一级短缺预警
计划参数	二级短缺预警
计划参数	三级短缺预警
计划参数	一级积压预警
计划参数	二级积压预警
计划参数	三级积压预警
计划参数	成品常规日均销售量
计划参数	组件用量
计划参数	销售量
计划参数	成品已下单
计划参数	成品已在产
计划参数	成品已待检
计划参数	成品已在途
计划参数	成品已在库
计划参数	最小剩余货架寿命

图 14-13　在仿真推演模型中融入参数来确保模拟效果与实际业务的匹配度

此外，库存推演模型不仅可以计算期望的库存水平，并且可以验证库存策略。在经过精心的设计之后，也许我们可以获得一个呈现得很漂亮的库存策略矩阵框架，但是这些策略是否可行，或者说按这个策略执行后是否能得到期望的结果却是一个疑问。传统的库存规划方法是基于经典安全库存公式计算出一个安全库存值，然后推导出再订货点和订货批量等，但是这个安全库存是否能够帮助达成所期望的交付水平和库存结果，必须通过后续的实际应用结果来检验，这是一个巨大的风险。所以，**使用仿真推演模型来对策略进行模拟验证，是一个切实可行的事前策略评估方式，可避免未来付出更多真金白银的库存和缺货成本。**

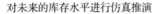

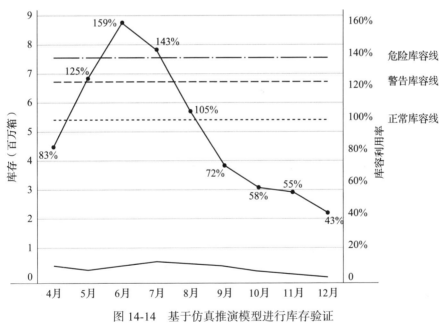

图 14-14　基于仿真推演模型进行库存验证

14.5.2　场景二：借助仿真推演模型预判租库和退库最佳时间点

图 14-15 是一个利用仿真推演模型对一年中的库存峰值进行推演的案

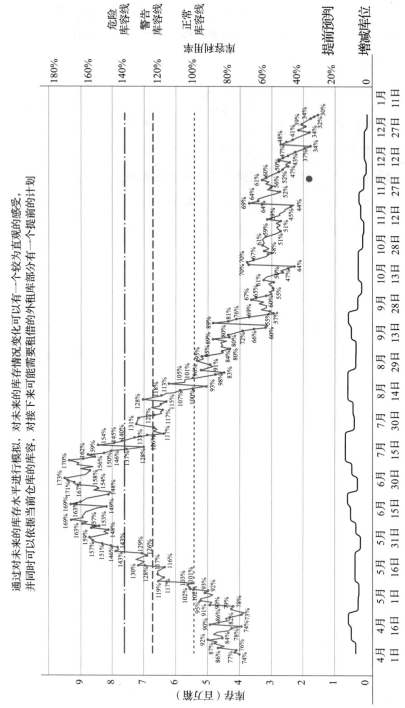

通过对未来的库存水平进行模拟，对未来的库存情况变化可以有一个较为直观的感受，并同时可以依据当前仓库的库容，对接下来可能需要租借的外租库部分有一个提前的计划

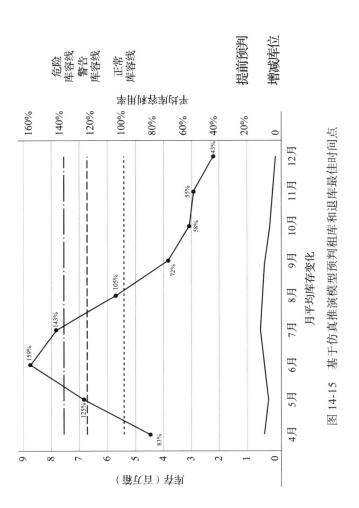

图 14-15 基于仿真推演模型预判租库和退库最佳时间点

例，通过对淡旺季囤货进行模拟，推演可能的库存峰值，从而预判未来的库存与库容水平，为促销政策制定以及临时租库退库提供量化指导。

14.5.3 场景三：借助仿真推演模型模拟不同订单提前期对业务结果的影响

图 14-16 是对订单提前期的模拟。对于很多快消品公司而言，订单提前期是一个重要却经常被忽视的影响参数。由于普遍存在的"以客户为中心"的思想，很多公司认为发货速度越快越好。殊不知极短的订单提前期会给后端的供应体系带来极大的压力。该案例中我们对不同的订单提前期进行了模拟，订单提前期仅仅只是从 2 天延长到 3 天，由于业务体量很大，就可以实现全年累计减少 9000 万元库存的效果，以此释放出大量的资金，并减少库存持有成本与滞库风险。这种量化模拟将带来极大的冲击，从而推动前端交付策略的优化。

14.5.4 场景四：借助仿真推演模型模拟不同预测版本下的业务结果

下图 14-17 是基于不同预测版本的业务结果模拟。虽然计划的重要性越来越受到企业的重视，但依旧有很多企业并不理解需求计划的重要性，这张图就是对预测的推演分析。基于过去预测的准确率，设置高中低三版预测，再用同一版供应方案去匹配这三版需求计划，就可以非常量化地看出，不同版本需求下最终的缺货情况、库存情况、滞库风险等的差异。如果当前的供应能力可以满足中低版本的需求，但无法满足高版本的需求，那么就可以决策是否酌情提高库存或者产能的准备。如果高版本预测的缺货成本属于可以接受的水平，那么就可以继续保持这版供应方案不变。

总而言之，仿真推演模型是通过对业务逻辑的还原，将过去只能定性讨论的各种策略、场景与行为进行定量化的呈现，从而帮助决策者更好地在不同方案之间进行权衡。借用一位工厂厂长的说法："过去对于订单提前期、交付节奏、服务水平要求等话题，都是销售说销售的道理，供应说供应

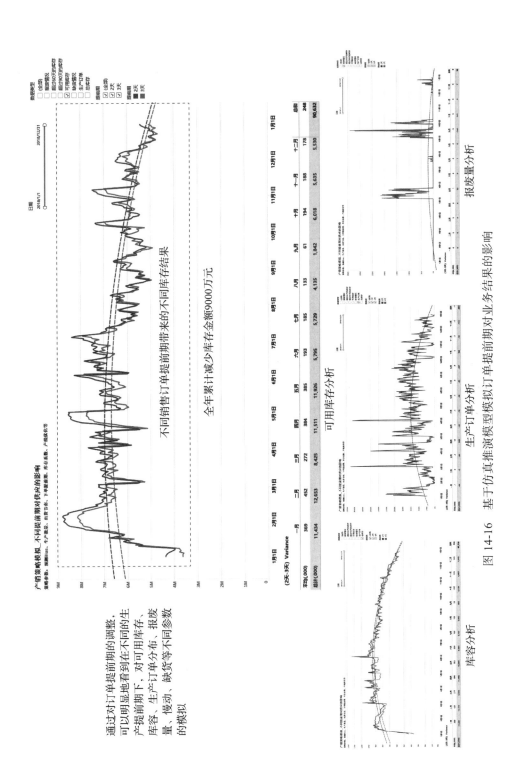

图 14-16 基于仿真推演型模拟订单提前期对业务结果的影响

的道理，双方根本说不到一个频道上去。而有了仿真推演模型，就像提供了一个科学吵架的平台，双方现在终于可以在同一个频道上交流沟通了。"

策略模拟 – 结果评估分析

当前方案数据

　　　　方案名称：供需混乱保质期下降版本
　　　　方案描述：偏差80保质期减少1个月
　　　　对比方案：供需混乱版本1

主要成本类结果（单位：万元/年）

	当前方案	对比方案	变化量		变化率	
年销售额	117,796	117,796	–		–	
营业收入	70,850	71,040	▼	−190	▼	−0.27%
潜在销售损失	2,589	2,589	–		–	
总成本	46,946	46,755	▲	190	▲	0.41%
成品制造成本	12,329	12,311	▲	18	▲	0.15%
子项：制造加班费用	668	668	–		–	
成品库存成本	2,520	2,680	▼	−160	▼	−5.96%
成品持有成本	655	658	▼	−3	▼	−0.41%
成品报废成本	805	565	▲	240	▲	42.46%
物料采购成本	30,317	30,212	▲	104	▲	0.35%
子项：物料追料费用	1,489	1,469	▲	20	▲	1.37%
物料库存成本	1	1	▼	0	▼	−1.23%
物料持有成本	319	328	▼	−10	▼	−2.92%

▼−100.00%	▼−80.00%	▼−60.00%	▼−40.00%	▼−20.00%	–	▲20.00%	▲40.00%	▲60.00%	▲80.00%	▲100.00%

	年销售额
▼ −0.27%	营业收入
	潜在销售损失
	总成本　▲0.41%
	成品制造成本　▲0.15%
	子项：制造加班费用
▼ −5.96%	成品库存成本
▼ −0.41%	成品持有成本
	成品报废成本　　　　　　　▲42.46%
	物料采购成本　▲0.35%
	子项：物料追料费用　▲1.37%
▼ −1.23%	物料库存成本
▼ −2.92%	物料持有成本

图 14-17　基于不同预测版本的业务结果模拟

14.6　如何实现从数学最优解到业务最优解

　　尽管我们反复强调数学对于供应链管理的重要性，但是数学却不是供应链管理的全部，只是支持我们进行科学决策的工具，从数学最优解到业务最优解还有一段距离。

1. 什么是数学最优解：基于给定的策略和约束变量的数学寻优

数学最优解是基于预先设定的策略变量、各种约束变量以及优化目标进行求解。比如某制造企业，在进行资源规划时不仅要考虑生产和物流约束，还要考虑发货的集中性，考虑不同产品的生产工艺影响，考虑客户指定特定工厂生产的需求，甚至环保要求等，看似复杂，其实也是一个数学寻优问题，可以通过数学建模的方式来实现。挑战则在于，为了这个数学模型的输出结果能够落地执行，更加贴合现实应用场景，你需要考虑尽可能多的细节约束。

2. 如何得到业务最优解：改变策略变量和约束变量本身

那是否约束考虑得越全，结果越好？从仿真模拟和可执行性的视角看的确如此，但是从数学的视角而言，约束越多，优化空间就越小，模型受到的限制就越大。当模型运行一段时间后，需要反省这些约束和策略参数的合理性。如果某些约束不是必须存在的，需要将绑上去的约束再一个一个拿掉，对策略参数一个一个进行调整，这个过程就不是一个数学求解过程，而是更深层次的业务优化过程，也就是通过改变策略变量或者约束变量本身来进一步获得更高层级的业务最优解的过程，这个过程通常也被称为变革。

什么是策略变量？策略变量就是各部门的业务行为或者诉求。比如，销售希望达到 100% 的交付率，希望将 3/4 的产品新鲜度留给客户，希望能给客户更快的响应，比如 2 天内交付。研发部门则希望提供更多的产品、更多个性化的定制服务。而生产、物流和采购部门则希望有更加经济的生产、采购和运输批量以及更加平稳的节奏。计划部门希望控制库存和报废。这些行为需要在模型中进行量化体现，有些作为自变量，有些作为因变量去求解。如果你想改变这些策略变量，也就是意味着你要改变各部门的诉求或者行为，包括销售部门和产品部门等强势部门的行为。没有算法，你要求销售接受 95% 的交付率、2/3 的产品新鲜度、5 天的交期这样的解决方案是几乎不可能的，你必须告诉销售不同的解决方案的差异在哪里，省了多少钱，甚至能不能将节约的收益和他们一起分享。只有你有能力把大账算清楚，才有可能去改变这些策略变量，而这些变量改变后你将得到一个价值更高的业务最优解。上述**改变策略变量和约束变量的过程我们称为业务寻优**。它不是数学寻优过程，但它必须借助数学模型去呈现局部改变所带来的不同的全局结果，从而推动各部门业务行为的改变。这些改变与通过数学建模来寻优的科学决策过程正好相反，前者需要真实还原所有内外环境变量和约束，后者则要改变内外环境变量以及约束，甚至解除约束。这个逆向的过程我们称为业务变革，它不仅会改变部门诉求、行为、绩效，甚至有可能改变决策模式，它不能由算法科学家主导，而需要业务专家推动。**数学寻优是一层一层叠加约束，业务寻优则是一层一层调整或解除约束，前者取决于建模能力，后者则考验管理智慧。从数学最优解到业务最优解是企业决策优化的必经之路，是科学和管理融合的必经之路。**

总 结　▶　SUMMARIZE

数字化最大的挑战是人的安全感

笔者认为供应链管理数字化的终极目的是智能化，而不是在线化、可视化，二者最大的区别是，后者最多是决策效率提升，前者是决策效率和精度的同步提升，后者辅助手脚，前者辅助大脑。用某位总裁的话说就是"让资质普通的员工也能做复杂的工作"。但这是一件人见人爱的事情吗？从底层逻辑而言，全局优化必然会损害局部利益，所以需要通过数据来平衡全局利益和局部利益之间的冲突，这是供应链管理领域数字化的最大动因。但是，当原来黑盒运作的逻辑全部透明并量化，人的操作空间将受到极大的压缩。

同时，人在短时间内增加了数据处理的工作量，数据问题还会连带暴露管理问题。在一次行业会议上，一位软件公司的同行也分享了同样的故事，在帮助一家企业优化排产时，因为原有排产人员的压力，他们特地留出了一部分人工调整的空间，牺牲优化效率，兼顾人性安全。这也是极少有软件公司采用运筹优化技术的另一个原因。一方面是建模技术的挑战，另一方面就是人性的挑战。所以他们大多数选择九一法则，也就是 90% 是规则优化，只有 10% 是使用优化算法。因为规则人可以调整，而优化引擎人则无法干涉，但是它的决策精度却是最高的。**我们在做决策时，往往要兼顾很多非理性因素，而无法做出最科学的决策。所以，数字化最终也需要与人性去平衡。**

供应链，供应链管理，数字化供应链管理

> 如果双方形成均势，双方军队多年来只能在
> 同一地区进进退退，那么，给养往往就成为主要
> 的问题了，统帅变成军需官，指挥作战就变成管
> 理辎重部队……
>
> ——克劳塞维茨《战争论》

本书的目的是帮助制造企业正确理解和落地供应链管理这种从西方传入的科学管理方法论，不仅理解它的优势，还明了它的劣势，特别是实施过程中的挑战。它只有一个"神"，但会有很多种"形"。从供应链到供应链管理再到数字化供应链管理与人类社会的发展一样，遵循自然规律，总是从最原始的，逐步过渡到高层级的体系。一个企业的发展也遵循这样的规律，除了一些跨国公司的子公司，它们比较特殊，在成立时就有人设计好了完善的管理框架。大部分白手起家的企业都是从最简单的管理形态逐步向精益化演进，管理没有绝对的好坏，管理也是有成本的，最合适的才是最好的。

1. 供应链的黄金时代

一个企业创立之初，最重要的是活下来。所以，除了最基本的生存工具，其他都可以忽略。基本的生存工具就是产品、销售以及供应链（生产、采购、物流）和财务会计。这个阶段就是各自努力，各自协调，总之，确保

低买高卖就可以。这个阶段我们最关注生产效率是否发挥到了极致（精益生产），采购成本是否足够低（集中采购），物流成本是否足够低（物流外包），同时客户需求尽可能满足，交付足够高，客户要什么就做什么。总之，在高速增长阶段，企业似乎可以做到收入最大化，费用最小化。这个阶段是"供应链"各职能最高光的阶段，大家都在各自的轨道上奋勇前进。

2. 供应链管理的黄金时代

慢慢地，供需矛盾发生了变化，从需大于供，变成了供大于需，或者供需关系快速转换。产品越来越多，库存越来越高，交付却没有提升，甚至下降。由于供需关系的转变，产能也富裕了，不是来不及生产，而是不知道应该生产什么，生产多少。大家感觉各自埋头苦干好像不行了，产销冲突（制造成本和销售需求的冲突）、产研冲突（制造成本和产品复杂度的冲突）、研销冲突（销售资源和产品复杂度的冲突）都日趋激烈，这时就出现了对研产销三方协同的诉求，也就把之前忽略的集成供应链计划管理推到了风口浪尖。这个时候就进入了供应链管理时代，也就是需要有个独立的第四方去协同产品、销售和制造，企业也真正开始关注所谓的战略和策略等方向性规划。S&OP 的产销协同理念在这个时候应运而生，企业纷纷开始关注跨职能协同，这不仅是外部环境所迫，也源自内部日益增加的复杂度所带来的管理压力。2008 年伴随着一场金融危机，世界经济开始放缓，互联网模式开始出现。总量向下，波动加大，产品更多，渠道更杂，企业管理复杂度快速上升，"供应链管理"的黄金时代宣告到来。

3. 数字化供应链管理的黄金时代

从"供应链"到"供应链管理"不是简单的管理与不管理的差异，而是一场变革。我们在前面已经做了深入阐述，让一个新兴部门去统筹强势而有实权的产品、销售、生产、采购和物流部门，让大家牺牲一下部门利益去顾全所谓的全局利益，是一种怎样的挑战。这个被称作供应链管理的部门往往会由于缺少专业且量化的说服力最后沦为矛盾中心。如何把自己的价值说清楚是这个供应链管理部门面临的最大挑战，因为它本身不直接创造价值，它的价值就是改变其他部门的行为。所以，它需要以科学为本、艺术为辅，软硬兼施方能立足强邻之间。上帝关上门，却打开了窗，尽管内外交困，但是互联网带来了更多的信息，使渠道更透明，数据更多，计算机技术的发展也带来了算力的提升，而数据和算力恰恰是供应链计划和产销协同的两大发力点。互联网和算力的爆发宣告"数字化供应链管理"时代的到来，但是从"供应链管理"到"数字化供应链管理"则更多是一次转型。

参考文献

［1］温伯格. 咨询的奥秘：寻求和提出建议的智慧［M］. 劳佳，译. 北京：人民邮电出版社，2014.

［2］梅多斯. 系统之美：决策者的系统思考［M］. 邱昭良，译. 杭州：浙江人民出版社，2012.

［3］普塔克，史密斯. 奥列基谈 MRP［M］. 吴学强，译. 北京：电子工业出版社，2019.

［4］伯格曼，麦金尼，梅扎. 七次转型：硅谷巨人惠普的战略领导力［M］. 郑刚，郭艳婷，等译. 北京：机械工业出版社，2018.

［5］卡尼曼. 思考，快与慢［M］. 胡晓姣，李爱民，何梦莹，译. 北京：中信出版社，2012.

［6］明茨伯格. 明茨伯格管理进行时［M］. 何峻，吴进操，译. 北京：机械工业出版社，2010.

［7］乔普拉. 供应链管理：第 7 版［M］. 杨依依，译. 北京：中国人民大学出版社，2021.

后　记

一位从事跨境电商运营的朋友曾经来咨询笔者如何更好地平衡供需，因为亚马逊对库存周转率要求越来越高，他实在想不出一个有效平衡供需的方法。之前也经常有人来询问笔者类似的问题，认为笔者是产销协同专家，但是笔者每次都感觉非常抱歉，无法通过三言两语给大家一副灵丹妙药。供需平衡不是靠一个方法就能解决的，而是需要一套体系，这也是为何"三高"成为很多企业的顽疾。由于笔者能力所限，深入而不能浅出，竟然写了20多万字，但是如果非要高度凝练，其实就是三句话：

首先，如何在理解人性的基础上，用系统思维解决问题，这是一种比具体方法更深刻的智慧。

其次，显而易见的问题往往远离真相，想要发现真正的原因，就要沉下心来研究问题背后的细节。

最后，即使你得到了一个解决方案，也要考虑如何避免解决问题的时候带来更多风险，要确保自己的方案可以安全地实施。

这三个建议来自杰拉尔德·温伯格的《咨询的奥秘：寻求和提出建议的智慧》—— 一本畅销了40年的管理经典必读书，这本书结合了系统科学和心理学的双重视角，告诉你不仅寻找解决方案需要智慧，提出解决方案更加需要智慧，即如何在洞悉人性和理解事物复杂性的基础上去解决问题。而本书则试图将这种管理智慧引入供应链管理领域，这是本书的第一个总结。

笔者曾看到过这么一段让人印象深刻的文字："中国式研究的困境在于缺乏理论构建思维，只能依靠西方思维来帮助理解本土问题，结果难免会陷入西方语境。但是如果没有西方理论作为基础，又觉得关于本土的思考都是缺少理论基础的。这几年本土实践多了，但英文文献看得少了，就觉得知识缺少体系。实践的思维方式是问题导向，弊端是难以建立理论体系。"这段话已经无法考证来自何方大咖，但我对其深有共鸣。在日常的工作中，我们大部分的研究都是从问题着手，管理者都有一个三段论要求，"解决什么问题，如何解决，结果是什么"。但是，尽管企业罗列了一堆问题给你，你却无法一个个按三段论方式去回答，因为这些问题相互影响、此消彼长，结果也是你中有我，我中有你。"三高"问题就是一体三面，你根本无法逐一解决，解决方法更是盘根错节、相互联动。所以，我们需要的往往不是解决某个问题的具体方法，而是反思整体的管理逻辑。从提出问题到体系化的方法论的构建是一个巨大的挑战，笔者也试图去突破这个中国式思维困境，尝试在西方管理框架体系的基础上去融入中国元素，为中国制造业供应链管理实践做一些深度探索。这是本书的第二个总结。

第三个总结是关于本书的业务范围的，本书是写给制造业的，本书聚焦的是一个既不上也不下的中间层。本书本身定位不高，不谈大供应链或者泛供应链，也不谈如何设计企业战略，更不谈时代的潮流技术，比如大数据、人工智能等。同时本书也不够落地，不教大家具体如何计算安全库存，如何进行生产排产等。因为最上层和最下层都已经非常热闹了，无须再去锦上添花，笔者更加聚焦上下之间的中间层。如何将上层的目标、战略与底层的执行体系进行衔接？这不是一个点对点的衔接，而是面对面甚至是体系对体系的衔接，没有中间层，战略无法落地，执行更是无头苍蝇。

最后，笔者要感谢在本书成稿过程中提供了各种帮助的朋友、同学和同事，是你们的督促与建议成就了此书。首先要感谢的是我的同学——河北地质大学的李婷教授，她依靠自身强大的通识管理背景以及对体系架构、语言组织和逻辑承接的敏锐度，对本书整体的框架和表述方式提供了宝贵的指导建议。还要感谢赵明丽女士、赵东安先生、刘小亮先生从专业角度为本书的品质保驾护航。我的同事吕长梅女士、陈锦键先生、陈标先生和黄苏华女士都深度参与了此书的校对工作，感谢他们。最后还要感谢本书的编辑为本书的顺利出版所付出的努力。

　　由于笔者习惯想得多而读得少，书中对于一些经典管理理论的解读可能存在断章取义和理解偏差，同时供应链计划和产销协同又是一个复杂、两难和棘手的问题，因此本书难免存在不足之处，包括观点的偏颇、逻辑的牵强、架构的繁杂，还请大家不吝斧正。任何建议和反馈，请发送邮件至 ivy.zhao@demand-driven.cn，同时也欢迎添加微信号 13916647600，或者关注驭策供应链公众号数字化供应链管理（微信号 demandchain），与我们进行实时互动。